子どもの学びと成長を追う

2万組の親子パネル調査から

東京大学社会科学研究所
ベネッセ教育総合研究所 ［編］

keiso shobo

刊行によせて

　本書で扱っている「子どもの生活と学びに関する親子調査」は，東京大学社会科学研究所とベネッセ教育総合研究所が共同で行っている「子どもの生活と学び研究プロジェクト」の一環で実施されています。このプロジェクトの企画案を携えて東京大学を訪れたのは，2013年10月でした。この7年の間に，プロジェクトの目的や調査内容についての深い議論を行い，着実にデータを積み重ね，このたび一次分析の成果を刊行する運びとなりました。本書の刊行によせて，当時，私たちがこのプロジェクトにどのような思いを込めたのか，また，今後どのような展開を考えているのかをまとめておきたいと思います。

　ベネッセ教育総合研究所は，前身であるベネッセ教育研究開発センター，ベネッセ次世代育成研究所，ベネッセ高等教育研究所，ベネッセ食育研究所を統合，改組して2013年6月に設立されました。社会の変化が加速する中で，教育や子育てをめぐる課題は複雑化しており，その解決策を検討するために研究所の機能を統合することがねらいでした。同時に，研究のあり方をどのように刷新するかも，私たちにとって重要な検討のテーマでした。それまでも，各研究所では中立的な調査・研究を行い，その成果をWEBサイトや刊行物，マス・メディアを通じて社会に発信してきました。その代表的なものは，子どもや保護者，教員を対象とした経年比較調査です。主に教育社会学の専門家の協力をいただきながら，数年に1度，同じ属性を対象に調査を繰り返すことで，時代とともに変わる子育てや教育の実態を記述してきました。しかし，それらでは，大きな時代変化は把握できても，どのような要因がそれを引き起こしたのかを検討することが十分にできません。また，私たち以外の外部の研究機関でも，時代の変化をとらえる同種の調査が複数立ち上がっており，それらとは異なる価値を創出する必要を感じる状況にありました。

　そこで，新しく研究所を設立するのを機に，わが国には蓄積が少ない大型の縦断研究を立ち上げることができないかを考えました。子どもの成長のプロセスと，そこにかかわる要因を明らかにすることで，これからの子どもの育ちや学びのあり方を，できるだけ多くの教育関係者や研究者と議論したいという願いがそこにありました。また，当時，研究所では「子どもは未来」という理念を掲げ，一人ひとりの子どもが今と未来を「よく生きる」ことに貢献するというメッセージを発信していました。このプロジェクトの立ち上げは，私たちが未来を生きる子どもたちに何を残せばよいか，大人の責任をどう果たせばよいかを真剣に考えた結果でもあります。その思いは今も変わっていません。

　しかし，こうした理想を実現するには，私たちだけの力では不足であることは十分に理解していました。幸いにも，すでに複数のパネル調査で実績がある東京大学社会科学研究所（附属社会調査・データアーカイブ研究センター）には，社会貢献の一環として過去の調査データを多く寄託しており，強い信頼関係があります。そのため，真っ先にこの企画の相談をしたところ，趣旨に賛同いただき，パートナーとして共同研究を運営してくれることが決まりました。今回，研究の成果が刊行できるのは，同大学が研究内容と運営の両面で多くの学識と技術を供出しくださっていることによります。さらに，研究を推進するために重要事項を協議するボード会議のメンバーの先生方，実際の分析を担当するワーキンググループに参画している先生方の尽力も，欠かすことができません。これまで本プロジェクトに携わっている多くの先生方，関係者の皆様に，厚く御礼を申し上げます。

　また，このプロジェクトは，約2万組の親子が長期にわたり調査に協力してくれることで成り立っています。毎年行われるベースサーベイでは，A4サイズで12頁にわたる質問に対して，親子の両方に回答いただいています。また，語彙力・読解力調査といった負担の大きい内容にも，相当数の子どもが参加しています。しかも，パネル調査の課題である脱落が少なく，転居などがあるとわざわざ連絡をくれる方が多いと聞きます。そうした調査協力者に対しては本当に感謝しかありません。その恩義に報いるために，この調査が教育や研究の現場でもっと広く活用されるようしていかなければならないと考えています。

　そのために，東京大学社会科学研究所と協力して，近い将来，匿名性を保持したうえでローデータを公開することを計画しています。より多くの方がこの

データを用いて研究を進め，このデータを共通言語にこれからの子育てや教育のあり方を議論する。そのようなネットワークを広げることが，これから数年かけて目指すこのプロジェクトの次の目標になります。

そして，この目標は，民間企業として子どもの成長や教育にかかわる私たちの社会的な責務であり，私たちだからこそできる教育への貢献だとも感じています。もちろん私たちは内側で，このプロジェクトで明らかになった知見を参考に，提供する教材やサービスをより良いものにしていく努力をし続けなければなりません。しかし，知見の恩恵を自社の利用者にとどめるのではなく，できるだけ多くの研究者，教育関係者，保護者の皆様に活用いただき，子どもたちに還元していくことを願います。このようにデータをオープンにすることは，私たちの研究が我田引水に陥るのを防ぐことにもなります。そうした研究の基盤づくりを目指してまいります。

最後になりますが，冒頭に述べた通り，このプロジェクトは構想から7年が経過します。とはいえ，そこから有用な知見を引き出す作業は，緒に就いたばかりというのが実感です。様々な立場を超えて，このプロジェクトに参画する方，データを活用する方，その結果を使った議論に加わる方を，私たちは歓迎いたします。

ベネッセ教育総合研究所所長　谷山和成

はしがき

　本書は，東京大学社会科学研究所（東大社研）とベネッセ教育総合研究所が
2014年から共同で取り組んできた「子どもの生活と学び」研究プロジェクト
の成果をまとめたものである。この2つの研究機関の「お付き合い」は長い。
東大社研に附置する社会調査・データアーカイブ研究センターは，社会調査デ
ータを収集・保存・公開するデータの図書館とも言うべき Social Science Ja-
pan Data Archive（SSJDA）を1998年より運営している。現在公開している
データセットは2,000以上で，社会科学分野では日本最大の規模である。ベネ
ッセ教育総合研究所は，長年にわたり SSJDA へデータを提供してきた寄託者
である。例えば，「モノグラフ小学生ナウ」「モノグラフ中学生の世界」「モノ
グラフ高校生」の3つのシリーズは，学部の授業・卒論などでも利用可能なデ
ータであり，SSJDA でも人気のある調査データである。

　社会調査・データアーカイブ研究センターでは，SSJDA に寄託されている
データを二次利用（調査データを収集した人以外が分析）する二次分析研究会を
毎年度組織している。2007年度には，ベネッセ教育総合研究所が寄託した調
査データを用いた「進路選択と教育戦略に関する実証研究」の二次分析研究会
を，ベネッセ教育総合研究所主席研究員の木村治生氏を客員准教授として招き
実施した。その後もベネッセ教育総合研究所の寄託した調査データを利用した
二次分析研究会が開催されており，2つの研究機関は調査データを共有し分析
するという活動を長く継続してきた。

　2013年には，ベネッセ教育総合研究所から小中高生とその親を対象とした
パネル調査を共同で実施できないか，という提案があり，2014年から東大社
研との共同研究として正式に発足することとなった。その時すでに東大社研で
は，「高校卒業後の生活と意識に関する調査」（通称「高卒パネル調査」）と「働

き方とライフスタイルの変化に関する全国調査」（対象年齢別に通称「若年パネル調査」「壮年パネル調査」）という 18 歳以上の対象者への 3 つのパネル調査を実施していた。小中高生を対象とした調査について長年の実績のあるベネッセ教育総合研究所と共同で調査を実施し分析することは，両研究所の強みを活かした研究プロジェクトとなり得るという大きな期待のもとに，このプロジェクトは実現した。

　小学生から高校生までの間に，子どもたちが日々の生活や学習の中で，自立に必要な力をどのように身につけていくのか，それを促進したり阻害したりする要因は何なのか，というのがこの研究プロジェクトの問題意識，リサーチ・クエスチョンである。教育心理の視点から，子どもの成長の過程を跡付けるために，語彙力や読解力といった基礎的な認知スキルだけでなく，学習意欲・態度といった非認知側面にも注目している。子どもの自立への過程で，家庭の環境や教育制度はどのような影響を与えているのか，も大きな問題関心である。教育社会学や社会階層の視点から，親の学歴・職業，家庭環境による格差や学校での学習実践による違いなどに着目している。このようにプロジェクトは，学際的な研究者の集まりであり，本書の内容もそれを反映している。

　この研究プロジェクトの最大の強みは，収集した調査データの魅力であろう。本書の第 I 部には，調査データの特性についての詳細な説明があるが，ここではそのさわりを述べておく。小学 1 年生から高校 3 年生という異なる学年の生徒とその親（小 1 から小 3 までは親のみ）を対象にしていることで，学年段階ごとにどのような成長の違いがあるのかを明らかにすることができる。同じ個人を追跡するパネル調査という設計により，個人内の変化，つまり自立へ向けた個人の発達の軌跡を明らかにすることができる。親子のペアで調査を実施しているので，親子間の関係と相互の影響，さらには親子関係についての変化をとらえることができる。毎年継続して調べる項目，ローテーションで 3 年ごとの変化を確認する項目，1 回限りで特定の政策や実践の導入への反応をみる項目という調査票の構成をとることで，子どもの自立に影響を与えていると考えられる広範な要因を考慮することができる。これ以外にも特色のある調査であるが，ここに列記した点からだけでも，魅力的な調査研究であることが伝わるのではないだろうか。

　この研究プロジェクトは，多くの研究者によって支えられている。秋田喜代

美（東京大学），松下佳代（京都大学），耳塚寛明（青山学院大学）の諸先生には，プロジェクト発足当初からボード・メンバーとして助言をいただいており，本書にもコラムを執筆していただいている。東大社研の現メンバーでは，佐藤香，藤原翔，有田伸（2014-15年），大﨑裕子（2018-20年）の諸先生と山口泰史氏（特任研究員，2019-20年）が関わっている。研究所の歴代の所長である，大沢真理先生と佐藤岩夫先生には，プロジェクトの意義を理解し様々な形で支援していただいた。東大社研の研究協力チームには，事務的なサポートをお願いした。香川めい先生（大東文化大学）は，社会科学研究所の特任助教（2014-18年）として本研究プロジェクトを担当し，本書にも寄稿している。苫米地なつ帆先生（大阪経済大学）も社会科学研究所の助教時代（2016-18年）に，プロジェクトに関わられた。須藤康介先生（明星大学）と小野田亮介先生（山梨大学）には，学習項目についての調査企画と分析をお願いし，本書の執筆も担当している。

　ベネッセ教育総合研究所では，毎年，調査票作成をはじめとした調査の企画，実施，データクリーニング，データ作成という膨大な調査データ構築作業を，東大社研の協力を得ながら担ってきた。このために，研究所長の谷山和成氏をはじめとして，多くの研究員がプロジェクトに貢献してきた。本書に執筆している，木村治生・岡部悟志・邵勤風・野﨑友花・加藤健太郎・堂下雄輝の研究員である。このほか，橋本尚美研究員が長く基盤整備と基礎分析に尽力し，研究の大きな方向性の検討には高岡純子・小林一木・鎌田恵太郎・加藤由美子の各室長が，研究成果の発信には小泉和義氏が，調査モニターの管理には渡邉未央氏が，データ基盤の整備には大内初枝氏と中島功滋と加藤嘉浩の両研究員が，語彙力・読解力の測定問題の開発と基礎分析には村田維沙研究員がかかわってきた。さらに，これまでの途中段階の分析には，佐藤徳紀研究員や木村聡・吉本真代・松本留奈・太田昌志の元研究員も携わっている。

　本書の刊行については，東大社研がすでに実施している3つのパネル調査の成果をシリーズ本として担当した勁草書房が，早くから本プロジェクトに関心を寄せられ，宮本詳三・藤尾やしおのお二人に大変お世話になった。

　最後になるが，本研究プロジェクトの最大の貢献者は，継続して調査に協力してくれている調査対象者である。毎年，調査票への真摯な回答があって，はじめてこの研究が成り立っている。現在も続くパネル調査ということで，調査

対象者によっては何年にもわたりご協力いただかなければいかない。心から感謝申し上げたい。

2020 年 8 月

石田　浩

子どもの学びと成長を追う
―2万組の親子パネル調査から―

目　次

第 I 部

「子どもの生活と学び」プロジェクトの概要

第 1 章

「子どもの生活と学び」研究プロジェクトについて
――プロジェクトのねらい，調査設計，調査対象・内容，特徴と課題

木村治生

1. はじめに

　2014 年，東京大学社会科学研究所とベネッセ教育総合研究所は，わが国の子どもたちの自立や成長のプロセスと，そこに影響を与える要因を明らかにするために，「子どもの生活と学び」研究プロジェクトを立ち上げた。本書は，本プロジェクトが実施するパネル調査（Japanese Longitudinal Study of Children and Parents：JLSCP）について，2015 年度から 18 年度までの 4 年間の研究成果をまとめたものである。

　パネル調査とは，同じ個人を対象に一定の期間をおいて同じ質問を繰り返すことにより，個人の変化を追跡する手法の調査である。このプロジェクトでは，毎年 7〜9 月に，小学 1 年生から高校 3 年生（高校に在学していない子どもも含む）までの約 2 万組の親子に対して「子どもの生活と学びに関する親子調査」（ベースサーベイ）を行っている。また，高校卒業の 3 月には，該当の対象者に「卒業時サーベイ」を行って進路選択の状況や自立の程度を確認し，さらに，3 年ごとに一部の学年の対象者に認知的能力の一側面を測定する「語彙力・読解力調査」を実施している。図 1-1 は，それら 3 つの調査の概要を示したものである。これらをすべて同じ対象に行っている。

　こうしたデータを 4 年間蓄積することにより，中学 1 年生は高校 1 年生になって中学時代の生活や学びの成果が，高校 1 年生は高校を卒業して高校時代の生活や学びの成果が明らかにできるようになった。研究は今後も継続し，小学 1 年生だった子どもが高校を卒業するまでの 12 年間の成長を追跡するまで実施したいと考えている。本書は，その途中段階での成果として，これまでの分

3

図1-1　各年度に実施している調査

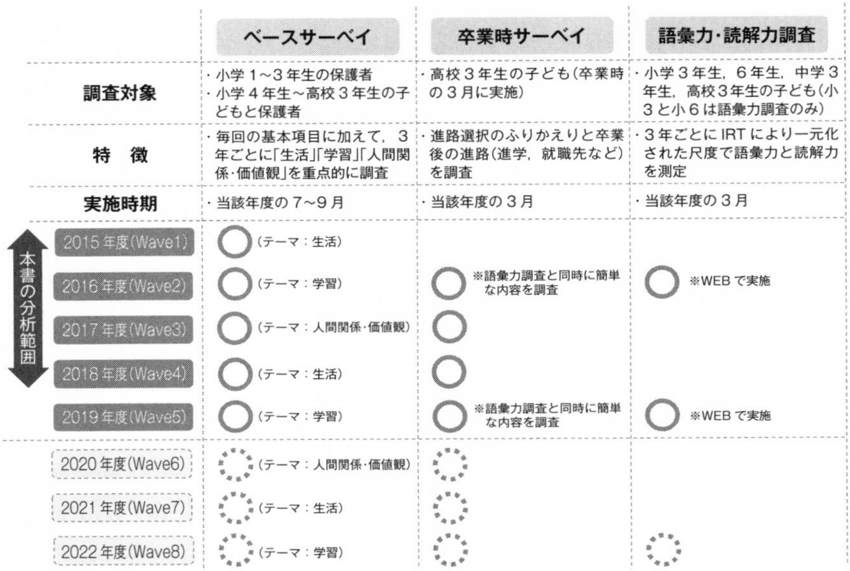

	ベースサーベイ	卒業時サーベイ	語彙力・読解力調査
調査対象	・小学1～3年生の保護者 ・小学4年生～高校3年生の子どもと保護者	・高校3年生の子ども（卒業時の3月に実施）	・小学3年生、6年生、中学3年生、高校3年生の子ども（小3と小6は語彙力調査のみ）
特　徴	毎回の基本項目に加えて、3年ごとに「生活」「学習」「人間関係・価値観」を重点的に調査	進路選択のふりかえりと卒業後の進路（進学、就職先など）を調査	3年ごとにIRTにより一元化された尺度で語彙力と読解力を測定
実施時期	・当該年度の7～9月	・当該年度の3月	・当該年度の3月
2015年度（Wave1）	◯（テーマ：生活）		
2016年度（Wave2）	◯（テーマ：学習）	◯　※語彙力調査と同時に簡単な内容を調査	◯　※WEBで実施
2017年度（Wave3）	◯（テーマ：人間関係・価値観）	◯	
2018年度（Wave4）	◯（テーマ：生活）		
2019年度（Wave5）	◯（テーマ：学習）	◯　※語彙力調査と同時に簡単な内容を調査	◯　※WEBで実施
2020年度（Wave6）	○（テーマ：人間関係・価値観）	○	
2021年度（Wave7）	○（テーマ：生活）	○	
2022年度（Wave8）	○（テーマ：学習）	○	○

左側に「本書の分析範囲」として2015年度（Wave1）から2019年度（Wave5）が示されている。

※2019年度までは実施済み、2020年度以降は予定。

析結果をまとめたものである。

　本書では、まず第Ⅰ部でプロジェクトのねらいや「ベースサーベイ」「卒業時サーベイ」「語彙力・読解力調査」の結果について解説する。その後、第Ⅱ部では、調査で得られている豊富な情報を生かして、子どもの成長や発達に影響を与える要因の分析を行う。本章（第1章）は、それら分析や検討の前提となる「プロジェクトのねらい」「調査の全体設計」「調査対象と内容」「調査の特徴と課題」について説明をしていく。

2.　プロジェクトのねらい

　冒頭にも述べたが、本書で紹介する調査は、東京大学社会科学研究所とベネッセ教育総合研究所が共同で運営する「子どもの生活と学び」研究プロジェクトが実施している。本プロジェクトは、2014年に両機関が研究の方向性について合意し、2015年度から調査を開始した。プロジェクトがねらうのは、子

どもたちが生活者や社会人としてどのように発達していくのか，自立に必要な
力をどのように身につければよいのかを明らかにすることにある。

　今日，AI や IoT といった技術革新やグローバル化の進展などにより社会構
造や雇用環境が急速に変化しており，予測困難な時代の到来に対応することが
求められている。環境・エネルギー問題，食料問題，貧困や格差の拡大，武力
紛争，パンデミックへの対応といった世界的な課題や，少子高齢化のようなわ
が国を含む先進国特有の課題は，すぐに改善に向けて動き出さなければならな
いほどに事態が切迫している。そのような状況にあって，子どもたちは，将来，
自分が願う進路を実現して自立するとともに，地域社会や国際社会に貢献する
ことで，新しい未来を切り拓いていかなければならない。その際に必要となる
多様な資質・能力を育成することを目指して，わが国でも教育改革が進められ
ているところである。

　そうした自立に必要な力は，日々の生活や学びの経験のなかで獲得される。
時代の状況や社会環境の変化に対応しながら，自らの希望を実現し，新しい価
値を創造する力を身につけていく過程は，生活者や社会人としての自立のプロ
セスそのものである。児童期や青年期は，自立に必要な資質・能力を高める訓
練をする期間と捉えることもできる。しかしながら，現在の日本で，子どもた
ちの自立がどのように進むのか，それをどのような要因が促進／阻害するのか
といったエビデンスが十分にあるわけではない。そこで，本プロジェクトは親
子の成長を追跡する調査によって，自立に必要な力が高校卒業段階までに身に
ついているのか，そのような力を身につけた子どもがどのようなプロセスを経
験したのかを明らかにすることを志した。

　ベネッセ教育総合研究所は，1980 年に設立して以来，500 を超える調査を行
い，子どもや保護者，教員を対象にした調査のノウハウを蓄積して，成果を社
会に発信してきた。2000 年代前半までは『モノグラフ』の調査シリーズでさ
まざまなテーマを扱ってきたが，もともとわが国では教育をテーマにした調査
が希少であり，子どもや保護者，教員の意識や行動を把握すること自体に大き
な価値があった。その後，2000 年代半ば以降は，同じ内容の調査を定点観測
的に行うことで，時代とともに教育や子育て，子どもの生活や学びがどう変化
しているのかを提示してきた。そうした経年比較調査も数は少なく，わが国の
教育や子育てのあり方を検討するうえで貴重な資料となっている。

　しかし，異なる対象を繰り返し調査していても，時代による変化の原因は相関関係からの推測という域を超えることはできず，正確に分析することはできない。そこで，個人の変化の要因を明らかにし，そこから社会の変化を洞察するパネル調査の実施を企画した。本プロジェクトの代表の一人である石田 (2017) は，パネル調査のメリットとして，①同一個人の変化を跡付けられること，②そのミクロな個人内変化を社会レベルのマクロな変化と対応させられること，③共変動する 2 つの変数の因果の方向を特定できること，④時間とともに変化しない個人間の異質性（たとえば，能力や性格など）を統制できること，⑤社会政策の効果を評価できることの 5 点を挙げている。こうしたパネル調査の特性を生かして，児童期・青年期の自立の過程や社会変化の影響について，より正確に把握しようと考えたのである。そして，その実現のため，パネル調査の実績が豊富な東京大学社会科学研究所に協力を仰いだ。

　東京大学社会科学研究所は 1946 年に東京帝国大学（当時）内に設置され，実証的社会科学の立場から最先端の研究を行ってきた。同研究所に附属する社会調査・データアーカイブ研究センターでは，「高校卒業後の生活と意識に関する調査」（2004 年開始），「働き方とライフスタイルの変化に関する全国調査」（2007 年開始）といった高校卒業者や成人を対象にしたパネル調査を行っており，その運営や分析に関する知見を有している。しかし，当時は子どもや保護者を対象としたパネル調査は行っておらず，児童期・青年期の自立のプロセスについて学術的に解明する共同研究の意義に共感をいただいた。

　さらに，同センターにはわが国最大のデータアーカイブがあり，社会科学研究のインフラとしての機能を担っている。将来的には同アーカイブで匿名性を保持したうえで個票データを公開し，この調査をもとに幅広い研究者や教育関係者が子どもたちの「今」と「よりよい未来」を考え，語るためのネットワークを作りたいと考えている。本プロジェクトは，データに基づく子ども研究の基盤として発展させることもねらっている。

3.　調査の全体設計

　本章 5 節で詳述するように，本調査の特徴は，調査規模（サンプルサイズ）の大きさ，対象としている子どもの年齢の幅の広さ，子どもと保護者のペアで

図1-2　各年度における調査対象者の推移

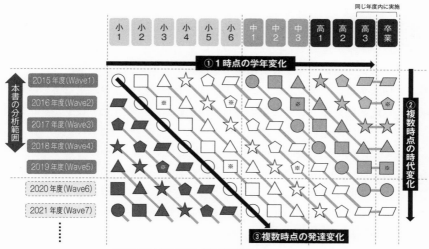

※印では、同じ年度に「語彙力・読解力調査」を実施している。

データを取得していること，データの内容や種類が豊富なことの4点ある。このなかでも特に，対象としている子どもの年齢の幅の広さに関して，他の調査には見られない独自性を持つ。それは，小学1年生から高校3年生までのすべての学年コーホートを対象に，毎年実施するパネル調査だということである。これは，実態把握とデータ分析の双方に大きな恩恵をもたらす。

　図1-2は，各年度における調査対象者の推移を示している。ここから分かるように，本調査は，12学年すべてを対象にし，高校3年生の卒業時点まで追跡することを基本に設計している。このため，各年度では，小学1年生の新たな対象者を補充している。これにより，次の3点を明らかにすることができる。

　一つめは，「①1時点の学年変化」の把握である。これは，従来から行われている「横断研究（cross-sectional study）」の視点である。今までも，発達に伴う変化を把握する手法として，1時点の異なる学年の子どもを対象にした調査は多く行われてきた。この手法は，比較的短時間に多くのサンプルを獲得できるという利点がある。とはいえ，本調査のように，初等中等教育段階のすべての学年に対して行っている調査は，ほぼないと言ってだろう。この調査では，

毎年，12学年を横断する最新のデータを入手している。

　二つめは，「②複数時点の時代変化」の把握である。これは，本調査の「トレンド研究（trend study）」としての側面である。本調査は，どのタイミングでも任意の学年を選んで，複数時点の違いを把握することが可能である。こうすることにより，どのような変化が，どのタイミングで，どの学年に起こったのかを検証することができる。このことは，社会環境や教育政策などの変化が，親子の意識・行動のどこに影響を与えたのかを検討するうえで役立つ。このようなデータも，おそらく他にはない。

　三つめは，「③複数時点の発達変化」の把握である。これは，近年増えている「縦断研究（longitudinal study）」の視点であり，加齢による発達効果と時代効果の和から時代効果を取り除くことで捕捉可能になる。単純なトレンド研究では不可能な「個人内の変化」を分析の対象に扱うことができ，その変化が生起する要因を検討することが可能である。さらに，通常の縦断研究では単一のコーホートを追跡することが多く，そのコーホートにのみ表れた結果である可能性を否定ができないが，本調査はマルチコーホートの形をとっているため，コーホートによる違いを検証することもできる。

　このように，従来の横断研究，トレンド研究，縦断研究がもつ長所を最大に生かしつつ，それぞれの短所をカバーする形で調査の全体設計を行った。

4.　調査対象・内容

(1)　調査対象

　ここでは，調査対象について説明する。本調査は，本プロジェクトのねらいに鑑みて，小学1年生から高校3年生の子どもとその保護者をセットにして行うこととした。子どもには，自分の生活や学びに関する意識や行動についてたずねるとともに，自分に対する保護者のかかわりについての評価なども回答してもらっている。保護者には反対に，子どもに対するかかわりの実態や教育意識についてたずねるとともに，子どもの生活や学習についての評価を回答してもらった。これにより，子どもの状況を親子の双方から捉えるとともに，家庭環境やしつけなどの働きかけの状況を観察することにした。

　ただし，小学1年生から3年生までは，子ども自身に複雑な内容を回答して

もらうことが難しいため，回答は保護者のみとし，保護者向けの質問紙のなかに子どもの生活や学習に関する質問を含めている。また，保護者には世帯年収や自分と配偶者の学歴，職業の状況などについてもたずね，子ども調査だけではつかめない家庭の社会経済的な状況についての情報を取得することとした。

　なお，保護者調査は「日ごろ，お子様の教育・子育てに関わられている方」に協力をお願いしているが，母親が回答するケースが多い。各回の回答者の続柄は，母親が91～92%，父親が7～8%で，それ以外（祖父母など）は1%に満たない。

(2) サンプリングと対象者の特性

　調査対象者の抽出は完全に無作為に行うことが困難であったものの，できるだけ偏りが生じない配慮をしたうえで行い，実際の調査で回収できたサンプルに対して偏りの有無を確認した。おおよそ，次のようなステップで抽出・確認を行った。

　1) 調査対象数の決定……2015年度調査（Wave 1）に先立って，小学1年生から高校3年生の子どもとその保護者のモニターを募集することとした。まず，最終的な回収目標を，各学年1,000組以上（12学年の合計は12,000組以上）に設定した。そのうえで，毎回の調査依頼は協力の意思を事前に示したモニターに行うことから，回収率は通常よりも高い7割前後と想定し，1,500組（12学年の合計は18,000組）程度のモニターを確保することとした。

　2) モニターの募集……各学年1,500組のモニターを確保するために約12,800組（12学年の合計は154,000組）に対してモニター募集を行った。募集の際に用いる住所，氏名，子どもの学年等の情報は，㈱ベネッセコーポレーションが保護者の同意を得て管理するものを個人情報保護に関する法令や社内規定に則って使用した。この情報には，同社の教材を購入していない子どもも含まれ，わが国の子どもの半数以上をカバーしているため，ある程度の代表性を有しているものと見なした。ただし，モニター募集が同社の通信教育教材購入者に偏らないように，学年ごとに教材購入者と非購入者を層化し，購入者比率に合わせて依頼先を抽出した。さらに，地域的にも偏りが出ないように，「北海道・東北」「関東（東京都以外）」「東京都」「中部」「近畿」「中国・四国」「九州・沖縄」の7ブロックに層化し，学年ごとの児童生徒比率（学校基本調査による）

表 1 - 1 登録モニター数（2015 年 7 月時点）

	北海道・東北	関東（東京都を除く）	東京都	中部	近畿	中国・四国	九州・沖縄	合計
小 1	182	464	188	317	377	175	207	1,910
小 2	182	413	196	294	328	157	205	1,775
小 3	188	425	169	323	317	180	217	1,819
小 4	186	403	168	291	312	156	193	1,709
小 5	177	394	152	304	318	154	205	1,704
小 6	182	399	157	281	310	154	184	1,667
中 1	182	417	159	304	331	146	178	1,717
中 2	199	441	180	292	364	160	202	1,838
中 3	190	436	178	295	367	155	203	1,824
高 1	194	418	180	315	349	149	190	1,795
高 2	187	414	212	313	333	158	191	1,808
高 3	209	469	227	353	363	165	217	2,003
合計	2,258	5,093	2,166	3,682	4,069	1,909	2,392	21,569

に合わせて依頼状を郵送した。完全な無作為抽出ではないが，できるだけ実際の分布に近づける配慮を行った。

　3）登録モニター数……上記 1）と 2）のプロセスで調査への協力を許諾したモニター数は，表 1-1 の通りである。結果的に，21,569 組（2015 年 7 月時点）がモニターとして登録した（発送数に対する承諾率は 14.0%）。なお，モニター数は，協力辞退の申し出や転居などによるあて先不明，非効率な対象者の削除などによりわずかに減少していることに加え，毎年の高校 3 年生の調査終了による削除と小学 1 年生の新規モニターの追加によって多少の増減がある。各調査年度のモニター数は，2016 年度 21,485 組，2017 年度 19,173 組，2018 年度 19,715 組，2019 年度 20,056 組であり，2 万組の水準を維持している。

　4）小学 1 年生の新規モニターの追加……毎年 4～5 月に，同社教材の購入者比率と地域ブロックの人口比率を考慮して 11,000 組前後の小学 1 年生とその保護者を抽出し，モニターの協力依頼を行っている。これにより，毎年，1,900～2,000 組程度の新規モニターを追加している。

　5）回収サンプルの状況……初回の 2015 年度調査（Wave 1）では，21,569 組のモニターに調査依頼を行い，回収数合計が 16,761 組（回収率 77.7%）だった（表 1-2）。各学年 1,000 組以上の回収の目標を超えることができた。回収票のほとんどが，親子セットで回答しているのも特徴である。

表1-2　2015年度調査（Wave1）の回収数と回収率

	モニター数(A)	親子セットの回収数	親のみの回収数	子どものみの回収数	回収数合計(B)	回収率(%)(B/A)
小1	1,910		1,750		1,750	91.6
小2	1,775		1,437		1,437	81.0
小3	1,819		1,503		1,503	82.6
小4	1,709	1,338	1	0	1,339	78.3
小5	1,704	1,281	6	5	1,292	75.8
小6	1,667	1,331	2	0	1,333	80.0
中1	1,717	1,333	14	4	1,351	78.7
中2	1,838	1,349	25	7	1,381	75.1
中3	1,824	1,369	20	4	1,393	76.4
高1	1,795	1,261	24	7	1,292	72.0
高2	1,808	1,278	21	11	1,310	72.5
高3	2,003	1,344	26	10	1,380	68.9
合計	21,569	11,884	4,829	48	16,761	77.7

　6)　回収サンプルの偏りの確認……このサンプルに著しい偏りがないかを，事後的に確認した。その結果は，以下Ⓐから©に記述した通りである。なお，以下の数値は2015年度調査のものであるが，毎回，回収されたサンプルに偏りがないかを，同様の形で検証している。

　Ⓐ子どもの性別：「男子」49.5%，「女子」49.6%，「不明」0.9%であった。学年ごとに見ても男女はおよそ半数ずつになっており，性別に大きな偏りはない。

　Ⓑ居住する地域：「北海道・東北」10.2%，「関東（東京都を除く）」23.6%，「東京都」10.3%，「中部」17.1%，「近畿」19.2%，「中国・四国」9.1%，「九州・沖縄」10.5%であった。文部科学省「学校基本調査」の児童生徒数と比べて，「東京都」が1.1ポイント，「近畿」が1.0ポイント高く，「北海道・東北」が0.8ポイント，「九州・沖縄」が1.7ポイント低いが，概ね分布に近いサンプルが得られている。

　©通信教育教材の受講比率：2015年度調査では同社の通信教育教材を使用しているかは質問しておらず，一般的に「通信教育を受講しているか」をたずねている。その結果は，小学生24.8%，中学生21.7%，高校生11.7%であった。この数値は，公表されている『進研ゼミ』の会員（2015年4月，小学生133万人，中学生45万人，高校生17万人）を考慮すると，数ポイント（5ポイン

トに満たない程度の範囲で）高い可能性がある。

　Ⓓ**通学する学校**（設置者など）：小学生は，「公立」96.6%，「国立」1.0%，「私立」1.5%，「その他・不明」0.8%，中学生は，「公立」85.4%，「公立中高一貫」2.4%，「国立」1.7%，「私立」9.7%，「その他・不明」0.8%，高校生は，「公立」62.3%，「公立中高一貫」2.8%，「国立」1.8%，「私立」32.2%，「その他・不明」0.8% だった。「学校基本調査」（2015 年度結果）と比べると，小学生はほぼ分布通りだが，中学生は「公立」が 6.3 ポイント低く，高校生も「公立」が 3.9 ポイント低い。わずかに「私立」や「公立中高一貫校」の在学が多くなっている。そのほかに高校生は，「全日制」が 96.6% で 3.2 ポイント，「普通科」が 78.6% で 5.8 ポイント高かった。

　Ⓔ**世帯年収**：税込みの世帯年収は，「200 万円未満」2.4%，「200-300 万円未満」4.5%，「300-400 万円未満」8.6%，「400-500 万円未満」11.7%，「500-600万円未満」15.1%，「600-800 万円未満」21.4%，「800-1,000 万円未満」13.3%，「1,000-1,500 万円未満」9.7%，「1,500-2,000 万円未満」1.4%，「2,000 万円以上」0.7%，「答えたくない」9.1%，「不明」1.9% だった。「200 万円未満」を100 万円，「200-300 万円未満」を 250 万円のように中央の値に，「2000 万円以上」を 2250 万円に換算し，「答えたくない」と「不明」を除外して平均値を算出したところ，688.8 万円となった。この金額は，国民生活基礎調査（2015年）の児童（18 歳未満の子ども）がいる世帯の平均 707.6 万円よりわずかに低い。

　Ⓕ**ひとり親世帯**：配偶者の有無に対する質問で「いない」と回答したのは5.2% である。2015 年の「国民生活基礎調査」（厚生労働省）におけるひとり親世帯の比率は 7.3% であり，これよりは低いが，一定数がサンプルに含まれている。

　Ⓖ**保護者の学歴**：父親の大卒比率（短期大学卒業を含む）は 49.0%，母親の大卒比率（同）は 54.1% であった。本調査の父親の平均出生年が 1970 年，母親の平均出生年が 1972 年であることから大卒比率を推定すると，1988 年男子の過年度高卒者を含む大学・短大進学率は 37.2%，1990 年女子の過年度高卒者を含む大学・短大進学率は 37.4% である（文部科学省「学校基本調査」）。これと比べて，父親では 11.8 ポイント，母親では 16.7 ポイント高い。

　7）回収サンプルの評価……本調査はバイアスが生じる機会が 4 段階で想定さ

れ，特定の属性や傾向をもつサンプルに偏っている可能性がある。4段階とは，①ベネッセコーポレーションが保有する情報の偏り，②モニター登録者の偏り，③各回の調査協力者の偏り，④長期の調査に伴うモニター脱落による偏りである。上述したように，①については，できるだけ元の偏りを是正する配慮を行った。また，②と③については事後的にサンプルの偏りを検証した。その結果を総合して評価すると，性別や地域の偏りは小さく，家庭の経済的背景も平均像に近い。ただし，保護者の学歴が高い傾向があり，中学生と高校生では公立学校に在学する子どもの比率が若干低い。分析に支障をきたすほどの大きな偏りは認められないが，子どもの教育をテーマにしており，継続して調査に協力する意思を示している対象であることから，教育に対する関心が高い層が多く含まれている点に留意が必要である。なお，④のモニター脱落による偏りについては，現段階では軽微と判断している。パネル調査では，サンプルの脱落は不可避だが，2016年度調査（Wave 2）以降の脱落の分析を第2章で行っているので，そちらを参照してほしい。

(3) 各年に実施する調査

　本プロジェクトで実施する調査は，「ベースサーベイ」「卒業時サーベイ」「語彙力・読解力調査」の3つの柱からなる（図1-1を参照）。各調査は，調査対象一人ひとりに付したIDによって管理され，匿名性を保持したうえで相互に関連づけることができる。以下では，それぞれの調査内容について説明する。

●ベースサーベイ

　3つの調査の中心的な役割を担うのが，毎年7〜9月に実施する「ベースサーベイ」である。この調査は，小学1〜3年生は保護者を対象に，小学4年生〜高校3年生は子どもと保護者の双方を対象に行っている。2015年度調査のときだけ，郵送による回答とWEBによる回答を選択できる形にしたが，前者を選択する者が多かったため，2016年度以降の調査では調査方法を郵送に限定した。

　調査項目の検討に先立ち，ベースサーベイでは，子どもたちが生活者や社会人として自立するプロセスと，そこに影響を与える要因を明らかにするというプロジェクトの目的を達成するために，自立について「生活者としての自立」

図1-3　ベースサーベイでとらえる「自立」の3側面

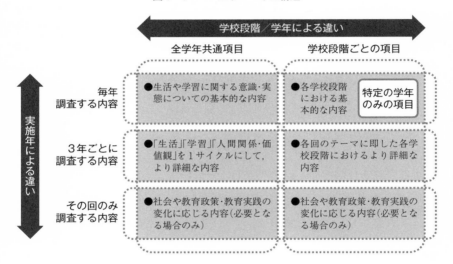

生活者としての自立	学習者としての自立	社会人としての自立
Ａ：身体的・身辺的自立に必要な健康，生活習慣，生活技術の獲得 Ｂ：金銭的自立に必要なお金の使い方や金銭感覚 Ｃ：生活的自立に必要な生活を楽しむ態度	Ａ：基礎的なリテラシーや認知的・非認知的スキル Ｂ：学習習慣や学習行動 Ｃ：学習意欲や態度，知的好奇心 Ｄ：資質・能力に関する意識，学習に関する価値観	Ａ：社会的自立に必要な精神的自立，自我や人格の形成 Ｂ：進路選択の状況や職業意識 Ｃ：保護者や周囲の大人，仲間との関係性の構築

図1-4　ベースサーベイの構造

学校段階／学年による違い

実施年による違い		全学年共通項目	学校段階ごとの項目
	毎年調査する内容	●生活や学習に関する意識・実態についての基本的な内容	●各学校段階における基本的な内容　特定の学年のみの項目
	3年ごとに調査する内容	●「生活」「学習」「人間関係・価値観」を1サイクルにして，より詳細な内容	●各回のテーマに即した各学校段階におけるより詳細な内容
	その回のみ調査する内容	●社会や教育政策・教育実践の変化に応じる内容（必要となる場合のみ）	●社会や教育政策・教育実践の変化に応じる内容（必要となる場合のみ）

「学習者としての自立」「社会人としての自立」の3つの側面からとらえることとした。その3側面を示したのが，図1-3である。

　また，各年度で問う内容について構造を示すと，図1-4のようになる。

　ベースサーベイでは，毎年6〜7割程度を「毎年調査する内容」として同じ質問を行い，その変化を捕捉している。基本的にはすべての対象に「全学年共通項目」をたずねているが，中学生以上については部活動の状況，高校生にはアルバイトの状況を聞くといった具合に，「学校段階ごとの項目」を設けている。また，中学1年生には中学受験について，高校1年生には高校受験につい

ての質問項目を設定するなど，一部の学年には幼小接続，小中接続，中高接続の実態を把握するうえで必要な「特定の学年のみの項目」を設けた。さらに，2016年度以降の調査では，小学1年生の対象の保護者に，本人と配偶者の学歴や子どものきょうだい構成など，家族の状況についての質問を多く行っている。

　毎回の調査では，A4サイズで12ページ程度に収まる内容にしているが，生活や学習の意識・実態にとどまらず，それに影響を及ぼす要因に範囲を広げると聞きたいことは膨大になる。しかし，毎年ではなくても，数年おきに定期的に調べておけばよい内容もある。そのため，「生活」「学習」「人間関係・価値観」をテーマとして重点的にたずねる項目を定めて，全体の3割程度を「3年ごとに調査する内容」とした。2015年度調査（Wave 1）と2018年度調査（Wave 4）では「生活」について，2016年度調査（Wave 2）と2019年度調査（Wave 5）では「学習」について，2017年度調査（Wave 3）では「人間関係・価値観」について，詳しい内容を加えている。これらの項目は，3年ごとに変化が確認できる。

　さらに，社会の変化や教育政策，教育実践の変化に合わせて，その時しか聞くことができない内容もある。それを「その回のみ調査する内容」として最小の範囲で加えた。たとえば，2016年の子ども調査では，選挙権が18歳になることを踏まえて，選挙や政治に関する意識をたずねる項目を設けた。また，2018年の保護者調査では，進行する教育改革をどれくらい認知しているのかをたずねる質問を追加した。

　それでは，具体的にどのような調査項目をたずねているのだろうか。図1-5にベースサーベイの調査項目を示した。この調査では，子どもの「資質・能力，自立度」が，本人の「生活・学習・人間関係」の意識・実態や保護者の「子育て・教育」の意識・実態とどのように関連するのかを捉えようとしている。また，欄外に記載したように，子どもの属性や保護者の属性についても調べており，そうした情報を統制してもなお「資質・能力，自立度」の変化に影響を与える要因が何かを明らかにしようとしている。

　詳細な内容は，第3章（子ども対象の生活関連項目の内容について），第4章（子ども対象の学習関連項目の内容について），第5章（保護者対象の内容について）で説明しているので，そちらをご覧いただきたい。

図1-5 ベースサーベイの調査項目

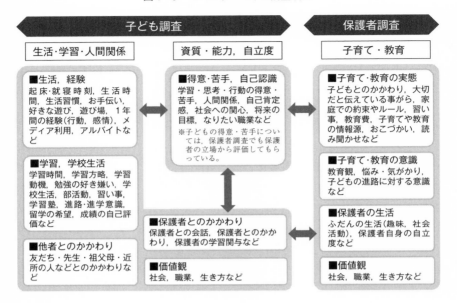

●卒業時サーベイ

これまで述べてきたように，ベースサーベイだけでも子どもと保護者の双方から豊富な情報が得られているが，それらが高校卒業時にどのような成果として結実しているのかを捉えるためには，卒業時点の情報が必要になる。そのため，各年度の3月（一部の回収は4月にかかる）に，該当する子ども（高校3年生相当，高校に在学していない子どもを含む）に対して，進路選択のプロセスと今後の進路（進学，就職先など），将来の希望，自立の程度などについてたずねる「卒業時サーベイ」を行っている。

ただし，2015年度調査では，ベースサーベイの情報が十分に得られていなかったため，実施していない。また，2016年度調査では，後述する「語彙力・読解力調査」と同時にWEB調査の形で実施し，進路の状況を中心とした簡単な内容をたずねた。語彙力・読解力調査を行う年度は，回答する子どもの負荷が高まるため，卒業時サーベイでたずねる内容を最小限にとどめている。

より詳細な内容を調べているのは，2017年度調査からである。この段階では，高校1年生から3年生までのベースサーベイの情報が得られた対象に調

査を行っている。調査方法は郵送による。

　その内容は，高校3年生の1年間についてどのような学びや生活を経験したのか，進学や就職などの進路選択をどのようなプロセスで行ったのか，将来や職業に対してどのようなイメージを持っているのかなどを明らかにする項目で構成されている。さらに，自立の程度について，Ⓐ生活（決めた時間に起きること，整理整頓，お金のやりくりなど），Ⓑ興味・勉強（興味を持ったことの深め方，勉強へのやる気，難しい問題への取り組み方など），Ⓒ思考・行動（自分の意見のまとめ方，自分のアイデアを出すこと，意思決定など），Ⓓ人間関係（人の話を聞くこと，自分の意見を伝えること，他者と協力することなど），Ⓔ自分自身・将来（新しいことへの挑戦，社会問題への関心，将来やりたいことなど）の5つの視点から自己評価してもらった。こうしたアウトカムにあたる変数や指標が，小学校から高校までの生活や学びとどのように関連しているのかを検証していくことも，本プロジェクトにとって重要なテーマとなる。調査の内容と主な結果については第6章で扱っているので，そちらを参照してほしい。

●語彙力・読解力調査

　生活や学習のアウトカムを測定するもう一つの調査が，「語彙力・読解力調査」である。この調査は，子どもの資質・能力の一側面を客観的に測定することを意図している。問題の開発は，ベネッセ教育総合研究所の資質能力測定研究室の専門家が行っている。

　「語彙力調査」の1回目は2016年度に，小学3年生，6年生，中学3年生，高校3年生を対象に行った。以降，3年ごとに，同じ対象への実施を予定している。例えば，2016年度に小3だった子どもは，19年度に小6，22年度に中3，25年度に高3で調査対象となる。

　調査はWebで行い，示された言葉の正しい意味を5つの選択肢から1つ選んでもらう形式で30問ほどたずねた。提示する言葉は項目反応理論（IRT）により事前に尺度化されたものを用い，一部については学年をまたいで設定した。こうしたことにより，その学年に相応しい難易度に調整したうえで，30問の範囲で同じ時点での学年間の差異や異なる時点での個人の変化を把握することができる。

　「読解力調査」も同様の考え方に基づくが，一定量の文章や図表を提示し，

そこから情報の取り出しや，解釈，熟考・評価をしてもらうことから，小学生を除外して，中学3年生と高校3年生のみを対象とした。OECD の PISA に類似した論理的な思考を問う内容であり，20ほどの問題のそれぞれで5つの選択肢から適当な答えを選んでもらっている。

　今後は，測定した語彙力や読解力が，ベースサーベイで調べている項目とどのように関連しているのかを検討する必要がある。このとき，語彙力や読解力を規定する要因を分析するだけでなく，それを通して語彙力・読解力調査が何を測定しているのかを考察することも重要である。また，2019年度調査では，3年間の個人の変化が観測できる。変化に影響を及ぼす要因の検討から語彙力や読解力を伸ばす方法が明らかにできれば，教育実践に多くの示唆が得られると考える。これら調査の内容や方法と，ベースサーベイの項目との関連は，第7章で記述している。そちらも参考にしてほしい。

5.　本調査の特徴と課題

(1)　本調査の特徴

　これまで，本調査を運営する「子どもの生活と学び」研究プロジェクトのねらい，調査設計，調査対象・内容などの概要について述べてきた。ここでは，その特徴について，先行実施されている小学生から高校生を対象に含んだパネル調査（表1-3）を参考にしながら，整理しておこう。

　まず，本調査の特徴の第一は，2万組の親子モニターを有し，毎年，彼らの変化を追跡するという規模の大きさである。表に示した先行調査は一部にすぎないが，欧米には1万を超えるサンプルサイズのパネル調査が多くある。わが国でも近年，パネル調査の利点が注目され，小学生から高校生を対象にした調査も増えつつある。しかし，厚生労働省の「21世紀出生児縦断調査」を例外にして，複数時点をつなげられるパネルデータは1,000〜2,000名程度というのがほとんどである。いかに対象の抽出と継続が難しいかが分かる。

　第二に，小学1年生から高校3年生までの幅広い学年をカバーしたマルチコーホートである点である。例えば，規模は「21世紀出生児縦断調査」のほうが大きいが，この調査は2001年生まれと2010年生まれの子どもが対象であり，つねに必要な学年の情報が取り出せるわけではない。これに対して，本調査は

表1-3　小学生から高校生までを対象に含んだパネル調査

	本調査	海外の先行調査(代表的なもの)			
調査名	子どもの生活と学びに関する親子調査(Japanese Longitudinal Study of Children and Parents:-JLSCP)	National Child Development Study (NCDS)	National Longitudinal Survey (NLS)	National Education Longitudinal Study (NELS)	Early Childhood Longitudinal Study:-Kindergarten Class of 1998-99 (ECLS-K)
調査主体	東京大学社会科学研究所・ベネッセ教育総合研究所	ロンドン大学 (University College London), Centre for Longitudinal Studies (CLS)	米国労働省 (US Department of Labor), Bureau of Labor Statistics	米国教育省 (US Department of Education), The Institute of Education Sciences (IES)	米国教育省 (US Department of Education), The Institute of Education Sciences (IES)
調査目的	子どもの生活や学習の状況と保護者の子育ての様子が，子どもの成長とともにどのように変化するのかを明らかにする。	幼児期から成人までの身体的，教育的発達，経済状況，雇用，家族生活，健康，社会参加などの状況を明らかにする。	学校から職場へ，学校から労働者への移行を明らかにし，若者の労働市場における行動と教育経験に関する情報を収集する。	中学生から高校卒業後の進学，労働者への移行にかけての教育履歴，就労状況，家庭体験，保護者や仲間の役割などを明らかにする。	幼児期の初期の経験や家庭教育が，小学校への移行，小学校や中学校における発達や学習にどのような影響を与えているのかを明らかにする。
調査対象	小学1年生～高校3年生の子どもと保護者(ただし，小学1～3年生は保護者のみ)。	1958年出生児。出生期は母親と助産師，子ども期は母親や両親，教師など，成人期は本人が対象。	79年開始調査(NLSY79)は14-22歳，97年開始調査(NLSY97)は12-16歳。生徒期は本人に加え，教師，成績情報など。成人期は本人が対象。	1988年の8年生(中学2年生に相当)。生徒期は，本人に加え，保護者，教員，学校管理者も対象。中学校および高校の成績情報を含む。	1998-99の幼稚園児。1年生までは保護者，教員，学校管理者が対象。3年生以降は子ども自身も回答。
サンプルサイズ	モニター数21,568組，回収数16,574組(2015年初回調査の実績)。以後，約20,000組前後のモニター数を維持。	初回(1958年)17,415名，2013年調査では9,137名が回答。	NLSY79は約13,000人，NLSY97は約9,000人。	約25,000人。	約1000の幼稚園に通う22,000人。
調査期間	2015年開始，毎年実施(継続中)。	1958年から数年おきに12回(対象者の年齢が62歳)まで実施(継続中)。	NLSY79は1994年まで毎年，以降は隔年で実施。NLSY97は毎年実施(継続中)。	1988年，90年，92年，94年，2000年の5回実施。	幼稚園秋と春(1998-99年)，1年生秋と春(1999-2000年)，3年生春(2002年)，5年生春(2004年)，8年生春(2007年)の7回実施。
備考	ベースサーベイのほかに，同じ対象に高校卒業時サーベイ，語彙力・読解力調査などを実施。https://berd.benesse.jp/special/childedu	CLSではこの他に1970年出生児を対象としたBritish Cohort Study(約17,000名)，2000/2001年出生児を対象としたMillenium Cohort Study(約19,000名)を実施。https://cls.ucl.ac.uk/	NLSY79では，対象の女性が母親になったときに出産前後のケアに関する情報を収集する調査を別に実施。また，NLSY97では，学校調査を別に実施。https://www.bls.gov/nls/	2002年から12年まで，10年生(高校1年生に相当)から開始するEducation Longitudinal Study (ELS)を別に実施。https://nces.ed.gov/surveys/nels88/	2001年生まれの出生から幼稚園入学までの調査(ECLS-B)，2010-11年の幼稚園クラスの調査(ECLS-K: 2011)を別に実施。https://nces.ed.gov/ecls/

※各調査のウェブサイトの情報は2020年7月12日に確認。

	国内の先行調査（代表的なもの）				
調査名	21世紀出生児縦断調査	青少年期から成人期への移行についての追跡的研究（Japan Education Longitudinal Study:JELS）	日本子どもパネル調査（Japan Child Panel Survey:JCPS）	高校生の学校生活と進路希望に関する調査	学校生活と将来に関する親子継続調査（Japanese Life Course Panel Surveys-J:JLPS-J）
調査主体	厚生労働省（2017年から文部科学省と共管）	お茶の水女子大学（研究代表：耳塚寛明）	慶應義塾大学パネルデータ設計・解析センター	大学入試センター研究開発部	東京大学社会科学研究所（研究代表：藤原翔）
調査目的	21世紀の初年に出生した子の実態、経年変化の状況を継続的に観察することにより、少子化対策等の施策の企画立案、実施の基礎資料を得る。	子どもの発達と、家族、学校教育、学校外教育、社会文化的環境との相互作用を、子ども期から成人期への移行という枠組みによってとらえる。	家庭での子育ての状況や子ども自身の学びの様子について調査を行い、社会の動きと子育ての関連性を総合的に解明する。	高校生の学習行動と作用する要因を、3年間の追跡調査で解きほぐすことにより、大学入試改革の意義について実証的に検討する。	生徒たちの進路希望や将来像の実態やその変化を、その家族の考えなどの影響から、日本の制度的な文脈から検証する。
調査対象	2001年1月および7月に生まれた子ども（平成13年出生児調査）。2011年（小4）までは保護者のみ、それ以降は子ども本人も回答。	小3、小6、中3、高3の子ども（ただし、高校卒業までで終了）。子ども本人、保護者、教師が回答。	各調査年の3月末時点で小中学生の子どもと保護者。日本家計パネル調査（JHPS）と慶應義塾家計パネル調査（KHPS）の対象に実施。	進学中堅校（6校）、進学校（4校）の高校1年生。高校卒業まで本人が回答。卒業後の進路情報も収集。	中3の子どもと保護者。調査会社保有のモニターから抽出。
サンプルサイズ	第1回調査（2001年）は約47,000人、公表されている最新の第17回調査（2019年）は約25,000人が回答。	第1回調査は、関東エリア4,800人、東北エリア約2,850人から回収。以後、第3回調査まで、ほぼ同規模で実施。	第1回調査（2010年）は467人。以後、第4回調査まで500～700人前後が回答。	第1回調査（2012年）から第5回調査（2014年）まで、約3,400人。	第1回調査（2015年）は約1,850名。第2回調査（2017年）は約1,500名。
調査期間	2001年開始、毎年実施（継続中）。	関東エリアは2003年、06年、09年の3回（小3から中3まで）、東北エリアは04年、07年、10年、13年の4回（13年調査は高3のみ）実施。	2010年開始、毎年実施（継続中）。	2012年（高1）1学期、3学期、2013年（高2）2学期、2014年（高3）1学期、3学期の5回実施。	2015年（中3）、2017年（高2）、2019年に追跡調査を実施（継続中）。
備考	2010年生まれの子どもを対象とした調査（平成22年出生児調査）を別に実施。https://www.mhlw.go.jp/toukei/list/27-9.html	一部の対象には高校卒業後のインタビュー調査を実施。本調査の後継調査を実施済み（公表前）。http://www.li.ocha.ac.jp/ug/hss/edusci/mimizuka/JELS_HP/※中西（2017）を参照。	2016年から就学前の子どもの保護者を対象とする別の調査を開始。https://www.pdrc.keio.ac.jp/paneldata/datasets/jcps/※赤林・直井・敷島（2016）を参照。	対象の一部に対してインタビュー調査を実施。※山村・濱中・立脇（2019）を参照※類似の調査として、中村（2010）がある。	対象の一部に対してインタビュー調査を実施。

幅広い学年を毎年調査することで，あらゆる時点での①1時点の学年変化，②複数時点の時代変化，③複数時点の発達変化を把握できる構造になっている。パネル調査の利点である個人内の変化や個人間の違いの連鎖を検討できるだけでなく，従来の調査が有していた経年比較などもできる特徴を持つ。

　第三に，ベースサーベイでは子どもと保護者のデータをペアで取得しているという特徴がある。これには，子ども調査では入手できない家庭の社会経済的な背景に関する情報が得られること，教育観や子どもへの関与，教育投資などについて保護者に直接たずねられること，子どもの資質・能力などについて保護者の立場からの評価が得られること，一部の項目を同一にすることによって親子の回答のズレを分析の対象としたり，子どもの回答の信頼性を判断する材料にしたりできることなどのメリットがある。多くの先行調査も，子どもに加えて保護者からも情報を取得しているが，学校に協力を依頼する調査では保護者の協力が得られなかったり，回収率が低かったりするケースが多い。本調査はどちらか一方だけしか回答しないケースがかなり少なく，毎回 15,000 組前後が親子ペアで回答しており，欠損が少ないのが特徴である。

　第四に，データの内容や種類が豊富なことである。「ベースサーベイ」では毎年，同じ項目を調べるだけでなく，3年ごとに重点的にたずねる内容を設けて，生活と学習の両面からより多くの情報を取得している。アウトカムについても，学校での成果や認知能力にかかわる内容だけでなく，OECD（2015=2018）が重要性を指摘する「社会情動的スキル」（非認知能力）にも配慮した。そのほかに，高校の卒業時点で行う「卒業時サーベイ」では進路にかかわる情報を，3年おきに特定の学年に行う「語彙力・読解力調査」ではそれぞれの能力を測定している。このように，同一の対象に複数の異なる情報を付加していく方式は，海外のパネル調査には例があるが，国内には見られない。これらの調査で得られる変数のかけ合わせは無限であり，さまざまなテーマでの分析が可能である。さらに今後，別の新しいテーマの調査が必要になったときも，このモニターを対象にすれば，過去の情報を活用することができる。特定のモニターに情報を集約しておくことは，分析の可能性をさらに広げる。

　こうしたことが可能になっているのも，すべては調査に協力いただいているモニターのおかげである。ここに記して謝意を表したい。

(2) 本調査の課題

　最後に，本調査の課題を検討し，それに対する対応策や今後の展望をまとめておこう。

　課題の一つは，運営負荷の大きさにかかわることである。本調査のように12学年にわたる約2万組のマルチコーホートを維持するには，つねに新規モニターを募集し，既存モニターの脱落を防止し続けるという負担がある。さらに，毎年の調査におけるデータクリーニングも，過去の調査との整合性の確認など，通常にはない作業が発生し，管理すべきデータ量は回を重ねるごとに増す。日本ではパネルデータの収集と管理について方法論の議論や共有が十分とは言えない（保田，2012）が，そのような状況のなかで試行錯誤しながら運営をしていかなければならない。

　これらに対しては，効率化の取り組みそれ自体が，調査運営の方法論の開発につながっている。これまで，モニター管理の仕組みづくり，データクリーニングや変数作成の自動化などを行ってきた。途中段階では郵送調査とWEBによる調査を併用して，より回収率が高まる方法を検討するようなことも試みた。こうした取り組みを通して，負荷をできるだけかけずに調査を運営するさまざまな手法を開発している。

　課題の二つめは，調査対象の年齢の上下への延長の必要についてである。本調査は，小学1年生から高校3年生までを対象としている。だが，Heckman（2013=2015）が指摘するように，家庭教育の格差は就学前の段階で存在しており，その解消には就学後の再配分よりも就学前への介入による事前配分のほうが効果的である可能性がある。また，Heckmanは就学前教育で重要なのは，認知能力だけではなく，忍耐力，協調性，計画性といった非認知能力であるという。これらを明らかにするには，就学前の子どもの育ちや保護者のかかわりに関するデータと接続させなければならない。そのため，2016年に，東京大学大学院教育学研究科附属発達保育実践政策学センター（Cedep）とベネッセ教育総合研究所は共同研究「乳幼児の生活と育ち」研究プロジェクトを立ち上げた。いずれは，本調査と接続させ，乳幼児期からの情報を加えた，より長期のパネル調査の基盤を構築する計画である。ここが接続すれば，出生直後の時点から高校3年生までの18年間のパネル調査となる。

　また，本調査で捉えた高校までの教育や経験は，大学生や社会人になったと

きにどう成果として結実するのかという問題もある。学校から仕事への移行や初期キャリアの形成については，東京大学社会学研究所による複数のパネル調査（石田，2017）や日本教育学会による「若者の教育とキャリア形成に関する調査」（乾・本田・中村，2017），京都大学高等教育研究開発センターと河合塾が行う「学校と社会をつなぐ調査」（溝上，2018a）などがある。しかし，それらの調査では高校までの教育や経験に関する内容を回顧してもらう形でたずねるしかなく，取得できる情報に限りがある。さらに，溝上（2018b）が述べるように，高校卒業よりも前の段階で資質・能力が形成されてしまっていて，卒業後の情報を取得するのでは遅い可能性もある。高校までの教育や経験の効果だけでなく，それ以降の介入の効果を検証するためにも，高校までとそれ以降を接続する必要がある。欧米で実施されているような長期の縦断研究が理想であるが，高校卒業以降の延長についても，今後，検討していきたい。

　課題の三つめは，調査内容に関する限界についてである。本調査は保護者の協力の下で行っているため，家庭の状況についての変数は豊富である。その一方で学校などの機関に協力をしてもらっていないため，学校教育に関する情報が十分とは言えない。とくに教員の指導の状況については子どもにたずねるしかなく，アウトカムに関する変数も「語彙力・読解力調査」を除いては自己評価（一部は保護者による評価）に頼っている。分析上も，学校や学級の効果を測定することはできないといった課題がある。どのような分析にも耐えうる完璧な調査は現実的ではないため，前項で示した本調査の特徴を生かしたテーマ設定をする必要がある。また，議論にあたっては他の調査で明らかになった知見と併せて，総合的に検討するといった慎重な姿勢も求められる。

　課題の四つめは，本調査のデータの活用に関してである。これまでも折々に調査結果をまとめ，ホームページなどで公開してきた（注を参照）。しかし，データが蓄積され，さまざまな分析が可能となった今日，これを活用してより多くの研究を行い，その結果をもとに教育や子育てのあり方を議論する仕組みを作ることを考えたい。そのために，近い将来には，個票データを公開して，研究利用を可能にする予定である。

6.　おわりに──本書の構成

　さまざまな課題や限界はあるが，本調査で得られたデータが稀有なものであることは間違いない。調査を安定的に実施する基盤づくりというフェーズから調査結果を有効に活用するフェーズへ，本プロジェクトの次の展開を創造していく必要がある。本書は，その端緒に位置づくものである。

　本書は，まず第Ⅰ部で，本プロジェクトが行う複数の調査について，主な結果を解説する。第1章（本章）ではプロジェクトのねらいや調査概要を解説したが，第2章では継続調査としてのサンプル脱落の影響を検討する。それらの基礎的な情報を踏まえて，子どもを対象とした「ベースサーベイ」（第3章と第4章），保護者を対象とした「ベースサーベイ」（第5章），高校3年生（卒業段階）を対象とした「卒業時サーベイ」（第6章），一部の学年を対象に行った「語彙力・読解力調査」（第7章）の順に，主要な結果を紹介する。この第Ⅰ部は，研究の全体像をつかむことを目的に，縦断的な分析ではなく横断的な分析を中心に内容を記述する。執筆は，ベネッセ教育総合研究所の研究員が担当した。

　さらに，第Ⅱ部では，調査で得られている豊富な情報を生かして，子どもの成長や発達に影響を与える要因の分析を行う。第8章では総論として家庭の社会・経済的な環境が子どもの発達（自律性や学力など）とどのような関連を持つのかを検討し，第9～11章では子どもの進路選択に影響を及ぼす要因（保護者の意識や働きかけ，学校環境など）を分析する。これらは，親子ペアでデータがとられ，家庭環境や保護者の情報が十分にある特徴を生かした研究である。続く章では子どもの学習実態や自立のプロセスに焦点を当て，第12章で学習方略が動機づけに与える影響，第13章で子どもが抱く「なりたい職業」の発達プロセスを考察する。また，第14章では課外活動を通した成長に視点を移し，部活動が学習に及ぼす影響を検討する。そして，第15章で社会経済的地位（Socio-economic Status：SES）が子どもの学習や進路選択に与える影響を総括する。これら第Ⅱ部の研究で共通するのは，どのような環境や条件が子どもの自立を促進するのかを明らかにする点にある。生活と学習の両面から，また親と子どもの両者から，パネルデータを用いてこの点にアプローチする。この

第Ⅱ部は，東京大学社会科学研究所の研究者（石田浩，佐藤香，藤原翔，大﨑裕子，香川めい，山口泰史），ならびにワーキンググループとして分析に参画した研究者（須藤康介，小野田亮介）が執筆を担当した（注：香川は 2018 年に異動）。

　なお，本プロジェクトは東京大学社会科学研究所とベネッセ教育総合研究所の研究者以外に，各領域の第一人者（耳塚寛明，秋田喜代美，松下佳代）がボードメンバーとして参加し，調査全体の指導・助言を行っている。今回は，それぞれの立場から本プロジェクトや調査の意義について検討してもらった。それらはコラムとして第Ⅰ部の最後に掲載している。

　以上の論考は，本調査が有する膨大な情報量の中から，今日的な関心に基づいて精選したものである。第一歩の成果を記したものとしてお読みいただけると幸いである。

注

本調査の基礎集計表をベネッセ教育総合研究所のホームページ（https://berd.benesse.jp/shotouchutou/research/detail1.php?id=5518）で公開しています。調査内容と結果について，より詳細を知りたい方はこちらをご参照ください。

参考文献

赤林英夫・直井道生・敷島千鶴（編著），2016，『学力・心理・家庭環境の経済分析──全国小中学生の追跡調査から見えてきたもの』有斐閣.

藤原翔，2016，「中学生と母親パネル調査の設計と標本特性」『東京大学社会科学研究所パネル調査プロジェクトディスカッションペーパーシリーズ』95, pp. 1-14.

Heckman, James J. 2013, *Giving Kids a Fair Chance*, The MIT Press.（大竹文雄監訳，古草秀子訳，2015，『幼児教育の経済学』東洋経済新報社.）

乾彰夫・本田由紀・中村高康（編），2017，『危機のなかの若者たち──教育とキャリアに関する 5 年間の追跡調査』東京大学出版会.

石田浩（編），2017，『教育とキャリア』勁草書房.

溝上慎一（責任編集）・京都大学高等教育研究開発推進センター・河合塾（編），2018a，『高大接続の本質──「学校と社会をつなぐ調査」から見えてきた課題』学事出版.

溝上慎一，2018b，『大学生白書 2018──いまの大学教育では学生を変えられない』東信堂.

中村高康（編著），2010，『進路選択の過程と構造──高校入学から卒業までの量的・質的アプローチ』ミネルヴァ書房.

中西啓喜，2017，『学力格差拡大の社会学的研究──小中学生への追跡的学力調

査結果が示すもの』東信堂.

OECD, 2015, *Skills for Social Progress: The Power of Social and Emotional Skills.*（ベネッセ教育総合研究所企画・制作, 2018,『社会情動的スキル──学びに向かう力』明石書店.）

尾嶋史章・荒牧草平（編）, 2018,『高校生たちのゆくえ──学校パネル調査からみた進路と生活の 30 年』世界思想社.

山村滋・濱中淳子・立脇洋介, 2019,『大学入試改革は高校生の学習行動を変えるか──首都圏 10 校パネル調査による実証分析』ミネルヴァ書房.

保田時男, 2012,「パネルデータの収集と管理をめぐる方法論的な課題」『理論と方法』27 巻 1 号, pp. 85-98.

第 2 章

「親子パネル調査」におけるサンプル脱落の実態と評価

岡部悟志

1. 本章の目的

　「サンプル脱落」はパネル調査から導かれるエビデンスの質を左右する重要な要件の1つである。同一ユニットを追跡し，繰り返し調査を行うことによって得られるパネル調査データは，単時点でのクロスセクショナルな調査データとは異なる優位性がある。すなわち，圧倒的に情報量が多くなることや観測されないユニットの異質性を統制する分析手法が適用できることなどである（田中，2015）。しかしながら，現実問題として，サンプルが徐々に少なくなっていくことがしばしば批判の対象となる。その批判の背後にあるのは，サンプル脱落に伴う2つの問題性である（三輪，2014）。1つは，「サンプルの数じたいが少なくなってしまうこと」である。分析結果の信頼性にかかわる点や分析適用範囲の拡張可能性（小さな単位でのクロス分析や，特定の条件をもったサンプルをプールした分析などが可能となること）にかかわるといった点で，一定のボリュームが確保されていることが重要だからだ。さらに，サンプルの数が十分だったとしても，次に問題になる別の点は，「サンプル脱落が系統的に生じることによる継続回答のゆがみ」である。我々が分析する継続回答者のデータに無視できない歪みが存在するとしたら，さまざまな分析や推定結果が，真の値からずれることになる。前者は，サンプル脱落の「量的側面」の問題，後者は「質的側面」の問題と，いったん大まかに整理することができるだろう。

　本章では，「親子パネル調査」におけるサンプル脱落の実態とその特徴を計量的に把握し，評価を行う。分析にあたり，上で整理したように，サンプル脱落が抱える根本問題にかかわる「量的問題」と「質的問題」とに大きくわけて，

図 2 - 1　各調査年の調査モニター数と回収状況

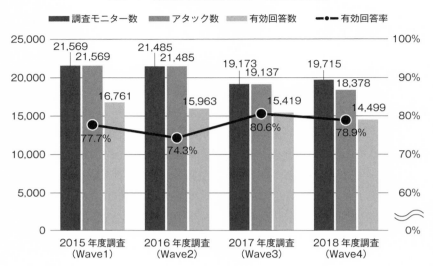

進めていくことにする。

2.　サンプル脱落の「量的側面」の実態と評価

　まず，サンプル脱落の量的側面の実態を把握し評価するための指標として，各調査回の有効回答率（＝有効回答数÷アタック数）に着目する。以下では，2015 年度調査を Wave1，2016 年度調査を Wave2，2017 年度調査を Wave3，2018 年度調査を Wave4 と表記する。図 2 - 1 の折れ線グラフが各調査回の有効回答率を表している。ここから，毎年 8 割前後と高い水準で安定的に推移していることがわかる。

　以下に，有効回答率の算出根拠となる同図表内の数値について 2 点補足しておく。まず 1 点目は，調査モニター数とアタック数の離齬についてである。ほんらい，調査アプローチ可能な調査モニター数とアタック数は等しくなるはずだが，豪雨や地震などの自然災害により災害指定地域に指定されたエリアの調査モニターに対しては，調査の発送を控えた。具体的には，Wave3 で 36 件（調査モニターの 0.2％ に相当），Wave4 は比較的多く 1,337 件（調査モニターの

図2-2 継続回答率（学校段階別・学年別）

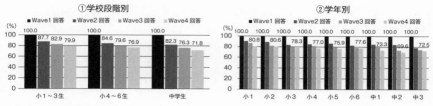

注1）Wave1回答者を母集団とした各調査年の継続回答率を示している。②学年別では，Wave1回答と
Wave4回答の数値のみを示している。
注2）Wave1時点の学年を示している。

6.8％に相当）が該当する。そのため，Wave3とWave4では，調査モニター数とアタック数とが一致していない。

2点目は，調査モニターはこの間，調査プロセスの効率化のため1回だけ整理を行っている。具体的には，Wave1とWave2のいずれか回答した者に調査モニターを絞った上で，Wave3の協力依頼をした。その結果，2万組強だった調査モニターは2万組弱に減少した。しかし，Wave3，Wave4の回収された有効回答サンプルはそれ以前と同水準であったことから，調査モニターの絞り込みによる効率化が図られてもなお，量的な側面においての脱落を最小限に留めることに成功していると評価できる。

続いて，調査継続段階での脱落の実態を把握するために，Wave1回答者を母集団（＝100）としたときの，それ以降の各調査回での継続回答率の推移を，学校段階別・学年別に確認してみよう（図2-2）。まず，絶対値についていうと，Wave4の継続回答率は，7～8割程度となっている。他のパネル調査の場合のそれと比べても，高い水準をキープしていると評価できる。次に，全体の傾向としていえることは2点ある。第1に，高学年になるほど，継続回答率が低くなる点である（例えば，学校段階別でみると，小1～3生：79.9％＞小4～6生：76.9％＞中学生：71.8％）。第2に，継続回答率の変動幅が大きいのは初回Wave1から次のWave2にかけてという点である。具体的にいうと，Wave1からWave4にかけての脱落の概ね半数以上は，Wave1からWave2への脱落が占めている。

表2-1 本分析における継続回答の回答パターン

		2015年度調査 （Wave1）	2016年度調査 （Wave2）	2017年度調査 （Wave3）	2018年度調査 （Wave4）
パターン①	n=7,701 (85.7%)	○	○	○	○
パターン②	n=445 (5.0%)	○	×	○	○
パターン③	n=608 (6.8%)	○	○	×	○
パターン④	n=227 (2.5%)	○	×	×	○

注）○は回答，×は非回答を表す。

3. サンプル脱落の「質的側面」の実態と評価

　ここでは，サンプル脱落の「質的側面」として，親子それぞれの基本的な属性によって系統的な脱落が発生していないかどうかを確認する。脱落の定義はさまざまに設定することができるが，いったんここでは，「初回の調査 Wave1 から，もっとも最近の Wave4 にかけての脱落」，すなわち，Wave2 と Wave3 の回答の有無によらず，初回の Wave1 と直近の Wave4 だけ答えていれば継続回答とみなす。分かりやすく可視化すると，今回の分析においては，表2-1の回答パターン①〜④とも継続回答として扱うものとする。

　サンプル脱落に影響すると思われる要因は，子ども側の要因と保護者や世帯側の要因とに大別できる。まず，子ども側の要因としては，2節で扱った学校段階（学年）は前提として統制したうえで，「性別」と「成績」を取り上げる。一方の保護者や世帯側の要因としては，「父学歴」「父職業」「母学歴」「母就業」「世帯年収」「都市規模」を取り上げる。なお，他の調査結果からもよく知られているように，父母の学歴や父親の職業，世帯収入といった項目については，「無回答・不明」の比率が高めになる傾向がある。そのため，一律分析から除外して欠損として扱ってしまうことで発生しうる問題が完全には排除できないため，ここでは「無回答・不明」の層を含めて，以降の分析を進めた。

　表2-2は，Wave1 から Wave4 にかけての脱落によって，各学校段階の親子の属性にどんな変化が生じたのかを示している。列①は，Wave1 時点で各学校段階別の親子の属性を示す。列②は，Wave1 と Wave4 のいずれも回答した親子に分析対象を絞った（つまり，2時点の継続回答サンプルに絞った）うえで，Wave1 時点の属性への回答比率を表す。列①②の差が小さいほど，脱落

表2-2 サンプル脱落による継続回答の属性変化

(%)

		2015年度調査（Wave1）の学年①			2018年度調査（Wave4）の学年② ※（ ）内は Wave1 時点の学年 ※数値は Wave1 時点の回答に基づく			差（②-①）		
		小1~3生	小4~6生	中学生	小4~6生 （←小1~3生）	中学生 （←小4~6生）	高校生 （←中学生）	小4~6生 （←小1~3生）	中学生 （←小4~6生）	高校生 （←中学生）
子ども / 子どもの性別	男子	50.8	49.3	49.6	50.6	48.0	48.5	-0.2	-1.3	-1.1
	女子	49.2	50.7	50.4	49.4	52.0	51.5	0.2	1.3	1.1
成績	上位	29.2	29.5	31.3	30.1	30.9	32.6	0.9	1.4	1.3
	中位	31.5	35.8	30.8	32.0	35.2	30.5	0.5	-0.6	-0.3
	下位	39.3	34.7	38.0	37.8	34.0	36.9	<u>-1.5</u>	-0.7	-1.1
父親 / 父学歴	父大卒	49.8	49.7	48.4	50.6	50.4	49.8	0.8	0.7	1.4
	父非大卒	41.3	42.0	39.9	40.7	41.6	39.5	-0.6	-0.4	-0.4
	無回答・不明	8.9	8.3	11.7	8.7	7.9	10.7	-0.2	-0.4	-1.0
父職業	専門管理	30.4	32.7	32.4	31.1	32.4	33.2	0.7	-0.3	0.8
	事務販売	35.4	34.3	35.6	35.7	35.3	35.8	0.3	1.0	0.2
	その他	31.6	30.6	30.1	30.7	29.9	29.3	-0.9	-0.7	-0.8
	無回答・不明	2.6	2.3	1.8	2.5	2.3	1.7	-0.1	0.0	-0.1
母親 / 母学歴	母大卒	57.1	55.1	52.1	58.3	56.2	53.2	1.2	1.1	1.1
	母非大卒	37.8	40.9	43.0	36.8	40.0	42.4	-1.0	-0.9	-0.6
	無回答・不明	5.1	4.0	4.9	4.9	3.7	4.5	-0.2	-0.3	-0.4
母就業	正社員	17.7	16.6	17.9	17.5	15.8	17.6	-0.2	-0.3	-0.3
	パートなど	45.1	54.6	59.6	43.9	54.7	58.7	-1.2	0.1	-0.9
	専業主婦	37.2	28.8	22.5	38.5	29.5	23.7	1.3	0.7	1.2
世帯 / 世帯収入	400万円未満	15.7	15.7	15.4	15.3	15.4	15.1	-0.4	-0.3	-0.3
	400~600万円未満	32.0	28.4	25.8	31.2	28.4	25.0	-0.8	0.0	-0.8
	600~800万円未満	20.7	22.0	21.5	20.9	22.2	21.2	0.2	0.2	-0.3
	800万円以上	20.7	22.7	26.5	21.2	22.7	27.4	0.5	0.0	0.9
	無回答・不明	10.9	11.2	10.8	11.4	11.2	11.3	0.5	0.0	0.5
都市規模	政令指定都市・23区	30.1	29.0	28.8	30.3	29.4	29.9	0.2	0.4	1.1
	20万人以上の市	27.0	25.4	27.4	25.9	23.6	26.2	-1.1	<u>-1.8</u>	-1.2
	20万人未満の市	35.5	38.1	36.4	36.2	38.7	36.4	0.7	0.6	0.0
	町村	7.4	7.6	7.3	7.6	8.3	7.5	0.2	0.7	0.2

注）列①②の差（②-①）がプラス1.5以上を一重下線（該当するセルはなし），マイナス1.5以下を二重下線（該当するセルは2つのみ）で示している。

による親子の属性変化が少ないこと，すなわち，脱落によって生じる継続回答の歪みが分析に与える影響は小さいことを意味する。

　以上を踏まえて表2−2の左列をみると，列①②の差のほとんどは±1.5未満の範囲内に収まるごく小さいものであり，ほとんど影響がないと評価することができる。ただし，これは他の要因の影響を一切考慮していないため，真の値から乖離している可能性がある。そのような課題意識から，岡部（2019）では多変量解析（ロジスティック回帰）を用いて，それぞれの要因がサンプル脱落に与える効果を推定している。主な結果は，以下の2点にまとめられる。第一に，表2−2に挙げた変数によるサンプル脱落の説明力は，疑似決定係数で0.01〜0.02と，かなり低い水準に留まった。このことは，観測されない要因も含めて，ここに挙げた変数以外の要因が影響している可能性があること，あるいは，そもそもサンプル脱落が比較的ランダムに生じていることを示唆している。そして，そのような状況下で，第2に，調査対象である子どもの性別や学年，保護者のうち主に母親の学歴や就業によって脱落のしやすさが異なることもわかった。具体的にいうと，女子よりも男子で，低学年よりも高学年で脱落しやすいこと，また，非大卒の母親は大卒の母親に比べて，有職の母親は専業主婦の母親に比べて，脱落しやすいことなどであった。

4. 結論——サンプル脱落の解決へ向けて

　本章の分析から，サンプル脱落の「量的側面」の実態については，比較的高い水準で安定していることが確認された。さらに，サンプル脱落の「質的側面」についても確認したところ，親子や世帯の属性による継続回答のゆがみはほとんど見られないことから，継続回答サンプルに絞った場合の分析に大きな問題が生じるということはなく，信頼性の高いパネルデータが得られているものと評価できる。

　これらの背景には，第1に，定期的な住所確認（年1回）やニューズレターの送付（年4回）など，実査前後のきめ細かなモニターケアと，第2に，実査初期段階での調査票未着や調査拒否をできるだけ減らし，調査への協力・回答・返送へと違和感なくスムーズにすすめるように設計されたレターやマニュアルなどのノウハウの蓄積があると考える。ただし，その一方で，今後へ向け

ての課題としては，全体的に一律のケアが中心となっている点が挙げられる。単純な発想かもしれないが，継続と脱落の実態を丁寧に分析・可視化し，実態に基づいてモニターケアにかかるコストを傾斜的に配分をしたり，それらを実態を踏まえつつ継続的に調整したりすることが有効かもしれない。例えば，岡部（2019）では，子どもの学年が小3生から小4生に上がるタイミングで脱落しやすいことがわかった。この事実の背景には，本調査における調査対象者が保護者のみの小3生から，保護者に加え子どもが対象となる小4生に変化することが，調査モニターにきちんと伝わっていないことや，あるいはこれまでよりも心理的に負担に感じられてしまっていることなどが考えられる。そのような課題に対して，新たに小4生になる調査モニターに対しては，事前にレター等を通して調査対象に子どもが加わることをわかりやすく説明し，調査に協力することへの納得感をもっていただいたうえで，スムーズに回答してもらえるような配慮をしていくことが期待される。

　確かなエビデンスを生み出していくためは，量的にも質的にも信頼性の高いパネル調査データの蓄積が前提となる。そのためにも，パネル調査の弱点の1つである脱落の実態把握と評価を今後も継続し，必要な対処を行うことが欠かせないだろう。

参考文献

三輪哲，2014，「NFRJ-08Panel におけるウェイトによる脱落への対処」『家族社会学研究』26 巻 2 号，pp. 169-178.

岡部悟志，2019，「親子パネル調査（JLSCP2015-2018）のサンプル脱落の実態とその特徴」第 92 回日本社会学会（研究法・調査法（1））報告.

田中隆一，2015，「パネル・データ分析——繰り返し観察することでわかること」『計量経済学の第一歩——実証分析のススメ』有斐閣.

第 3 章

子どもの生活実態と人間関係の状況

1. 本章の目的

　本章は，「子どもの生活と学びに関する調査」のベースサーベイのうち，子どもを対象にした生活関連項目（「生活者としての自立」に関する項目）と，人間関係・価値観関連項目（「社会人としての自立」に関する項目）の結果を紹介する。調査には，これらと別に学習関連項目（「学習者としての自立」に関する項目）があるが，それは第4章で扱う。

　とはいえ，このあと（2節）の調査内容についての説明から分かるように，生活と人間関係・価値観の項目は多岐にわたる。本章では，そのなかから学年や学校段階による違いが表れていて，子どもの成長プロセスをうかがい知ることができる2つの観点に絞って結果を記述する。

　その一つが，成長に伴う生活実態の変化である。3節では，子どもがどのように時間を使っているか（生活時間）と，どこで遊んでいるのか（遊び場所）の2つの側面から生活の様子を概観する。いわば，「時間」と「空間」から，子どもの成長をとらえる試みである。もう一つが，成長に伴う人間関係の変化である。4節では，親子でどのような話をしているのか，保護者からどのような働きかけを受けているのか（親子関係）と，友だちとの関係にどのような意識を持っているのか（友だち関係）の2つの関係性から，子どもたちの成長を読み解く。関連項目のすべてを扱うことはできないが，「時間」「空間」「人間関係」の3つの「間」から，本調査が明らかにしようとする子どもの自立や成長の様子を示すことが，本章の目的である。

　このため以下では，本調査が幅広い学年を対象にしている特徴を生かし，学

34

表3-1　「生活者としての自立」に関する項目

1)「身体的・身辺的自立」に関する項目
　　①睡眠時間など…起床時刻・就寝時刻(●)，通学時間(●)
　　②生活習慣…自分で起きる，整理・整とん，食習慣，ルール・マナーなど
　　③生活技術…お手伝いの頻度
2)「生活経験・遊び」に関する項目
　　①1年間の経験…行動面・感情面(●)
　　②遊び…運動・スポーツの時間(●)，放課後の遊び場，好きな遊びのタイプ
　　③メディア…メディアを見る・使う時間(●)，情報機器の使用
3)「金銭・経済的自立」に関する項目
　　①アルバイト…1週間あたりの頻度・時間(●)
　　②金銭感覚…もらいたいおこづかい，「大金」だと思う金額
　　③お金の使い方…計画性，貯金，選び方など
4)上記に対する意識・自己評価に関する項目
　　①意識…毎日の忙しさ・楽しさ(●)
　　②自己評価…自分でできることは自分でする(●)

※（●）の項目は毎年たずねている。それ以外の項目のうち，1) 2) は2015年度調査（Wave1），2018年度調査（Wave4）で，3) は2017年度調査（Wave3）でたずねている。
※小1〜3生については，可能な範囲で保護者にたずねている。

校段階や学年の違いに注目した分析を行う。また，これらの項目には，男女に差異があることが多く，一部に地域による違いもみられるため，できるだけその結果を示して考察する。性や地域という要因も，子どもの成長に影響を与えうる。これ以外にも背景となる要因があると考えられるが，その要因や構造の分析は第Ⅱ部に譲り，ここでは基本的な内容を記述する。

2. 子どもの生活と価値観に関連する項目

第1章で見たように，本調査では，子どもの生活に関する項目として「生活者としての自立」を，価値観に関連する項目として「社会人としての自立」を幅広くたずねている。以下では，これらがどのような内容かを整理する。

(1) 「生活者としての自立」に関する項目

「生活者としての自立」に関して（表3-1）は，基本的な項目（●印）を2015年度調査（Wave1）から毎年たずねているほか，3年に1度，質問を厚く

表3-2　「社会人としての自立」に関する項目

1)「人間関係」に関する項目
　①親子関係…家族とすごす時間・1人ですごす時間(●)，父母との会話の内容・頻度
　　(●)，父母のかかわり(●)，父母への感謝・悩みを話す・反抗，親を超えるような
　　生き方をしたいか
　②友だち関係…友だちと遊ぶ・すごす時間(●)，友だちの人数，友だちとの関係，友
　　だちへの感謝・悩みを話す・けんか，彼・彼女とのつきあい
　③その他の人間関係…祖父母・近所の人・親せきの人・初めて会う人・外国の人と話
　　す頻度，人に助けを求める(●)
　④上記に対する自己評価・満足度に関する項目…周りのことを考えて自分の気持ちを
　　表現する(●)，人の役に立つことはうれしい(●)，自分の性格・家族との関係・友
　　だちとの関係の満足度
2)「価値観」に関する項目
　①人や社会のあり方…人への信頼，多様性の容認，利他主義，権威主義，競争と自己
　　責任
　②大人のイメージ…「一人前の大人」のイメージ
　③ジェンダー観…性別役割分業意識(労働，介護)
　④効力感…努力の効力感，社会的無力感
3)「将来の生き方」に関する項目
　①自分の将来像…将来の目標の有無(●)，なりたい職業(●)，自分の将来像
　②目標とする生き方…あこがれの人

※　(●)の項目は毎年たずねている。それ以外の項目については，調査年度によってたずねていないこと
　もある。
※小1〜3生については，可能な範囲で保護者にたずねている。

する回を設けている。これまで，2015年度調査(Wave1)，2018年度調査
(Wave4)がそれにあたり，今後も3年ごとにその回を設ける予定である。
　質問内容は，「身体的・身辺的自立」「生活経験・遊び」「金銭・経済的自
立」の3つから構成されている。「身体的・身辺的自立」は，生活を自律的に
営むうえで必要となる，時間，習慣，技術についてたずねている。「生活経
験・遊び」は，心身の成長に欠かせない，自分，家族，友だち，地域・社会の
他者などとの経験・遊びに関する項目である。また，「金銭・経済的自立」は，
生活の経済的側面を支える金銭感覚，お金の管理に関する内容である。

(2)「社会人としての自立」に関する項目
　「社会人としての自立」の項目(表3-2)も，基本的なもの(●印)を毎年

たずねているほか，3年に1度，質問を厚くする回を設けて内容を付加している。これまでのところ，2017年度調査（Wave3）がそれにあたる。

　質問内容は，「人間関係」「価値観」「将来の生き方」の3つから構成されている。「人間関係」は，子どもの成長に重要な「親子関係」「友だち関係」「その他の人間関係」を取り上げ，かかわりの内容・頻度や関係性をたずねている。「価値観」は，「人や社会のあり方」「大人のイメージ」「ジェンダー観」「効力感」の4側面について，子ども自身の意見や評価を聞いている。また，「将来の生き方」は，社会的な自立の準備に必要な「将来や職業に対する考え」「家族や他者からの独立に対する考え」などをたずねている。

3.　主な結果①──子どもが生活する「時間」と「空間」の状況

　今日の子どもの生活時間や遊びの実態，親や友だちなどとの関係はどのような状況にあるのだろうか。ここでは，2018年度調査（Wave4）のデータ（小1～3生は保護者の回答，小4生以上は子どもの回答）を用いて検討する。サンプルは，親子セットで回収されている14,421ケース（小1～3生は保護者のみ4,928名，小4～6生3,616組，中学生2,967組，高校生2,910組）である。このデータをもとに，成長に伴って何が変化し，どのような成果や課題が現れるのかを確認していきたい。

(1)　子どもの生活時間
　本節では，時間という数量化しやすい指標を手がかりに，学年による生活の違いを記述する。

　これまで国や研究機関で行われてきた生活時間調査の多く（たとえば，総務省「社会生活基本調査」やNHK放送文化研究所「国民生活時間調査」など）は，大人を対象にしており，10歳代は対象に含んでいても，子どもの生活実態に即した内容にはなっていない。子どもの生活時間は，対象者の抽出が難しいことや回答の負荷が高いこともあり，十分に把握されてこなかった。そうしたなかで，ベネッセ教育総合研究所は子ども対象の『放課後の生活時間調査』を実施し，その基礎的な分析として生活時間の構造（木村，2009）や男女による時間の使い方の違い（佐藤，2009）などがまとめてられている。また，胡中

(2017) は，このデータを用いて中学生の時間の使い方を類型化し，親の階層的な地位との関連を検討している。

　しかし，この調査は保護者から情報を取得していないため，家庭の社会経済的地位や保護者の働きかけなどに関する変数は限られており，それらの影響について踏み込んだ検討がしにくいという課題があった。これに対して，本調査は，子どもの生活時間に影響しうる変数が多く取得できている。子どもの1日は，睡眠や食事の時間といった生活に必須の時間（一次行動），学校の時間のような義務的な時間（二次行動）などに多くを費やされ，子ども自身が比較的自由に使える時間（三次行動）は4〜6時間程度しかない。だが，その使い方は，子どもによってバラエティに富んでいる。その分化の要因を多様な観点で探ることが可能である。

　本章では，今後にそうした分析を行うための基礎となるデータを紹介する。まず，起床・就寝時刻と睡眠時間について確認したのち，三次行動の時間の使い方を中心に，今日の子どもたちの生活の様子を概観したい。

1）起床・就寝時刻と睡眠時間

　最初に，子どもの起床・就寝時刻と睡眠時間をみてみよう（表3-3）。

　起床時刻は，どの学校段階もほぼ同じで，6時30分前後である。一方，就寝時刻は，小1〜4生が21時台，小5〜中1生が22時台，中2〜高2生が23時台，高3生は0時台と徐々に遅くなる。その結果，睡眠時間は，学校段階が上がるにつれて短くなる。小学生は8時間台，中学生は7時間台，高校生は6時間台という具合である。とくに，小6生から中1生の減少（−34分）と中3生から高1生の減少（−33分）の幅が大きい。学校段階が変わる接続期は，就寝時刻が遅くなり，睡眠時間が減る大きなポイントになっていることがわかる。

2）メディアの利用時間

　それでは，メディアの利用時間は，学年によってどう異なるだろうか。表3-4は平均時間（単位は分）の推移を示した。いずれの学年でも比較的長いのは，「テレビやDVDを見る」である。高3生を除くすべての学年で60分を超える。小学生は，それに次いで，「テレビゲームや携帯ゲーム機で遊ぶ」が長く，小3生以上で30分を超えている。さらに，中学生，高校生になって急に

表 3 - 3　起床・就寝時刻と睡眠時間（学年別，平均）

	起床時刻	就寝時刻	睡眠時間	前学年からの変化
小 1 生	6 時 28 分	21 時 38 分	8 時間 50 分	―
小 2 生	6 時 29 分	21 時 40 分	8 時間 49 分	−1 分
小 3 生	6 時 30 分	21 時 46 分	8 時間 44 分	−5 分
小 4 生	6 時 30 分	21 時 54 分	8 時間 36 分	−8 分
小 5 生	6 時 32 分	22 時 05 分	8 時間 27 分	−9 分
小 6 生	6 時 33 分	22 時 16 分	8 時間 17 分	−10 分
中 1 生	6 時 26 分	22 時 43 分	7 時間 43 分	−34 分
中 2 生	6 時 31 分	23 時 03 分	7 時間 28 分	−15 分
中 3 生	6 時 40 分	23 時 30 分	7 時間 10 分	−18 分
高 1 生	6 時 23 分	23 時 46 分	6 時間 37 分	−33 分
高 2 生	6 時 31 分	23 時 58 分	6 時間 33 分	−4 分
高 3 生	6 時 34 分	0 時 08 分	6 時間 25 分	−8 分

※「ふだん（学校がある日）の『朝，おきる時間』と『夜，寝る時間』は，だいたい何時ごろですか。」への回答。
※起床時刻と就寝時刻の平均は，選択肢による回答を時刻に置き換え，無回答・不明の場合を除いて算出している。睡眠時間の平均は，就寝時刻から起床時刻までを計算している。

表 3 - 4　メディアの利用時間（学年別，平均）

(分)

	テレビやDVDを見る	テレビゲームや携帯ゲーム機で遊ぶ	携帯電話やスマートフォンを使う	パソコンやタブレットを使う	本を読む	マンガや雑誌を読む	新聞を読む
小 1 生	76	21	―	15	16	3	0
小 2 生	79	27	―	17	18	6	1
小 3 生	82	32	―	19	18	10	1
小 4 生	89	46	13	21	18	14	1
小 5 生	96	55	22	26	22	15	2
小 6 生	95	51	26	27	23	17	3
中 1 生	87	49	51	27	18	14	2
中 2 生	87	53	60	31	18	15	2
中 3 生	78	51	69	35	19	13	1
高 1 生	63	50	109	21	15	12	2
高 2 生	63	49	119	23	15	12	2
高 3 生	58	45	103	20	12	11	2

※「あなたはふだん（学校がある日），次のことを，1 日にどれくらいの時間やっていますか（学校の中でやる時間は除く）」への回答。平均時間は，「しない」を 0 分，「5 分」を 5 分，「4 時間」を 240 分，「4 時間より多い」を 300 分のように置き換えて，無回答・不明を除いて算出している。
※「携帯電話やスマートフォンを使う」は小 1〜3 生の保護者にはたずねていない。
※90 分を超える箇所に濃い網掛け（白抜き数字），60 分を超える箇所に中程度の網掛け，30 分を超えるものに薄い網掛けをした。

増えるのは、「携帯電話やスマートフォンを使う」である。とくに高校生では100分を超えており、影響力の大きさをうかがい知ることができる。これらに比べて、「本を読む」「漫画や雑誌を読む」「新聞を読む」時間は、30分を超える学年がない。

　性別では、「テレビゲームや携帯ゲーム機で遊ぶ」で男子が30〜40分程度、「携帯電話やスマートフォンを使う」で女子が5〜10程度、長い傾向がみられた。

3) スポーツ、習い事、部活動の時間

　次に、「スポーツ」「習い事」「部活動」といった子どもの活動の時間をみてみよう（表3-5）。なお、「学校外学習」（宿題、家庭学習、塾）の時間については、第4章で扱っているので、そちらを参照してほしい。

　「スポーツ」の時間は、小1生（18分）から小5生（34分）までは、学年が上がるにつれて長くなるが、その後は、学年が上がるにつれて短くなり、高3生は10分である。性差が大きく、すべての学年で、男子のほうが女子より長い（6〜18分差）。

表3-5　スポーツ、習い事、部活動の時間（学年別、平均）

(分)

	スポーツ	習い事	部活動
小1生	18	25	―
小2生	19	30	―
小3生	20	35	―
小4生	29	35	―
小5生	34	38	―
小6生	31	38	―
中1生	24	21	107
中2生	22	22	105
中3生	17	15	80
高1生	17	10	92
高2生	14	10	83
高3生	10	6	46

※「スポーツ」は、「あなたはふだん（学校がある日）、次のことを、1日にどれくらいの時間やっていますか（学校の中でやる時間は除く）」に対する「スポーツや運動をする（習い事、部活動を除く）」への回答。平均時間の算出方法は、表3-2と同様。
※「習い事」と「部活動」については、「活動日数」をたずねる質問と「1回あたりの活動時間」をたずねる質問から、1日当たりの平均時間を算出した。なお、習い事については「行っていない」、部活動については「入っていない」を含む全体平均である。
※網掛けは、表3-4と同様。

表 3-6　人とすごす／一人ですごす時間（学年別, 平均）

(分)

	友だちと遊ぶ・すごす	家族とすごす	自分一人ですごす
小 1 生	51	228	9
小 2 生	54	219	11
小 3 生	57	219	16
小 4 生	71	240	30
小 5 生	82	240	47
小 6 生	81	227	52
中 1 生	57	206	68
中 2 生	59	191	75
中 3 生	46	172	101
高 1 生	56	145	105
高 2 生	62	136	118
高 3 生	48	115	133

※質問文, 平均時間の算出方法, 網掛けは, 表 3-4 と同様。

　「習い事」（塾を除く）は「行っていない」子どもを含めた全体平均であり, 1 日あたりに換算した。行為者や 1 回あたりの時間で算出するともっと長い時間になるが, こうすることで生活全体に与える比重を見ることができる。習い事の時間は小 2〜小 6 生では 30 分を超えていて, 生活の中でも一定の比重をもっていることがわかる。中 1 生以上は 30 分を下回るが, これは習い事をする子どもが減るためであり, 行為者平均ではいずれの学年も 40 分前後と大きく変わらない。

　「部活動」も同様に「入っていない」子どもも含めた全体平均で, 1 日当たりに換算している。ちなみに調査時期は 7〜8 月であり, 中 3 生, 高 3 生では一部の子どもが引退している可能性がある。これを見ると, 高 3 生を除いて全体平均でも 1 時間を超える時間を費やしており, 時間の側面から見ても中学生, 高校生にとって部活動が大きな位置を占めていることが分かる。

4）友だちや家族とすごす時間, 一人ですごす時間

　本節の最後に, 「友だちと遊ぶ・すごす」「家族とすごす」「自分一人ですごす」のそれぞれ時間の長さを比べてみよう（表 3-6）。

　「友だちと遊ぶ・すごす」時間は, 小 4〜6 生で長く, 中 3 生と高 3 生で短い

41

傾向がある。しかし，「家族とすごす」「自分一人ですごす」と比べると学年による違いが比較的小さく，どの学年も 1 時間程度で推移する。なお，性別では，小学生は男子のほうが 5 分程度，中学生以上は女子のほうが 10 分程度，友だちとすごす時間は長い。

「家族とすごす」時間は，小 4，小 5 生（240分）をピークに学年とともに短くなり，高 3 生で 115 分とおよそ半分になる。これに代わり，「自分 1 人ですごす」時間が学年とともに増え，高 3 生では 133 分と「家族とすごす」時間を上回る。成長とともに家族から独立し，自立性を高めていく様子があらわれている。

(2) 子どもの遊び場

時間の使い方に続いて，ここでは子どもがすごしている「空間」について検討したい。今日の子どもたちは，主にどのような場所で遊んでいるのだろうか。また，それは成長によってどのように変わるのだろうか。子どもの遊び場についての調査は全国規模で実施されたものが少ないが，深谷ほか（2006）の研究では 16 地点を対象にして，男女や地域によって遊び場所が異なることが示されている。本調査でも同様に子どもが成長する空間が男女や地域によって異なるのかを確認していきたい。

表 3-7〜9 の数値はいずれも，「あなたは，放課後や休日に，次のような場所で遊ぶことがどれくらいありますか（自分 1 人で遊ぶときも含む）」という質問への回答を示している。わかりやすくするために小 1〜3 生（回答は保護者），小 4〜6 生，中学生，高校生の各グループに括り，「よく遊ぶ」「ときどき遊ぶ」「あまり遊ばない」「まったく遊ばない」の 4 段階（小 1〜3 生の保護者には「わからない」の選択肢もある）のうち，「よく遊ぶ」と「ときどき遊ぶ」の合計の比率を示す。また，地域については，「大都市」（東京 23 区および政令市）と「郡部」（町村）を比較する形で示し，それ以外の市部の数値は省略している。

1）家や公園など

最初に，子どもたちの身近な遊び場である「自分の家」「友だちの家」「公園や広場」「自然のあるところ」について，表 3-7 を見てみよう。これらは概ね，

表 3 - 7　遊び場所（家や公園など）（学校段階別，性別，地域別）

| | 自分の家 | | | | | 友だちの家 | | | | |
| | 全体 | 性別 | | 地域別 | | 全体 | 性別 | | 地域別 | |
		男子	女子	大都市	郡部		男子	女子	大都市	郡部
小1～3生	90.5	89.6	91.4	88.2 <	93.4	43.6	41.4	45.6	40.9 <	48.6
小4～6生	79.8	81.2	78.7	76.1 <	83.6	60.2	60.7	59.9	57.4 <	66.4
中学生	67.9	73.8 ≫	62.9	66.5	69.8	41.5	42.8	39.9	37.0 ≪	48.6
高校生	56.1	62.3 ≫	50.3	57.7 >	52.3	24.7	27.5 >	22.2	24.1	25.9

| | 公園や広場 | | | | | 自然のあるところ（海や山，川，森など） | | | | |
| | 全体 | 性別 | | 地域別 | | 全体 | 性別 | | 地域別 | |
		男子	女子	大都市	郡部		男子	女子	大都市	郡部
小1～3生	70.4	71.5	69.2	73.8 >	64.7	35.5	36.1	34.9	31.6 <	40.2
小4～6生	61.9	64.2	59.8	68.8 ≫	54.4	21.5	25.7 >	17.3	20.4 <	27.0
中学生	33.3	38.2 >	28.6	34.6	38.4	14.4	17.9 >	11.2	12.5 <	20.4
高校生	18.5	22.4 >	14.9	20.3 >	14.4	12.9	16.0 >	10.0	13.9	13.0

※数値は「よく遊ぶ」＋「ときどき遊ぶ」の％。
※全体の数値について，50％を超える箇所に濃い網掛け（白抜き数字），40％を超える箇所に中程度の網掛け，30％を超えるものに薄い網掛けをした。
※性別と地域別で5ポイント以上10ポイント未満の差がある場合は＜＞，10ポイント以上の差がある場合は≪≫の記号をつけた。なお，5ポイント以上の差がある場合は，いずれも0.1％の水準で有意（χ2乗検定）である。

小学生の数値が高く，学年が上がるにつれて比率は低下する。「自分の家」はすべての学年でもっとも比率が高い項目であるが，「友だちの家」や「公園や広場」も小学生のうちは選択率が高い。

　性別では多くの項目で男子の比率が高い。とくに，男子は高校生でも6割以上が「自分の家」で遊んでいる。また，地域別では，「自分の家」「友だちの家」「自然のあるところ」は郡部のほうが，「公園や広場」は大都市のほうが選択されている。野外の遊び場に着目すると，郡部も大都市も「公園や広場」が多いのは共通だが，「自然のあるところ」との差が郡部では小さく，大都市では大きい。都市部ほど，公園のような整備された環境で遊ぶ傾向が強いことが表れている。

表 3-8　遊び場所（学校や施設など）（学校段階別，性別，地域別）

	学校の教室					学校の運動場（校庭や体育館）				
	全体	性別		地域別		全体	性別		地域別	
		男子	女子	大都市	郡部		男子	女子	大都市	郡部
小1～3生	14.9	14.3	15.3	17.2	13.3	30.7	32.2	29.2	34.8 ＞ 26.9	
小4～6生	22.6	19.9 ＜ 25.4		23.5	21.2	36.6	40.6 ＞ 32.5		37.3	33.6
中学生	26.0	24.9	27.2	28.2 ＜ 33.5		15.9	21.1 ≫ 11.0		16.9	18.8
高校生	36.9	36.5	37.1	40.2	44.0	14.1	19.9 ≫ 8.6		16.5	12.5

	児童館や図書館などの公共施設					習い事や学習塾の教室				
	全体	性別		地域別		全体	性別		地域別	
		男子	女子	大都市	郡部		男子	女子	大都市	郡部
小1～3生	40.8	36.4 ＜ 45.1		37.2 ≪ 47.4		25.9	22.4 ＜ 29.3		27.7	26.3
小4～6生	30.3	25.9 ＜ 35.1		30.7	35.0	15.0	14.3	15.9	17.9 ＞ 11.7	
中学生	22.0	19.5 ＜ 24.6		20.5 ＜ 26.5		10.7	10.8	10.7	10.4	12.7
高校生	16.0	15.7	16.5	13.2 ＜ 19.9		6.9	7.4	6.5	6.7	8.8

※数値，網掛け，不等号の表記は，表3-7と同様。

2）学校や施設など

　次に，「学校の教室」「学校の運動場」「児童館や図書館などの公共施設」「習い事や学習塾の教室」など，学校や施設などを遊び場にしている比率を検討する（表3-8）。学校段階による変化を見ると，「学校の教室」は高校生に近づくほど数値が高くなり，それ以外の場所は数値が低くなる。小学生は学校の運動場や公共施設，習い事の教室などで比較的よく遊び，高校生は学校の教室に残って遊んでいるという結果で，成長によって放課後に過ごす場所が変化している。

　性別での特徴をみると，男子は「学校の運動場」で，女子は「児童館や図書館などの公共施設」で多く遊んでいる。男子は前項の「公園や広場」「自然のあるところ」が多かったように，野外で身体を動かすような遊び場が豊かである。一方で，女子は次項の商業施設を遊び場にする比率が高いように，家の外でも屋内での活動を好むようだ。さらに，地域別では，大都市よりも郡部で「児童館や図書館などの公共施設」の数値が高いといった傾向がある。

表 3-9　遊び場所（商業施設など）（学校段階別，性別，地域別）

	コンビニやショッピングセンターなどのお店						ゲームセンターやカラオケ					
	全体	性別			地域別		全体	性別			地域別	
		男子		女子	大都市	郡部		男子		女子	大都市	郡部
小4～6生	17.8	15.1	<	20.4	16.2	16.1	14.1	15.2		12.8	13.1	14.2
中学生	38.2	25.6	≪	49.9	37.6	37.6	29.3	23.7	≪	34.3	32.0	29.4
高校生	46.6	35.2	≪	57.4	46.7	44.4	46.0	39.7	≪	52.0	48.0	44.4

	ファーストフード店やファミリーレストラン						デパートなどがある繁華街（大きな街）					
	全体	性別			地域別		全体	性別			地域別	
		男子		女子	大都市	郡部		男子		女子	大都市	郡部
小4～6生	8.5	8.0		8.9	9.1	6.6	9.0	7.6		10.1	10.1	7.7
中学生	21.7	16.1	≪	27.0	26.9 ≫	15.5	19.5	12.0	≪	26.3	25.4 ≫	13.9
高校生	44.5	37.4	≪	51.3	47.1 ≫	33.8	34.6	22.3	≪	46.3	41.7 ≫	30.1

※数値，網掛け，不等号の表記は，表 3-7 と同様。
※上記の 4 項目は，小 1～3 生の保護者にはたずねていない。

3) 商業施設など

　遊び場の最後に取り上げるのは，商業施設や繁華街などである（表 3-9）。調査では，「コンビニやショッピングセンターなどのお店」「ゲームセンターやカラオケ」「ファーストフード店やファミリーレストラン」「デパートなどがある繁華街」の 4 項目をたずねた。これらはいずれの項目も学校段階が上がるにつれて数値が高まり，小学生では 1～2 割といったところだが，高校生になると 3～5 割になる。高校生は公共交通機関を使って通学する生徒も多く，小学校区や中学校区を超えた友人もできるであろうことから，居住エリア以外の遊び場が増えるのだと考えられる。家や公園，学校や公共施設などから商業施設や繁華街へ，成長とともに行動範囲が広がる様子が表れている。

　性別では，こうした商業施設を多く利用するのは圧倒的に女子である。いずれの項目も，中学生と高校生は男子に比べて 10 ポイント以上，高い比率である。地域別では，「ファーストフード店やファミリーレストラン」「デパートなどがある繁華街」の 2 項目で郡部よりも大都市の比率が高かった。

4.　主な結果②──子どもの人間関係の状況

　本節では，「社会人としての自立」に関する項目のうち人間関係にかかわる質問に注目し，親子関係と友人関係の状況を概観したい。

　本調査が対象とする児童期から青年期は，人間関係の面でも大きな発達的変化を遂げる時期とされている。精神分析学者である Blos（1985=1990）は，乳幼児期にみられる「分離－個体化」と同様に，青年期にも親から心理的に離れて個を確立させる「第二の個体化」が起こるとしている。このとき，児童期の理想化された親イメージが崩壊し，現実の親を批判するようになり，それと同時に，友人との親密さを求めるようになって，自我の確立につながると述べている。このような人間関係の発達的変化に関する研究は数多く，平石（2007）によると，親子関係においては分離や葛藤を強調する立場だけでなく，結合や愛着を重視する立場，両者を統合する視点で行われる立場の研究もある。また，友人関係についても，「チャムシップ」（Sullivan，1953=1976）や「ギャング・グループ，チャム・グループ，ピア・グループ」（保坂・岡本，1986）のように，凝集性や一体感を重視するとらえ方がある一方で，誰とどこまで「つながるか」に悩んだり，意識的に「つながらない」ことを選択したりする子どもも多く（岩田ほか，2006，長田・田所，2014），今日のインターネット環境が友人関係の葛藤を増幅しているという指摘（土井，2014）もある。親子関係も友人関係も，分離と愛着のはざまで揺れながら自分なりのあり方を模索するというのが実態であろう。

　それでは，子どもたちはどのような親子関係，友人関係を築いているのだろうか。また，それは学校段階や学年，男女によって異なるのだろうか。いくつかのデータから，今日の子どもの人間関係の状況を明らかにしていきたい。なお，ここでは子どもの回答を扱うため，小1〜3生を除く小4生以上の結果を見ていくことにする。

（1）親子関係

　この項では，親子関係について，「保護者との会話」と「保護者からの働きかけ」の2つの観点で検討する。扱うのは3節と同様に，Wave4 のデータで

図 3-1　親子の会話（学校段階別，男女－父母組み合わせ別）

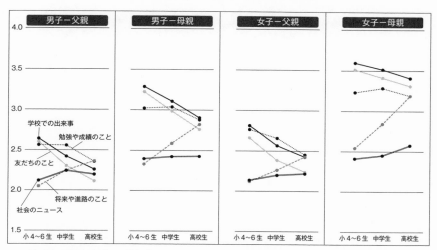

※それぞれの話題に対する回答を「よく話す」4点，「ときどき話す」3点，「あまり話さない」2点，「まった
く話さない」1点として平均値を算出した。

ある。

1）保護者との会話

　まずは，子どもたちは父親・母親と，どのような会話をどれくらいしている
のかを確認しよう。ただし，会話は，「男子（息子）・女子（娘）」と「父親・
母親」の組み合わせで異なることが予想される。そのため，「男子－父親」「男
子－母親」「女子－父親」「女子－母親」に分けて，話題ごとの頻度をとらえる。
話題は，「学校での出来事」「友だちのこと」「勉強や成績のこと」「将来や進路
のこと」「社会のニュース」の5つである。調査では，それぞれについて父親
との会話と母親との会話を区別し，「よく話す」「ときどき話す」「あまり話さ
ない」「まったく話さない」の4段階で選択してもらった。図3-1では，これ
を4〜1点に換算し，平均値として算出した結果を示している。なお，調査で
は，「該当の親がいない場合」はその質問を飛ばすように指示をしており，父
親との会話では460件（全体の4.8%）程度，母親との会話では140件（全体の
1.5%）程度の「無回答」があった。このケースは分析から除外している。
　では，話題の傾向を学校段階別に検討してみよう。「学校での出来事」と

表3-10 「保護者との会話」の男女差の検定

	父親との会話					母親との会話				
	学校での出来事	友だちのこと	勉強や成績のこと	将来や進路のこと	社会のニュース	学校での出来事	友だちのこと	勉強や成績のこと	将来や進路のこと	社会のニュース
小4-6生	***		***	*		***	***	***	***	
中学生	***	*	**			***	***	***	***	
高校生	***	**	**			***	***	***	***	***

※アスタリスクがある箇所は,いずれも男子に比べて女子の平均値が有意に高いことを示す。
※結果は対応のない t 検定による。***$p<0.001$,**$p<0.01$,*$p<0.05$。

「友だちのこと」は,学校段階が進むにつれて頻度が下がる。こうした日常会話に類する内容は,相対的には頻度が高いが,成長とともにあまりしなくなっていく。「勉強や成績のこと」も小学生から中学生は横ばいだが,中学生から高校生にかけては減少する。学習内容にかかわることは,子どもが高校生になると保護者も立ち入りにくくなるのだろう。これに対して,「将来や進路のこと」は学校段階が上がるにつれて頻度が高まる。「社会のニュース」は頻度が高くなく,数値はほぼ横ばいである。このように,保護者との会話は話題によって頻度が異なっており,一律に減少していくわけではない。家族とすごす時間の減少もあって,日常会話は減るかもしれないが,進路選択にかかわる内容は学年が上がるほど増えるなど,成長に応じた話題に変化する。

次に,「男子・女子」と「父親・母親」の組み合わせについてである。大雑把に言って,男子よりも女子のほうが,父親に対してよりも母親に対してのほうが,よく話をしている傾向がある。その結果,会話の量は「男子-父親」がもっとも少なく,「女子-母親」がもっとも多かった。表3-10は,男女で差があるかどうかを検証するために,対応のない t 検定を行った結果を要約したものである。アスタリスクがついている箇所は,いずれも女子の平均値が統計的に有意に高いことを示している。いずれの学校段階でも,女子の方が保護者と話をする傾向にあることが分かる。

2) 保護者からの働きかけ

本調査では,毎回,子どもには保護者からどのような働きかけを受けているか,保護者には子どもにどのような働きかけを行っているかを,さまざまな角

表 3 - 11　保護者からの働きかけの因子分析

	第１因子 励まし・応援	第２因子 学習支援	第３因子 無理解	第４因子 大人扱い	平均値	標準偏差
失敗したときにはげましてくれる	0.70	−0.03	−0.10	0.14	3.11	0.81
悪いことをしたときにしかってくれる	0.70	0.08	0.10	−0.27	3.55	0.62
いいことをしたときにほめてくれる	0.67	0.03	−0.15	0.05	3.33	0.70
やりたいことを応援してくれる	0.67	−0.10	−0.09	0.15	3.31	0.77
自分の考えを持つように言う	0.61	−0.05	0.11	0.14	3.08	0.87
「自分でできることは自分でしなさい」と言う	0.55	0.03	0.23	−0.08	3.37	0.78
勉強のやり方を教えてくれる	−0.01	0.99	−0.03	−0.08	2.65	1.05
勉強の内容を教えてくれる	−0.01	0.95	−0.03	−0.07	2.62	1.06
勉強のおもしろさを教えてくれる	0.02	0.60	0.06	0.27	2.21	0.96
料理や掃除のしかたを教えてくれる	0.23	0.29	0.06	0.18	2.74	0.92
気持ちをわかってくれない	−0.03	−0.07	0.76	−0.01	2.15	0.89
約束したことを守ってくれない	−0.11	0.00	0.71	0.14	1.96	0.82
何にでもすぐに口出しをする	0.27	−0.02	0.53	−0.15	2.81	0.90
親子で意見が違うときは親の意見を優先する	0.12	0.15	0.35	0.08	2.47	0.90
自分を大人と対等に扱ってくれる	−0.08	−0.02	0.03	0.78	2.46	0.86
自分を頼りにしてくれる	0.07	0.04	−0.01	0.66	2.74	0.88
因子間相関　第１因子	1.00	0.48	−0.31	0.64		
第２因子	0.48	1.00	−0.13	0.42		
第３因子	−0.31	−0.13	1.00	−0.39		
第４因子	0.64	0.42	−0.39	1.00		

※因子抽出法は最尤法。回転法は Kaiser の正規化を伴うプロマックス法（$k=5$）。
※Kaiser-Meyer-Olkin の標本妥当性の測度は 0.855，Bartlett の球面性検定は $\chi^2(120)=61582.41$，$p<.001$。
　因子数は Kaiser-Guttman 基準から 4 とした。
※因子負荷量が 0.4 を超えるものに網掛けをしている。

度からたずねている。ここでは，Wave4 の子ども調査の結果から，親子関係の実態を確認しよう。ただし，この設問では「お父さんやお母さんについて，次のようなことはどれくらいあてはまりますか」をたずねていて，父母を分けていない。

　Wave4 でたずねている保護者からの働きかけの項目は 16 にわたり，「とてもあてはまる」「まああてはまる」「あまりあてはまらない」「まったくあてはまらない」の中から該当するものを選択してもらっている。情報量が多いため，項目に潜在する共通性を見出すために因子分析（最尤法）を行った。その因子パターンが，表 3 - 11 である。

　この結果に基づき，保護者からの働きかけの種類を「励まし・応援」「学習支援」「無理解」「大人扱い」の４つに分け，係数が 0.4 を超える項目について

図3-2　保護者のかかわり（学校段階別，性別）

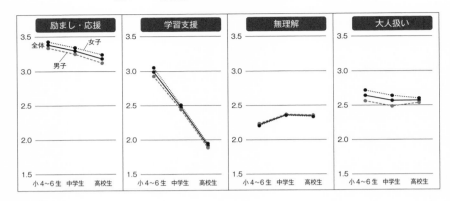

「とてもあてはまる」を4点，「まああてはまる」を3点，「あまりあてはまらない」を2点，「まったくあてはまらない」を1点として合計し，項目数で除して学校段階ごとの推移をとらえた。その結果が，図3-2である。ここからは，1）働きかけの種類の点では「励まし・応援」が高く，「無理解」は相対的に低いこと，2）「学習支援」は学校段階が上がるにつれて顕著に低下するが，それ以外のかかわりは学年変化が小さいこと。とくに，親子間の対立や葛藤を象徴するような「無理解」が中学生や高校生で顕著に高くなるわけではないこと，3）「大人扱い」で若干の性差が見られ，女子のほうが大人扱いされていると感じている以外は，保護者の働きかけに男女による感じ方の違いがないことの3点が明らかである。

(2) 友だち関係

　続けて，この項では，友だち関係に関する意識をたずねたデータを分析する。なお，友だち関係については，人間関係や価値観をテーマとする2017年度調査（Wave3）で詳しく質問しており，以下でもそのデータを扱う。対象は，小4～6生3,643名，中学生3,311名，高校生3,179名の計10,133名である。

　調査では，「友だちとの関係について，次のことがどれくらいあてはまりますか」という問いに対して11項目を設定し，「とてもあてはまる」から「まったくあてはまらない」までの4段階で回答を選択してもらった。ここでも因子分析（最尤法）を行い，これらの項目に潜在する共通性を析出した。表3-12

表3-12　友だち関係に関する意識の因子分析

	第1因子 楽しさ・広がり	第2因子 親密さ	第3因子 不安・迎合	平均値	標準偏差
友だちと一緒にいるのが楽しい	0.64	0.05	−0.08	3.64	0.58
興味や考え方が違う人とも仲良くする	0.62	0.09	−0.03	3.17	0.77
だれとでもすぐに友だちになる	0.61	0.00	0.02	2.78	0.94
友だちがたくさんほしい	0.49	−0.08	0.24	2.92	0.95
友だちが悪いことをしたときに注意する	0.40	0.12	0.02	2.84	0.79
まじめな話（人生や社会など）ができる友だちがいる	−0.07	0.89	−0.03	2.88	0.94
悩みごとを相談しあう友だちがいる	0.19	0.58	0.00	3.03	0.92
勉強やスポーツでライバルの友だちがいる	0.22	0.25	0.12	2.77	1.03
友だちと意見が合わずに不安になる	−0.04	−0.01	0.74	2.30	0.86
仲間はずれにされないように話を合わせる	0.24	−0.02	0.52	2.66	0.85
友だちとの関係に疲れる	−0.44	0.10	0.41	2.08	0.90
因子間相関　第1因子	1.00	0.51	0.11		
第2因子	0.51	1.00	0.19		
第3因子	0.11	0.19	1.00		

※因子抽出法は最尤法。回転法は Kaiser の正規化を伴うプロマックス法（$k=5$）。
※Kaiser-Meyer-Olkin の標本妥当性の測度は 0.794，Bartlett の球面性検定は $\chi^2(55)= 21797.51$, $p<.001$。
　因子数は Kaiser-Guttman 基準から3とした。
※因子負荷量が |0.4| を超えるものに網掛けをしている。

は，その結果を示している。

　次にこの結果を用いて，友だち関係の意識のタイプを「楽しさ・広がり」「親密さ」「不安・迎合」の3つに分け，表3-11と同様に係数が0.4を超える項目について回答を得点化して合計し，項目数で除して学校段階ごとの数値を算出した。このとき，「友だちとの関係に疲れる」は第1因子と第3因子の双方の係数が高かったが，本分析では「不安・迎合」に含めた。

　図3-3からは，およそ以下のようなことが分かる。1）第一に，3つの意識の中では「楽しさ・広がり」と「親密さ」にかかわる項目群の得点が高く，「不安・迎合」はそれに比べて低い。全体としては，多くの子どもが充実した友だち関係を築いている印象を受ける。とはいえ，「不安・迎合」も平均が2.4前後で推移しており，これは「あてはまる」と回答する子どもが一定数いることを意味する。実際に，「友だちと意見が合わずに不安になる」は36.0%が，「仲間外れにされないように話を合わせる」は57.2%が，「友だちとの関係に疲れる」は28.5%が「（とても＋まあ）あてはまる」と回答していた。2）第二に，学校段階ごとの推移をみると，「楽しさ・広がり」は小学生から高校

図 3 - 3　友だち関係に関する意識（学校段階別，性別）

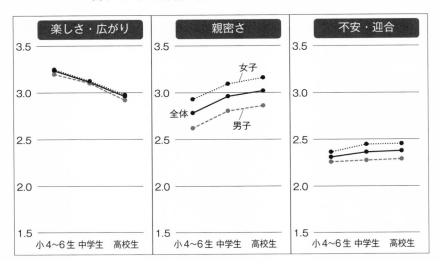

生にかけて低下し，「親密さ」は向上する。友だちとの関係性は，集まること
の楽しさから，より深い内容を話す親密な間柄へと変わるようだ。そして，
3）第三に，「親密さ」と「不安・迎合」で性差が現れている。女子は，友人と
まじめな話や悩み事を話すような親密な関係性を作る傾向が強いが，意見が合
わない不安を感じることや意見を合わせようと迎合することも多い。

5.　結論——成長による 3 つの「間」の違い

　本章では，「時間」「空間」「人間関係」という 3 つの「間」によって子ども
の成長プロセスをとらえるために，「生活時間」と「遊び場所」から子どもの
生活実態を，「親子関係」と「友だち関係」から子どもたちの人間関係の状況
を検証してきた。学年や学校段階による変化で顕著なところに注目すると，
「生活時間」については睡眠時間や家族とすごす時間などが成長とともに減少
し，携帯電話やスマートフォンの利用時間，部活動の時間，一人で過ごす時間
などが増えていた。また，「遊び場所」については，自分の家や友だちの家，
公園や広場，自然のあるところ，児童館や図書館などの公共施設が減り，学校
の教室や商業施設，繁華街などが増えていた。加えて，分析ではこうした「時

間」や「空間」の使い方・すごし方が，男女や地域によって異なることが明らかになった。

　次に，「親子関係」については，日常の出来事に関する内容の会話は頻度が下がるが，将来の進路選択にかかわる内容は増加するなど成長に応じた内容に変化すること，対立や葛藤を示す親の「無理解」が中学生や高校生で顕著に高くなるわけではないことなどを示した。「友だち関係」では，学校段階が上がるにしたがい，友だちと一緒にいる楽しさは低下するが，まじめな話や悩み事を相談できる友だちができるといった具合に親密性は高まる。女子は男子に比べて，関係の親密さも高いが，不安・迎合といったネガティブな側面も強く感じる傾向にあるといったことが分かった。

　本章では，調査の概要と主な結果を紹介するという第Ⅰ部の趣旨に沿って，単純な結果を示してきた。紹介した結果はあくまで平均値であり，個別のケースでは生活実態も人間関係もさまざまな類型があるだろう。今後は，そうした差異がどのような家庭的，社会的要因によって決まるのかを検討する必要がある。さらに，パネル調査の利点を生かして，生活実態や人間関係の状況の違いが，その後の成長にどのような影響を及ぼすのかを究明する必要がある。その知見は，よりよい子育てや教育のあり方を検討するうえで重要なエビデンスになるに違いない。

参考文献

Blos, P., 1985, *Son and Father: Before and Beyond the Oedipus Complex*. New York: Norton.（児玉憲典（訳），1990,『息子と父親——エディプス・コンプレックス論をこえて』誠信書房.）

土井隆義，2014,『つながりを煽られる子どもたち——ネット依存といじめ問題を考える』岩波書店.

深谷昌志・深谷和子・髙旗正人（編），2006,『いま，子どもの放課後はどうなっているのか』北大路書房.

平石賢二，2007,『青年期の親子間コミュニケーション』ナカニシヤ出版.

保坂亨・岡村達也，1986,「キャンパス・エンカウンター・グループの発達的・治療的意義の検討」『心理臨床学研究』4巻1号，pp. 15-26.

岩田考・羽渕一代・菊池裕生・苫米地伸（編），2006,『若者たちのコミュニケーション・サバイバル——親密さのゆくえ』恒星社厚生閣.

木村治生，2009,「子どもたちの生活時間の構造——『2.5次行動』に注目した時間の使い方の分析」『放課後の生活時間調査報告書——小・中・高校生を対

　　　象に』ベネッセ教育総合研究所，pp. 14-24.

胡中孟徳，2017，「中学生の生活時間と社会階層」『教育社会学研究』第 100 集，
　　　pp. 245-264.

長田攻一・田所承己，2014，『〈つながる／つながらない〉の社会学——個人化す
　　　る時代のコミュニティのかたち』弘文堂.

佐藤香，2009，「自由時間の使い方に見る男女の違い」『放課後の生活時間調査報
　　　告書——小・中・高校生を対象に』ベネッセ教育総合研究所，pp. 25-34.

Sullivan, H. S., 1953 *Conceptions of Modern Psychiatry*. New York: W. W. Nor-
　　　ton.（中井久夫・山口隆訳，1976『現代精神医学の概念』みすず書房.）

第 4 章

子どもの学習に関する意識と行動
——学年による違いに着目して

木村治生

1. 本章の目的

　今日，行財政の政策立案と評価において，EBPM（エビデンス・ベースト・ポリシー・メイキング）が重視されている。それは教育の領域でも例外ではなく，2018 年に閣議決定された「第 3 期教育振興基本計画」では，今後の教育政策の遂行にあたって留意すべき視点として，EBPM の推進が掲げられている。このように教育政策の推進に客観的な根拠を求める動きは 2000 年代前半から強まっており，例えば，「生徒の学習到達度調査（PISA）」（OECD）や「全国学力・学習状況調査」（国立教育政策研究所）のような調査の結果が，「ゆとり教育」の見直しや新しい教育課程の立案に際して，エビデンスとして用いられてきた。

　こうした国レベルの調査は，全国規模の正統な方法で標本が抽出されており，信頼性が高い。また，何らかの学力や能力と見なされる実測データ（PISA であれば読解力，科学的リテラシー，数学的リテラシーなど）が含まれ，学校の取り組みや教員の指導に関する調査がセットで行われるなど，子どもの諸能力を高める方策について検討できる利点を持つ。しかし，調査の多くは特定の学年で実施されており，学年や学校段階による違いを捉えにくいという課題がある。その課題を補うために，自治体レベルでは半数以上の都道府県が全児童生徒を対象にした独自調査を行っている（文部科学省，2018a）が，それらは自治体間で項目が統一されているわけではなく，公表の程度もまちまちである。教育政策の立案・検証には，学年による違いを考慮すべきケースが多いと思われるが，民間レベルの調査や学術研究を含めて，わが国には幅広い学年を対象にした継

続調査がほとんどない。

　さらに，国や自治体レベルの調査は，その多くが学校教育に関心があるため，国立大学法人お茶の水女子大学（2018）のグループの研究のような例外はあるものの，家庭学習や家庭教育に対する注目が薄いという偏りがある。現在は，貧困の再生産に象徴される家庭教育の格差も，大きな政策課題となっている。その是正には，子どもたちが家庭でどのような学びを経験しているのか，保護者からどのような働きかけを受けているのかを明らかにする必要があるが，この点でも十分なデータがあるとは言えない。

　こうした状況に対して，本調査は小学１年生から高校３年生の幅広い学年にわたって，親子の双方に学習の意識や実態をたずねる稀な構造を持っている。とりわけ，これまで蓄積の少ない家庭学習や家庭教育に関する内容を多く調べており，この点でも希少性が高い。そこで，本章では，「子どもの生活と学びに関する調査」の内容のうち，子どもにたずねている学習関連の項目を中心にその結果を紹介し，学習にかかわる意識・行動について学年による違いを明らかにする。

　データが長期に渡って蓄積されていけば，そうした家庭での学びが個々の子どもの成長にどう影響するのか，保護者のかかわりがどのような効果を持つのか，さまざまな教育政策が教育格差の是正にどう役立っているのかといった変化に注目した検討ができるようになる。また，「語彙力・読解力調査」で測定した能力との関連を分析することもできる。本章はその前段階の作業として，12学年にわたる子どもの学習状況を俯瞰し，わが国の教育の特徴や課題を引き出していきたい。

2.　本調査における学習関連項目

　第１章で述べたように，本調査は，子どもとその保護者を対象に毎年行う「ベースサーベイ」，高校３年生の卒業時に行う「卒業時サーベイ」，特定の学年に３年ごとに実施する「語彙力・読解力調査」と多岐にわたり，そのそれぞれで学習にかかわる質問や資質・能力の評価を行っている。質問項目の作成にあたっては，「学習者としての自立」という観点から子どもたちが学習をどのようにマネジメントしているかを明らかにすることを意識し，学習内容やプロ

表4-1　学習に関する項目

```
1)学習行動に関する項目
　①学習時間……宿題・宿題以外の家庭学習・読書の時間
　②学習方略……勉強で行っている方法
　③通塾・習い事……1週間あたりの頻度，1回あたりの時間
　④学習環境……勉強する場所(★)
　⑤学校の授業……授業で行う活動(★)，探究学習のテーマ(★)
2)学習意識に関する項目
　①学習意識……勉強の好き嫌い，各教科の好き嫌い，文系・理系の認識，
　　悩み，学習観(★)
　②学習動機……勉強する理由
　③進路の希望……進みたい学校段階(●)，進みたい高校(中学生のみ)，
　　進路の希望(高校生のみ)
3)成績や評価に関する項目
　①成績……各教科の成績，模擬試験の成績(高校生のみ)
　②得意・苦手……資質・能力に対する自己評価(●)
4)その他の項目
　①保護者のかかわり……学習への関与(●)
　②留学……ホームステイや留学の意向や経験(高校生のみ)
```

※（★）は2016年度調査（Wave2）のみでたずねている。
※（●）は保護者調査において保護者にもたずねている。
※小1〜小3生については，可能な範囲で保護者にたずねている。

セス，それを左右する影響要因についてたずねた。「学習者としての自立」を明らかにすることにより，第3章で扱った「生活者としての自立」「社会人としての自立」とあわせて，子どもの自立の実態やプロセス，その影響要因をトータルで捉えることを目指している。

　表4-1は，子どもを対象にしたベースサーベイで，学習についてどのような内容をたずねているのかを整理したものである。

　ここに示したように，本調査では学習に関してかなり幅広い内容を調べている。また，3年ごとに学習について重点的に調査する回を設けており，2016年度調査は他の年にはない内容が付加されている（★印）。それについては，2019年度，2022年度と3年ごとに変化を追跡する予定である。

　さらに，保護者調査のなかでも，保護者自身の教育に関する意識や子どもへ

の働きかけだけでなく，子どもの習い事や通塾の状況，学校外教育費などをたずねた（→第 5 章参照）。●印をつけた項目は，子どもと保護者で同じ内容を聞いたものである。これらは，回答の信頼性を検討したり，親子の認識のずれをテーマにした分析を行ったりすることをねらっている。

3.　主な結果①——学習行動の実態

　わが国の子どもたちの学習実態はどのような状況にあるのだろうか。また，それらは学年によってどう変化し，そこにどのような課題が存在するのだろうか。ここでは，2018 年度調査（Wave4）において親子セットで回収されている 14,421 ケース（小 1〜3 生は保護者のみ 4,928 人，小 4〜6 生 3,616 組，中学生 2,967 組，高校生 2,910 組）を用いて検討する。

　なお，ここで示す実態は，純粋に子どもの成長による結果が反映されているだけでなく，背景となる要因が複雑にかかわっていると考えられる。しかし，本章ではできるだけ単純に示すことを目的とし，その要因についての分析は第 II 部で行うこととする。

①学校外の学習時間

　最初に，学校外の学習時間について，学年推移を見てみよう。

　学校外の学習時間は，ベネッセ教育総合研究所（2015）の「学習基本調査」では，1990 年から 96 年，2001 年と減少を続けたのち，06 年，15 年では増加に転じている。長期的変化を見たものとしては，藤沢市教育文化センター（2016）が中 3 生を対象に 5 年ごとに行っている「学習意識調査」があるが，これも 2000 年から 05 年にかけて減少したのち，10 年，15 年は増加した。全国規模の調査では「全国学力・学習状況調査」（2019）があるが，ここでも「30 分より少ない」や「全くしない」といった学習をしない子どもが減少し，2007 年の調査開始から一貫して学習時間は増加傾向にある。これらの調査に共通するのは，子どもたちの学習量は 10 年余りの間で増えているということである。

　しかし，これらは特定の学年で行われ，「学習基本調査」を除いては学習時間の合計しかたずねていないため，各学年の子どもがどのような種類の学習を

図4-1　学校外の学習時間（学年別）

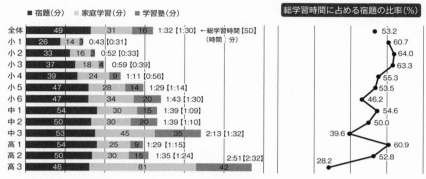

※「宿題」と「家庭学習」については，平日1日に行っている時間の質問のなかで，「しない」から「4時間より多い」までの10段階の選択肢からあてはまるものを選んでもらった。その回答を「分」（例：「1時間」→60分）に換算し，無回答は除外して，平均値を算出している。
※「学習塾」については，1週間あたりの通塾日数（「行っていない」から「7回以上」の8段階）と1回あたりの通塾時間（「30分」から「4時間より多い」の9段階）から1週間あたりの時間を算出し，これを7で除して1日あたりの時間（分）とした。「行っていない」場合は0分として母数含め，いずれかに無回答があった場合は除外して，平均値を算出している。
※総学習時間は「宿題」「家庭学習」「学習塾」の和であるが，小数点第一位を四捨五入しているため数値がずれている場合がある。
※全体は小1～高3の平均。各学年のサンプルが均等になるように重みづけを行った。
※小1～小3は保護者による回答，小4～高3は子どもによる回答。

　行っているのかはわからない。そのため，図4-1では「宿題」「（宿題以外の）家庭学習」「学習塾」の3つに時間を分けて学年推移を示した。ここからは，子どもたちの学習時間について，次のようなことが分かる。

　第一に，総学習時間の学年による違いについてである。総学習時間は小学校では1学年上がるごとに10分程度増え，小1（43分）から小6（1時間43分）にかけてちょうど1時間増える。その後は，中1，中2，高1，高2で1時間30分前後，中3と高3は長く，それぞれ2時間13分と2時間51分である。受験に直面する学年で，学習時間が長い傾向が見られる。

　第二に，学習時間の内訳をみると，受験に直面する学年で増えるのは家庭学習と学習塾の時間である。中3や高3では，家庭学習と学習塾で長時間の学習をする子どもが出現するため，平均値が上がるとともに，標準偏差（SD）も大きくなる。

　第三に，それ以外の学年では宿題の時間が相対的に長い。折れ線グラフで総

59

学習時間に占める宿題の比率を示したが，小6，中3，高3以外では5割を超える。宿題は小1から小5にかけて増加するが，小5以降は高3まで50分前後で一貫していて，学年による変動が小さい。先にあげた「学習基本調査」では，2006年から15年にかけての学習時間の増加のほとんどが宿題の増加で説明されることが示されている。学校に対する学力向上の要求が強まり，教員が宿題を増やした結果，その比重が高まっている可能性がある。

　ちなみに，それぞれの時間と学業成績[1]との相関係数を見ると，宿題の時間は0.021（$p<0.05$），家庭学習の時間は0.159（$p<0.001$），学習塾の時間は0.093（$p<0.001$）だった。統計的には有意であるものの，関連は強いとはいえない。学年別には，家庭学習の時間はいずれの学年でも有意だが，宿題の時間は小中学生で，学習塾の時間は高校生で有意な関連が見られなかった。

②学習方略

　学習の量的側面である学習時間は，受験の影響が色濃く表れていたが，それでは学習の質的側面は学年によりどう変化するのだろうか。教育政策においては，「自ら学ぶ意欲や態度」「自己学習力」などの言い方で主体的な学習の重要性が強調されてきた。1998年告示の学習指導要領では一方的な知識の伝達から「自ら学び，自ら考える教育」への転換が謳われているが，その政策の方向性は変わってはおらず，2020年から実施される学習指導要領でも主体的に学習に取り組む態度の一部として「自己調整」の重要性が指摘されている（「児童生徒の学習評価の在り方について（報告）」2019年）。しかし，そうした学習の質を判断する調査も，2007年にはじまった全国学力・学習状況調査まではデータがなく，今日に至っても全学年を網羅する調査は行われていない。

　研究においては1980年代以降，ジマーマンらが中心となって「自己調整学習」の理論を提案し，優れた学習者が実践している学習の工夫を「学習方略」として整理した（Zimmerman & Schunk, 2001）。ピントリッチら（Pintrich & Degroot, 1990）は，その理論を発展させて学習方略を「リソース管理方略」「認知的方略」「メタ認知的方略」にわけている。「リソース管理方略」は時間や学習環境，指導者や仲間などの資源の効果的な利用，「認知的方略」はリハーサル（繰り返し）や精緻化（言い換えや関連づけ）や体制化（まとめ）など理解・習得を効率化するための工夫，「メタ認知的方略」はプランニングやモニタリ

図4‑2　学習方略（学年別）

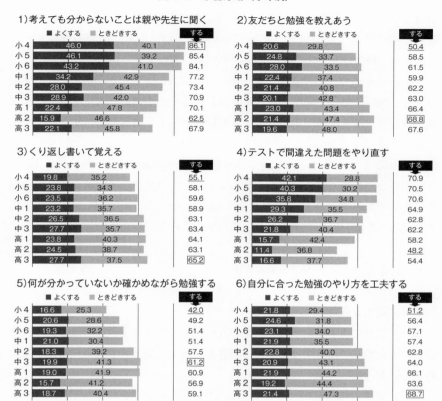

1)考えても分からないことは親や先生に聞く

■よくする　□ときどきする　　　　する

	よくする	ときどきする	する
小4	46.0	40.1	86.1
小5	46.1	39.2	85.4
小6	43.2	41.0	84.1
中1	34.2	42.9	77.2
中2	28.0	45.4	73.4
中3	28.9	42.0	70.9
高1	22.4	47.8	70.1
高2	15.9	46.6	62.5
高3	22.1	45.8	67.9

2)友だちと勉強を教えあう

■よくする　□ときどきする

	よくする	ときどきする	する
小4	20.6	29.8	50.4
小5	24.8	33.7	58.5
小6	28.0	33.5	61.5
中1	22.4	37.4	59.9
中2	21.4	40.8	62.2
中3	20.1	42.8	63.0
高1	23.0	43.4	66.4
高2	21.4	47.4	68.8
高3	19.6	48.0	67.6

3)くり返し書いて覚える

■よくする　□ときどきする

	よくする	ときどきする	する
小4	19.8	35.2	55.1
小5	23.8	34.3	58.1
小6	23.5	36.2	59.8
中1	23.2	35.7	58.9
中2	26.5	36.5	63.1
中3	27.7	35.7	63.4
高1	23.8	40.3	64.1
高2	24.5	38.7	63.1
高3	27.7	37.5	65.2

4)テストで間違えた問題をやり直す

■よくする　□ときどきする

	よくする	ときどきする	する
小4	42.1	28.8	70.9
小5	40.3	30.2	70.5
小6	35.8	34.8	70.6
中1	29.3	35.5	64.9
中2	26.2	36.7	62.8
中3	21.8	40.4	62.2
高1	15.7	42.4	58.2
高2	11.4	36.8	48.2
高3	16.6	37.7	54.4

5)何が分かっていないか確かめながら勉強する

■よくする　□ときどきする　　　　する

	よくする	ときどきする	する
小4	16.6	25.3	42.0
小5	20.6	28.6	49.2
小6	19.3	32.2	51.4
中1	21.0	30.4	51.4
中2	18.3	39.2	57.5
中3	19.9	41.3	61.2
高1	19.0	41.9	60.9
高2	15.7	41.2	56.9
高3	18.7	40.4	59.1

6)自分に合った勉強のやり方を工夫する

■よくする　□ときどきする　　　　する

	よくする	ときどきする	する
小4	21.8	29.4	51.2
小5	24.6	31.8	56.4
小6	23.1	34.0	57.1
中1	21.9	35.5	57.4
中2	22.8	40.0	62.8
中3	20.9	43.1	64.0
高1	21.9	44.2	66.1
高2	19.2	44.4	63.6
高3	21.4	47.3	68.7

※調査では，「勉強するときに，次のことをどれくらいするか」とたずね，「よくする」から「まったくしない」の4段階であてはまるものを選んでもらった。無回答，不明のケースは除外して数値を算出し，「あまりしない」「まったくしない」は図から省略した。
※右段に示した「する」は，「とても」と「まあ」の合計。最高値を四角，最低値を下線で示した。

ングなど自己の状況や学習プロセスの客観化にかかわる方法である。本調査は，それらを参考にして，学習の質的側面を明らかにする項目として学習方略に関する9つの質問をした。図4‑2は，その一部（6項目）を示している。

　全体的な傾向としては，学年が上がるにつれて徐々に増えていく方略と，反対に減っていく方略がある。1)「考えても分からないことは親や先生に聞く」と2)「友だちと勉強を教えあう」は，人的リソースの活用にかかわる項目である。前者は小4がもっとも高く，学年が上がるにつれて低下するが，後者は

逆に小4がもっとも低く，学年とともに上昇する。学習において誰を頼るかは，発達段階によって異なっている。認知的方略である，3）「くり返し書いて覚える」と4）「テストで間違えた問題をやり直す」は，前者が学年の進行とともに増加し，後者は減少する。また，メタ認知的方略である，5）「何が分かっていないか確かめながら勉強する」と6）「自分に合った勉強のやり方を工夫する」は，高い学年ほど採用される傾向が見られた。このように，学習方略は，受験の影響や学校段階が変わる接続期の影響があまり表れておらず，成長にしたがって緩やかに変化する項目が多いのが特徴である。

　学習方略については，9項目の信頼性係数（Cronbachのα係数）が0.838であったことから内的整合性があるとみなし，合計得点化して学業成績との相関を見た。その結果，相関係数は0.381（$p<0.001$）と，学習時間よりも強い関連が見られた。いずれの学年でも，同程度の正の相関がある。

4. 主な結果②──学習意識の実態

①学習に関する意識

　次に，学習に関する意識のデータのうち，学年による違いに特徴が見られるものを紹介する。ここでは，学習に影響を及ぼす意識として，自己肯定感を含めて検討する。

　学習に関する意識については，1990年代後半から，日本の子どもたちの学習意欲の低さや自己肯定感の低さが指摘され，教育政策上の課題となってきた。98年の中央教育審議会答申（幼児期からの心の教育の在り方について）では，子どもたちの自己肯定感が低い状況が繰り返し示され，個性を伸ばす教育の重要性が主張されている。また，2008年答申（幼稚園，小学校，中学校，高等学校及び特別支援学校の学習指導要領等の改善について）では，「生徒の学習到達度調査（PISA）」（OECD）や「国際数学・理科教育動向調査（TIMSS）」（IEA），日本青少年研究所（2005）の国際比較調査の結果を引用して，学習意欲や自己肯定感の低さを課題として挙げている。とくに，2000年以降は，ゆとり教育や学力低下の一環としてそれらが問題視され，今日の教育改革における多様な資質・能力を育成・評価する必要の根拠とされてきた。

　まず，図4-3の1）は，「勉強がどれくらい好きか」について，「とても好

図 4 - 3　学習に関する意識（学年別）（%）

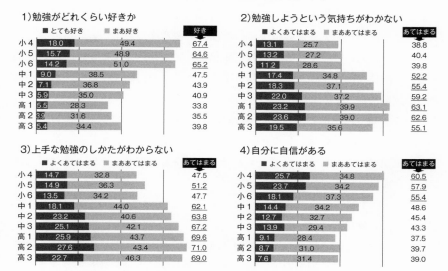

※無回答，不明のケースは除外して算出し，「あまり好きではない／あまりあてはまらない」「まったく好き
　ではない／あまりあてはまらない」は図から省略した。
※右段に示した「好き」と「あてはまる」は，「とても」と「まあ」の合計。50% を超えるものに下線を引い
　た。

き」から「まったく好きではない」の 4 段階で回答してもらった結果のうち，「とても好き」と「まあ好き」を示した。合計の比率は，小 4 〜 6 では 6 割を超えるが，中 1 で一気に減り 5 割を切る。その後，中 1 から高 1 まで漸次減少し，高 3 にかけて再び増加する。

　学習意欲のなさについて直接的にたずねた 2）の「勉強しようという気持ちがわかない」と学習方法の悩みをたずねた 3）の「上手な勉強のしかたがわからない」は，これとはまったく逆の推移となる（数値は「とてもあてはまる」と「まああてはまる」，以下同様）。小学生のうちは 4 〜 5 割の肯定率で相対的に低いが，中 1 で 10 ポイント以上増加する。中 1 から高 1 〜 2 にかけては徐々に増え，高 3 で減少する。

　さらに，自己肯定感をたずねた 4）の「自分に自信がある」は，小 4 から高 1 にかけて肯定率が減り続ける。とくに，小 6 から中 1，中 3 から高 1 といった学校段階の接続期で，落ち幅がやや大きい。高校 1 年以降は肯定率が 4 割を下回り，変化が見られなくなる。

　結果を総合すると，次のことが言える。第一に，小4から小6は変化が小さい。しかし，第二に，小6から中1の接続期における変化が大きく，「中1ギャップ」と言われるような勉強嫌いの増加，学習意欲の低下が表れる。第三に，そうした一般的には悪化と捉えられる変化が，中1から高1にかけて段階的に進む。第四に，高校生は中学生よりも変化は小さいが，高3になるとわずかに数値が改善する。

　これらの項目は学業成績との関連が見られ，相関係数は1) 0.410，2) −0.283，3) −0.346，4) 0.236（いずれも $p<0.001$）であった。成績が良いほど，勉強が好きで，自分に自信がある一方で，やる気がわかないとか学習方法がわからないといった回答は少ない傾向がある。

②教科の好き嫌い

　続いて，教科の好き嫌いについての意識を見てみよう。教科の意識については，教科教育に関する研究などで扱われることが多いが，全教科を見渡したり，教科間の違いを明らかにしたりする調査は少なく，ベネッセコーポレーション（2005a，2005b）やベネッセ教育総合研究所（2015）によるものが見られる程度である。

　本調査では，小4から高3に対して，各教科の好き嫌いをたずねている。ただし，高校生になると科目が分かれる教科については，「社会」「理科」などのように括って質問をした。また，高校生ではその学年に選択しないケースが想定されるため，「履修していない」を設けた。数値は，これを除外して算出している。その結果について，「とても好き」と「まあ好き」を合計したのが図4-4である。

　ここからは，次のことがわかる。第一に，「好き」の比率は，どの教科も学年が上がるにつれて減少する。第二に，その減り方は，国語や社会のように学校段階間で差が小さい教科と，算数／数学，理科，英語，総合学習のように学校段階間で差が大きい教科に分かれる。前者は，小学生で好きの比率が低く，中学生での減り幅が小さい。後者は，小学生のうちは「好き」が多いが，中学生で減少する。音楽，図画工作／美術，家庭／技術・家庭，体育／保健体育などの実技教科や道徳も，後者と同じ傾向である。第三に，高校生はどの教科も「好き」の割合が5割前後となり，教科間の差が小さい。

図4-4　教科の「好き」の比率（学年別）（%）

	国語	算数／数学	理科	社会	英語	総合学習
小4	59.9	73.2	84.2	66.1	74.0	76.5
小5	62.4	67.2	79.0	60.5	73.5	75.5
小6	62.2	68.5	75.1	71.7	69.3	73.3
中1	52.2	65.2	64.9	61.6	63.7	60.2
中2	54.3	59.6	60.9	58.9	57.2	56.8
中3	49.3	57.3	56.9	58.6	53.7	51.1
高1	51.3	53.1	51.5	46.0	47.4	48.7
高2	49.0	49.4	49.6	49.2	47.7	44.5
高3	51.5	48.7	49.7	52.6	48.7	41.6

	音楽	図画工作／美術	芸術	家庭／技術・家庭	体育／保健体育	道徳
小4	76.7	84.7			83.9	66.3
小5	72.2	81.2		84.9	82.4	63.2
小6	70.4	78.5		76.8	80.4	58.1
中1	66.9	60.6		63.6	67.2	50.6
中2	65.2	59.2		61.4	67.2	45.7
中3	62.3	53.6		60.7	61.9	40.9
高1			56.7	44.7	53.7	
高2			54.0	48.8	54.9	
高3			52.4	46.2	58.5	

※数値は,「とても好き」と「まあ好き」の合計。無回答, 不明のケースは除外して算出した。
※空欄は該当する教科がないため, たずねていない。
※小4～6の「英語」は,「外国語活動」の段階（2018年）でたずねた結果。

　なお, 国語, 算数/数学, 理科, 社会, 英語の5教科（小学生は英語を除く4教科）は個別の学業成績をたずねているが, 好き嫌いとの相関係数は英語0.533, 算数/数学0.519, 理科0.431, 社会0.420, 国語0.370の順であった（いずれも $p < 0.001$）。英語や算数/数学は好き嫌いの意識と成績が相関しやすい教科である。

③学習動機

　それでは, 子どもたちはどのようなことに動機づけられて学んでいるのだろうか。学習の動機づけについては, 教育心理学の領域で多くの研究が積み重ねられており, 内発的な動機と外発的な動機に分けられることがよく知られている。しかし, 外発的な動機もさまざまであり, RyanとDeci（2017）は自己決定の自律性によって, 外的調整（報酬や罰）, 取り入れ（義務感）, 同一化（自己の価値観との一致）, 統合（自己の価値観と欲求の調和）といった段階があることを示している（自己決定理論）。また, 取りうる動機づけの方略は, 発達によっ

図4-5 学習動機 (学年別) (%)

1) 新しいことを知るのがうれしいから

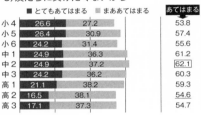

2) 先生や親にしかられたくないから

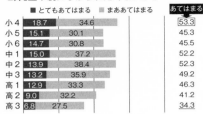

3) 友だちに負けたくないから

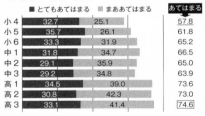

4) 自分の希望する高校や大学に進みたいから

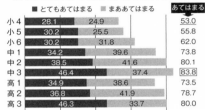

5) 将来なりたい職業につきたいから

※無回答, 不明のケースは除外して算出し, 「あまりあてはまらない」「まったくあてはまらない」は図から省略した。

※4) は, 高校生に対しては「自分の希望する大学に進みたいから」とたずねた。

※右段に示した「あてはまる」は, 「とても」と「まあ」の合計。最高値を四角, 最低値を下線で示した。

て異なるという研究も多い (桜井, 1997; 上淵, 2008)。

本調査でたずねている学習動機にかかわる項目はこれらを網羅するものではないが, 内発的動機にかかわるものとして 1)「新しいことを知るのがうれしいから」に「あてはまる」かどうかをたずねている。さらに, 外発的動機の外的調整について 2)「先生や親に叱られたくないから」, 取り入れについて 3)「友だちに負けたくないから」, 同一化について 4)「自分の希望する高校や大学に進みたいから」と 5)「将来なりたい職業につきたいから」をたずねた。

その結果を示したのが，図4-5である。これを見ると，学年が上がるにつれて肯定率が下がるもの，反対に上がるものあり，何に動機づけられるかが学年によって異なる様子が示されている。

　　1）「新しいことを知るのがうれしいから」は，7割近くが肯定する小学生をピークに，小6から中1にかけて肯定率が10ポイント弱低下する。中1からは少しずつ低下し，高2では5割を下回る。2）「先生や親に叱られたくないから」は，小中学生のうちは5割前後で相対的に高いが，高1以降は減少し，高3では3割台になる。3）「友だちに負けたくないから」は中学生でわずかに高いが，学年による変化が比較的小さく，5〜6割が肯定している。4）「自分の希望する高校や大学に進みたいから」と5）「将来なりたい職業につきたいから」は，学年が上がるほど肯定率が高まる項目である。4）は小4から中3にかけて徐々に数値が上がるが，とくに小6から中1にかけて約12ポイント高まる。多くの子どもが受験に直面する中3がもっとも高く，肯定率は83.8%である。5）は高校生で肯定率が高く，4人に3人が「あてはまる」と回答している。

　　なお，ここでも学業成績との相関を確認したが，1）0.283，2）0.047，3）0.297，4）0.235，5）0.181であった（いずれも，$p<0.001$）。2）は小学生まではごく弱い関連があるが，中高生では統計的に有意ではなくなる。また，3）は中高生で，5）は高3で相関が強まる。詳細は割愛するが，2）を除いて学習時間や学習方略の項目と相関が見られる。学習動機が学習行動と関連しており，そうした行動を経由して成績を高める効果があると推察される。

5.　主な結果③——校外学習選択の実態

①習い事・通塾

　　以下では，子どもの学校外学習の機会について概観する。

　　学校外学習の機会については保護者など一般の関心が高く，民間でインターネット調査などが頻繁に行われているが，標本抽出への配慮や実施後の偏りの確認などを行った信頼のおける調査は少ない。活動の実態把握は，ベネッセ教育総合研究所が4年おきに「学校外教育活動に関する調査」を行い，3歳児から高3までを対象（回答は保護者）に，スポーツ，芸術，学習の3領域につい

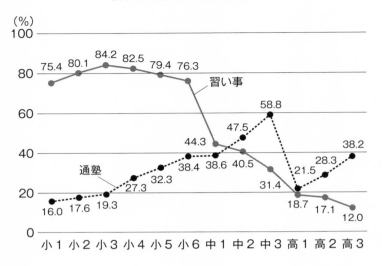

図4-6　習い事・通塾（学年別）

て，活動場所，頻度，費用などを詳しく調べている。ただし，活動や競技の種類に注目しているため，習い事や塾に関する分析はあまり行っていない。教育費に限ると，文部科学省（2018b）の「子供の学習費調査」が詳しい。こちらは，学校教育費と学校外教育費が細かく調べられているが，費目ごとの集計であり，習い事・通塾の比率やその内容が具体的にわからないという課題がある。

　本調査では，習い事や通塾の実態について，子どもと保護者の双方から捉えることを試みた。子ども調査では習い事や塾の1週間あたりの頻度と1回あたりの時間など主に行動についてたずね，保護者調査では習い事や通塾の種類や費用について聞いている。以下では，保護者調査の回答を用いる。

1）習い事

　図4-6は，習い事・通塾の比率を学年ごとに示した。習い事をしている割合は，小学生の段階では一貫して8割前後と高い。しかし，小6から中1にかけて4割台まで大きく低下し，その後も高3まで減少を続ける。中学入学以降は部活動や通塾の影響で，放課後の時間が少なくなったり，活動が代替されたりするためだろう。

　習い事の種類については，運動系の活動として「スイミング」「サッカー」「野球・ソフトボール」「テニス」「バスケットボール」「体操・運動遊び」「ダ

ンス」「陸上競技」「武道・武術」「その他のスポーツ」，文化・学習系の活動として「楽器・音楽教室」「絵画・造形教室」「バレエ」「習字・硬筆」「そろばん」「英会話・英語教室」「その他の文化活動」のなかから選択してもらった。学校段階ごとに 5％ 以上の子どもが習っているものを挙げると，次のようになる（比率は学校段階ごとの選択率，「その他のスポーツ」と「その他の文化活動」は省略）。

●小 1〜3……「スイミング」41.2％,「楽器・音楽教室」25.4％,「英会話・英語教室」18.6％,「習字・硬筆」13.7％,「体操・運動遊び」11.7％,「サッカー」9.3％,「そろばん」7.7％,「ダンス」6.0％,「武道・武術」6.0％
●小 4〜6……「スイミング」24.1％,「楽器・音楽教室」23.7％,「習字・硬筆」16.6％,「英会話・英語教室」16.6％,「サッカー」10.4％,「そろばん」9.8％,「武道・武術」7.0％,「体操・運動遊び」6.6％,「テニス」6.4％,「野球・ソフトボール」5.9％
●中学生……「楽器・音楽教室」11.7％,「英会話・英語教室」7.7％,「習字・硬筆」7.2％
●高校生……「楽器・音楽教室」5.4％

　このように，小学生ではスイミングの人気が根強く，低学年では 5 人に 2 人，高学年では 4 人に 1 人が習っている。小学生は，このほかにもスポーツ系の習い事の人気が高いが，それらは中学生になると極端に比率が下がる。一方，楽器・音楽教室，英会話・英語教室，習字・硬筆の 3 つは，小学生から中学生まで一定の人気を保っている。

2）通塾

　続いて，通塾率の学年推移である。同じく図 4-6 を見ると，小 1〜3 までは 2 割を切るが，小 4〜6 にかけて 20 ポイント弱上昇する。中学入学後は，中 1 から中 3 にかけて同様に約 20 ポイント増加し，中 3 で 58.8％ とピークになる。これが，高 1 では 21.5％ と急落するが，高 3 にかけて再び上昇し，高 3 では 38.2％ となる。各学校段階において，受験に向けて通塾率が高まっている。

　塾の種類については，i）「プリント教材教室」，ii）「補習塾」，iii）「進学塾」のいずれに近いかを回答してもらっているが，小 1〜3 は i）13.2％，ii）2.3％，iii）2.1％ とプリント教材教室中心である（比率は学校段階ごとの選択率）。これが，小 4〜6 になると i）12.7％，ii）8.2％，iii）11.5％ と三分され，中学

生はⅰ) 4.9%, ⅱ) 20.2%, ⅲ) 23.2% となって補習塾と進学塾で二分される。高校生は, ⅰ) 0.8%, ⅱ) 7.8%, ⅲ) 20.7% で進学塾が中心である。

　以上に述べてきたように, 選択される学校外の教育機会は学年, 学校段階によって異なる。多くの家庭では, 早くから進学塾に通わせるわけではなく, スポーツや芸術などの習い事をさせたり, プリント教材教室や補習塾を選択したりしている。どの段階で何を学ばせるかは, 保護者の教育観や教育戦略とも関連していると考えられる。

②学校外教育費

　習い事や通塾, それ以外の学習や経験にかかわる活動は, 教育費にも反映される。教育にどれくらい費用をかけるかは, 家計の状況以外に, 保護者の教育に対する考え方や子どもの学習状況によって異なる。前述した「子供の学習費調査」(文部科学省)でも, 子どもの学年や在学する学校(公立・私立)によって, 支出されている教育費が異なることが示されている。ここでは, 学校外教育費(子ども一人あたり・月額・万円)の学年ごとの平均金額とともに, 世帯年収, 保護者の学歴, 居住する自治体の人口規模によって支出がどう異なるのかを学校段階ごとに見てみよう。

　図4-7は, 学年別の学校外教育費を示した。ここからは, いずれの学校段階でも学年が上がるにつれて支出が増えており, 小6, 中3, 高3の金額が高いことがわかる。学習時間や通塾率と, ほぼ相似である。これらの学年では, 標準偏差(SD)が大きくなっており, 子どもによる差も広がる。

　学業成績との相関を確認したところ, 0.2に満たない学年が多く, 強い関連があるとまでは言えない。成績が思わしくないから教育費をかけるというケースも, 一定の割合で存在するからだろう。

　図4-8は, 学校段階ごとに1) 世帯年収別, 2) 保護者学歴別, 3) 自治体規模別に平均金額を示した。1) では, いずれの学校段階においても, 世帯年収が上がるほど教育費は高額になり, 年収800万円以上の世帯は400万円の世帯と比べて2倍以上支出している。800万円以上の世帯は小4-6生の支出がもっとも多いが, それ以外の年収帯は中学生の支出が最も多い。高年収層では中学受験のために支出が増える一方で, 年収が低い家庭では公立中学校への進学者が多く, 高校受験を重視するためだと考えられる。同様の傾向は, 2) 保護

図4-7　学校外教育費（学年別）

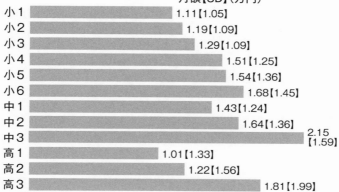

月額【SD】（万円）

小1	1.11【1.05】
小2	1.19【1.09】
小3	1.29【1.09】
小4	1.51【1.25】
小5	1.54【1.36】
小6	1.68【1.45】
中1	1.43【1.24】
中2	1.64【1.36】
中3	2.15【1.59】
高1	1.01【1.33】
高2	1.22【1.56】
高3	1.81【1.99】

※調査では，該当の子ども一人あたりの月額教育費（習い事や学習塾の費用，教材費などの合計。学校の授業料や教材費は除く）について，「1,000円未満」から「50,000以上」の10段階の中からあてはまるものを選択してもらった。

※学年ごとに平均金額は，「1,000円未満」を0.05万円，「1,000～2,500円未満」を0.175万円のように中間値をとり，無回答・不明を除外して算出した。

図4-8　学校外教育費（学校段階別）（万円）

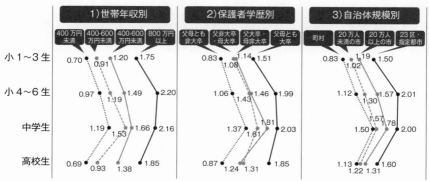

※1）世帯年収は，世帯全体の1年間の税込み年収についての質問をもとに分類した。

※2）保護者学歴は，「大卒」に短大卒を含めている。

※3）自治体規模は，居住する自治体（市区町村）の人口規模について，総務省統計局（統計でみる市区町村のすがた）のデータを用いて分類した。

者学歴別や 3) 都市規模別のデータにも表れている。2) では大卒層ほど，3) では都市規模が大きくなるほど教育費支出が多くなるが，小 4-6 での支出が相対的に大きい。これに対して，非大卒層や人口規模が小さい自治体に居住しているケースでは，中学生での支出が大きくなる。

6. 結論——学習の量的側面に表れる受験の影響

　以上に概観してきた調査結果は，経験的にはうなずける部分が多いが，それを実証するデータはこれまで少なかった。改めて，本調査から得られた知見を整理しておこう。

　第一に，学習行動のうち量的側面（学習時間，通塾，学校外教育費など）は，受験の影響が色濃い。これらは，小 6，中 3，高 3 といった学年で高い数値を示す。また，分散も大きくなり，受験に向けて長時間学習する子どもや，費用を惜しまない家庭が現れる。

　第二に，学習行動の質的側面（学習方略）は，受験の影響はあまり見られず，学年の進行とともに増減する。学年の上昇とともに，取りうる方略や好まれる方略・好まれない方略がある。これは，学習動機についても同様である。知的好奇心のような内発的な動機は学年が進むにつれ減少するが，進学や職業などを目標とする同一化は増加し，高校生で高くなる。

　第三に，学習意識（勉強や教科の好き嫌い，学習意欲，自己肯定感など）は，一般には悪化と見なされる変化をたどる。学年の進行とともに勉強嫌いは増え，学習意欲や自己肯定感は低減する。とくに，小 6 から中 1 に「中 1 ギャップ」と呼ばれるような段差が生まれること，中学生でそれが進行することが特徴である。

　これらの結果から言えることは多様である。受験における子どもの負荷や家庭の教育費負担の問題，宿題の多さが与える影響，学習方略の獲得のような質的側面の改善の必要，意欲や肯定感など「学びに向かう力」と呼ばれるような力の逓減，とくに接続期のギャップの存在など，随所に今日的課題が現れている。

　その中でも，本稿の中で折々に示してきた学業成績との関連について，学習行動の量的側面よりむしろ質的側面や意識で関連が強かったことに注目してお

きたい。学習の目的は学業成績を高めることだけではないが，それは多様な資質・能力を評価した総合的な指標である。そうした総合力を高めるうえで，学習の量や経験の機会を増やすだけでなく，学習のプロセスを吟味して質を高める必要がある。教育課程が変わり，アクティブ・ラーニングと呼ばれる学び方や探究的な活動が広く取り入れられようとしている。一方で，知識・技能は減らすことなく，学力調査等で一定の成果を示すために宿題を増やす動きも強まっている。学習時間のコントロールは教員にとってもしやすく，子どもも多寡を判断しやすいが，生活時間を考えると増やすことにも限界がある。学びの質をマネジメントして効果を高めることが，「学習者としての自立」にとってますます重要になるだろう。この点に関しては，第 15 章でも詳しく述べる。

　最後に，今後に向けての課題を示しておきたい。

　本章では主に，学年ごとの平均値を扱った。しかし，同じ学年でも，子どもによる差，家庭による差が大きいことは言うまでもない。そうした違いが生起する要因について，変数間の関連を分析する必要がある。また，一見すると課題に見える学年変化も，単純な良し悪しは決められないことが多い。たとえば学習意欲の低さは 1 時点では学習行動や学業成績に負の効果をもつが，成長とともに低下することがどのような意味を持つのかは，慎重な検討が求められる。本章で示したクロスセクショナルな分析で見えてくる学年の違いについて，個人変化に注目した縦断的な検討を行ったときに何が言えるのか。個人の変化の意味を，検討することが課題である。

注
1 ）小学生は国語，算数，理科，社会の 4 教科，中高生は国語，数学，理科，社会，英語の 5 教科のそれぞれの学校での成績について，「上のほう」から「下のほう」まで 5 段階で自己評価してもらった結果を，「上のほう」5 点〜「下のほう」1 点として合計した。

参考調査
ベネッセコーポレーション，2005a，『進路選択に関する振返り調査——大学生を対象として（2004 年経済産業省委託調査）』.
ベネッセコーポレーション，2005b，『義務教育に関する意識調査（2005 年文部科学省委嘱研究）』.
ベネッセ教育総合研究所，2015，『第 5 回学習基本調査』（1990 年から不定期に

実施）．

ベネッセ教育総合研究所，2017，『第 3 回学校外教育活動に関する調査』（2009年から 4 年ごとに実施）．

藤沢市教育文化センター，2016，『第 11 回「学習意識調査」報告書——藤沢市立中学校 3 年生の学習意識』（1965 年から 5 年ごとに実施）．

IEA（国際教育到達度評価学会），2015，『国際数学・理科教育動向調査（TIMSS）2015』（1995 年から 4 年ごとに実施）．

日本青少年研究所，2005，『高校生の学習意識と日常生活調査報告書——日本・アメリカ・中国の 3 ヶ国の比較』．

文部科学省，2018a，「平成 30 年度実施の都道府県・指定都市による独自の学力調査について」．

文部科学省，2018b，『平成 30 年度子供の学習費調査』（1994 年から隔年で実施）．

文部科学省，2019，『平成 31 年度全国学力・学習状況調査』（2007 年から毎年実施）．

OECD，2018，『生徒の学習到達度調査（PISA）2018』（2000 年から 3 年ごとに実施）．

※継続的に実施されている調査については，執筆時点で最新の年度を示した．

参考文献

国立大学法人お茶の水女子大学，2018，『保護者に対する調査の結果と学力等との関係の専門的な分析に関する調査研究』．

Pintrich, P. R., & De groot, E. V., 1990, Motivational and self-regulated learning components of classroom academic performance. *Journal of Educational Psychology*, 82, pp. 33-40.

Ryan, R. M., & Deci, E. L., 2017, *Self-determination theory: Basic psychological needs in motivation, development and wellness*. NY: The Guilford Press.

桜井茂男，1997，『学習意欲の心理学——自ら学ぶ子どもを育てる』誠信書房．

上淵寿（編著），2008，『感情と動機づけの発達心理学』ナカニシヤ出版．

Zimmerman, B. J., & Schunk, D. H.（Eds.），2001, *Self-regulated learning and academic achievement: Theoretical perspectives*. Mahwah, NJ: Erlbaum.（塚野州一編訳，2006，『自己調整学習の理論』北大路書房．）

第 5 章

保護者の子育ての実態と子育てによる成長・発達

邵　勤風

1. 保護者調査の目的

　本調査は，小 1 生から高 3 生まで 12 学年の親子（小 1〜3 生は保護者のみ）を対象としており，子どもだけではなく保護者も含めた親子の成長・発達を追っていることが大きな特徴である。本章では，その中で保護者調査の主な結果について検討する。

　その結果をみる前に，ここでは家庭教育に関してどのような実態や課題があるのかをおさえ，このプロジェクトにおいて保護者調査を行っている目的を明らかにしておきたい。

家庭教育に関する政策的・社会的関心

　1990 年代後半以降に不登校や子どもによる暴力，いじめや学力格差などの教育問題や家族問題が起こると，「しつけとしての家庭教育力」の低下が原因ではないかという指摘がマスコミなどからなされた。このため，「家庭教育」に対する社会的関心が高まり，「家庭教育の支援」に関する政策の必要性が議論されるようになった。これを受け，国レベルでは教育基本法に家庭教育に関する条文の追加，「家庭教育支援法案」づくりなどが行われ，自治体レベルでは家庭教育支援条例の制定などが進められてきた。

　一方で，広田（1999）は，家庭の教育力やしつけは衰退しているのではなく，むしろ高くなっており，多くの役割をこなす全方位型の母親が増えているとの考えを示している。こうした政策的・社会的関心に応えるためには家庭教育に関するデータが必要だが，それが不足しているという実態がある。

戦略としての家庭教育

　保護者の意識的な働きかけによって子どもの地位達成を実現していくことは，家庭教育の一つの機能である。近年では，「受験学力」に加えて，意欲・関心，自己統制，対人能力など内面的・人格的な諸特性なども含めた「選抜」が重視され，「メリトクラシー」から「ハイパーメリトクラシー」の段階に移行しつつある（本田，2008）。保護者にとっても，子どもの教育に全方位的な関心を持つことが求められている。このように家庭教育が重要視される中で，子どもの学習面に関する悩みを持つ保護者は多い。先行調査（ベネッセ教育総合研究所，2011）でも，子どもが大人になって一人立ちできるか不安であると感じる保護者が4割以上いることが明らかになっている。

　保護者調査はこうした家庭教育の実態や課題を踏まえて，調査設計を行った。

保護者の成長・発達

　さらに，保護者の子育ては主に子どもの成長・発達に影響を与える側面ばかりが取り上げられるが，子育てが保護者自身の成長・発達にも影響を与えていることは忘れられがちである。生涯発達の視点からみると，保護者は子育てによって人格的，社会的な行動や態度を変化させ，保護者として成長・発達する（柏木・若松，1994）。本調査ではこの点にも注目し，保護者自身の成長・発達にかかわる質問も行っている。保護者の成長・発達についても視野に入れ，親子双方の well-being について検討するのが保護者調査を行う目的である。

2. 本章の目的

　上述したように，保護者調査の目的は，子どもの成長・発達に与える保護者の影響を明らかにするとともに，子育てによる保護者自身の成長・発達を捉えることである。本章では，この2つの側面から調査結果を概観するが，その際に子どもの学校段階による違いにも注目する。

　ただし，すべての結果を記述することはできないため，全体像を捉えるための主な項目を取り上げる。具体的には，1）保護者は子どもの教育に対してどのような意識を持っているのか，2）子どもに何が大切であると伝えているのか，3）どのような養育態度を持ち，子どもにどのようなかかわり方をしてい

るのか，4）日々の子育てでどのような悩みや気がかりを抱えているのか，を明らかにする。さらに，5）子育てを通して，保護者自身の行動や態度にどのような変化を生じたのか，についても確認し，保護者の成長実感に影響する要因を考察する。なお，保護者調査票の約 9 割が母親の回答であるため，結果は母親の意識やかかわりが強く反映されていることを断っておく。

3.　保護者調査の主な項目

　保護者調査では，子どもが「生活者としての自立」「学習者としての自立」「社会人として自立」を実現していくうえで保護者がどのようなかかわりをしているのかを捉えられる調査項目を設定した。たずねている主な内容は，表 5-1 の通りである。下線がついた項目が，本章で取り上げる内容である。

表 5-1　保護者調査

1）子育て・子どもの教育に関する意識
- <u>教育観</u>
- <u>悩みや気がかり</u>
- 子どもの進学への意識
- 子どもの将来への期待（■）
- 保護者自身の学習に関する意識（●）

2）子育て・教育に関する行動や実態
- <u>大切さを伝えていること</u>（★）
- 子育てや教育情報源（★）
- 学校外教育（習い事，学習塾など）
- 教育費
- 受験（中学受験の予定と有無，高校受験の方法）※該当学年のみ
- <u>養育態度やかかわり</u>
- 子どもの学習（学習方法など）へのかかわり（●）
- 子どもへの満足度（■）
- 学校教育への満足度（●）

3）子どもの学力に対する評価
- 資質・能力に対する評価（得意・苦手）
- 成績に対する評価

4）保護者の社会的価値観や意識
- 社会に対する意識（競争意識や人に対する意識を含む）（■）

5）保護者自身のこと
- ふだんの生活や人とのかかわり
- <u>子育てによって，保護者自身が変わったこと（保護者の成長実感）（■）</u>
- 保護者自身の幸福感（■）
- 保護者の自立度

※（★）は 2015 年調査（Wave1），2018 年調査（Wave4）でたずねている項目。
※（●）は 2016 年調査（Wave2）のみたずねている項目。
※（■）は 2017 年調査（Wave3）のみたずねている項目。

4.　主な項目の結果

　以下では，保護者の子どもの教育に関する意識や子育て行動を探りたい。用いるデータは基本的に 2018 年度調査（Wave4）において，親子とも回答した方々のうち，保護者の回答で，計 14,421 人（小 1〜3 生 4,928 人，小 4〜6 生 3,616 人，中学生 2,967 人，高校生 2,910 人）である。ただし，保護者自身の成長実感に関する項目は 2018 年度調査ではたずねていないため，2017 年度調査（Wave3）を用いる。Wave3 のサンプルについては，その部分の結果を検討する際に記述する。

4.1　保護者の子どもの教育に関する意識（教育観）

　保護者の日々の子育て行動は，教育に関する意識が反映されたものだと考えられる。では，社会環境や教育環境の変化が激しい今，保護者はどのような教育意識を持っているのだろうか。図 5-1 から保護者の教育意識についての特徴を確認しよう。

　1 つ目は，知識以外の多様な力やさまざまな体験の必要性に対する認識である。「知識以外の多様な力（思考力・判断力・表現力など）を身につけさせたい」と「子どもには今のうちにいろいろな体験をさせたい」は，9 割以上（「とてもあてはまる」＋「まああてはまる」の合計，以下同様）が肯定している。多様な資質・能力の育成や体験重視は現在の教育改革の大きな流れともいえるが，多くの保護者は家庭教育のなかでも重視していることがわかる。

　2 つ目は，学校段階が上がるにつれて，「できるだけいい大学に入れるように成績を上げてほしい」「多少無理をしても子どもの教育にはお金をかけた

図 5-1　子どもの教育に関する意識（学校段階別）

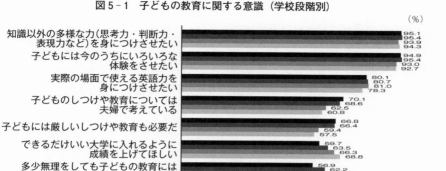

(%)

注1)「とてもあてはまる」＋「まああてはまる」の比率。
注2)「子どもの教育について，次のことはどれくらいあてはまりますか」の質問に対し，「とてもあてはまる」から「まったくあてはまらない」の4つの選択肢から，保護者に1つ選択してもらった。

い」の肯定率が高まることである。とくに後者は小1～3生では56.9%であるのに対して，高校生になると7割を超える。

　3つ目に，「子どもの教育・進学面では世間一般の流れに乗り遅れないようにしている」「子どもが大人になったとき自立できるか不安である」は，どの学校段階でも5割前後が肯定している。ここからは，子どもの教育や将来に対する不安が読み取れる。なお，子どもの自立に対する不安は，男子が54.3%であるのに対して女子では46.2%と，性差がみられた。

　4つ目に，グローバル化の影響についてである。データをみると，「実際の場面で使える英語力を身につけさせたい」を肯定する割合は8割前後で，大半は子どもに使える英語力が必要だと考えていることがわかる。しかし，「子どもには将来，世界で活躍してほしい」と考えている保護者は3割前後にとどまる。2項目とも学校段階による差はほとんどないが，「世界で活躍してほしい」は子どもの性（男子＞女子）や母親の最終学歴（大卒の母親＞非大卒の母親）による差がみられた。

4.2 保護者が「大切さを伝えていること」

　保護者の多くは知識以外の多様な力を身につけさせたいと考えているが，とくにどのような事柄について「大切である」と子どもに伝えているのだろうか。保護者自身が「価値がある」と認識していることを伝えることは，子育ての重要な行動の一つであると考えられる。本項では，保護者の価値伝達の実態や特徴を明らかにする。

　本調査では「大切さを伝えていること」について24項目を設け，どれくらい伝えているかをたずねている。これについて項目を整理するため，因子分析によって4つの因子を抽出した。第1因子は「自信・挑戦」，第2因子は「情操・文化」，第3因子は「生活習慣・運動能力」，第4因子は「人とのかかわり」に関する項目で構成されている（勉強に関しては「きちんと勉強すること」の1項目のみだったため，因子分析から除いた）。そのうえで，因子ごとに項目をまとめ，「伝えている」の比率（「よく伝えている」と「ときどき伝えている」の合計，以下同様）を示したのが，図5-2①～④である。図では学校段階別の結果を示したが，属性による違いや特徴についても記述する。図からわかるのは，以下の通りである。

　1つ目は，保護者が子どもに伝えていることは多岐にわたるということである。自己肯定感や挑戦心，やり抜く力，他者への援助要請といった非認知能力，伝統文化や活字にふれること，さらに生活習慣や人とのかかわりなど，幅広い内容について大切さを伝えている。

　2つ目に，因子ごとのまとまりでみると，「生活習慣・運動能力」「人とのかかわり」「自信・挑戦」「情操・文化」の順に肯定率が高い。とくに，「生活習慣・運動能力」のうち生活習慣に関する項目はどの学校段階でも約9割が肯定しており，保護者が一貫して生活習慣を重視していることが確認できる。

　ここで，因子分析から除外した「きちんと勉強すること」の結果も記述しておきたい。学校段階別の肯定率をみると，小1〜3生89.9%，小4〜6生91.2%，中学生89.4%，高校生80.1%であった。多くの保護者は生活習慣を重視しながら，きちんと勉強することの大切さも伝えている。

　3つ目は，学校段階が上がると肯定率が下がる項目が多いことである。例えば，減少幅がもっとも大きいのは「学校の先生が言ったことを守ること」であり，小1〜3生と高校生の保護者では23.3ポイントの差がある。「運動能力や

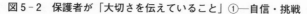

図5-2　保護者が「大切さを伝えていること」①──自信・挑戦

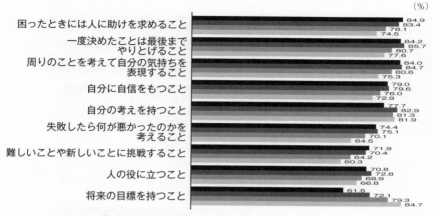

(%)

困ったときには人に助けを求めること　84.9 / 83.4 / 78.1 / 74.5
一度決めたことは最後までやりとげること　84.2 / 85.7 / 80.7 / 77.6
周りのことを考えて自分の気持ちを表現すること　84.0 / 84.7 / 80.6 / 75.3
自分に自信をもつこと　79.0 / 79.6 / 76.0 / 72.9
自分の考えを持つこと　77.7 / 82.9 / 81.3 / 81.9
失敗したら何が悪かったのかを考えること　74.4 / 75.1 / 70.1 / 64.5
難しいことや新しいことに挑戦すること　71.9 / 70.4 / 64.2 / 60.3
人の役に立つこと　70.8 / 72.8 / 68.9 / 66.8
将来の目標を持つこと　61.5 / 72.1 / 79.3 / 84.7

■ 小1～3生　■ 小4～6生　■ 中学生　■ 高校生

注1)「よく伝えている」＋「ときどき伝えている」の比率。(図5-2②〜④も同様)
注2)「家庭教育の中で，あなたは子どもに，次のことの大切さをどれくらい伝えていますか」の質問に対し，
　　「よく伝えている」「ときどき伝えている」「あまり伝えていない」「まったく伝えていない」の4つの選択
　　肢から，保護者に1つ選択してもらった。(図5-2②〜④も同様)

図5-2　保護者が「大切さを伝えていること」②──情操・文化

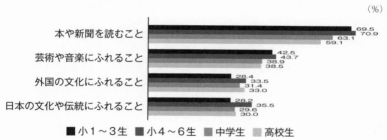

(%)

本や新聞を読むこと　69.5 / 70.9 / 63.1 / 59.1
芸術や音楽にふれること　42.5 / 43.7 / 38.9 / 38.5
外国の文化にふれること　28.4 / 33.5 / 31.4 / 33.0
日本の文化や伝統にふれること　28.2 / 35.5 / 29.6 / 30.0

■ 小1～3生　■ 小4～6生　■ 中学生　■ 高校生

体力をつけること」「友だちを大切にすること」「難しいことや新しいことに挑
戦すること」なども10ポイント以上の差がみられる。全体的に「人とのかか
わり」に関する項目は小学校低学年で，「自信・挑戦」「情操・文化」に関する
項目は小学校高学年で肯定率が高い。小学生のうちはより多くのことの大切さ
を伝えているが，学校段階が上がるにつれて伝える頻度が低くなる。
　4つ目は，上記のような傾向がある一方で，学校段階が上がるにつれて頻度

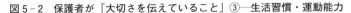

図5-2 保護者が「大切さを伝えていること」③―生活習慣・運動能力

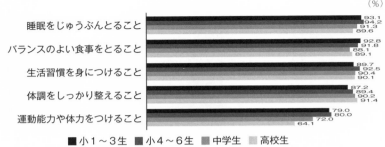

図5-2 保護者が「大切さを伝えていること」④―人とのかかわり

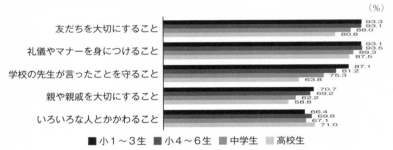

が高くなる項目もある。上昇幅がもっとも大きいのは「将来の目標を持つこと」で，小1〜3生では6割だが，高校生では8割を超える。また，「自分の考えを持つこと」や「いろいろな人とかかわること」も，学校段階があがるにつれて肯定率がわずかに高まる。

　5つ目は，「情操・文化」に関しては女子のほうによく伝えられているのに対して，「生活習慣・運動能力」は男子のほうによく伝えられていることがわかった（図は省略）。伝える内容に違いがあるのは，子どもの性別によって保護者の期待が異なるためだろう。

図5-3　保護者の養育態度（学校段階別）

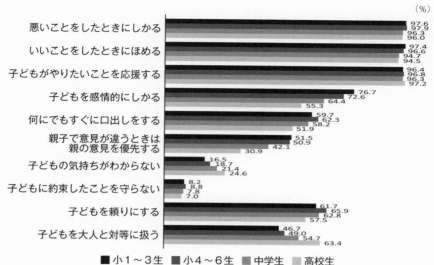

(%)

悪いことをしたときにしかる
97.6
97.9
96.3
96.0

いいことをしたときにほめる
97.4
96.6
94.7
94.5

子どもがやりたいことを応援する
96.4
96.8
96.3
97.2

子どもを感情的にしかる
76.7
64.4
72.6
55.3

何にでもすぐに口出しをする
59.7
62.3
58.2
51.9

親子で意見が違うときは
親の意見を優先する
51.5
50.9
42.1
30.9

子どもの気持ちがわからない
16.5
18.7
21.4
24.6

子どもに約束したことを守らない
8.2
8.8
7.8
7.0

子どもを頼りにする
61.7
65.9
62.8
57.5

子どもを大人と対等に扱う
46.7
49.0
54.7
63.4

■ 小1〜3生　■ 小4〜6生　■ 中学生　□ 高校生

注1）「とてもあてはまる」＋「まああてはまる」の比率。（図5-4も同様）
注2）「子どもに対するかかわりについて，次のことはどれくらいあてはまりますか」の質問に対し，「とても
　　あてはまる」〜「まったくあてはまらない」の4つの選択肢から，保護者に1つ選択してもらった。（図
　　5-4も同様）

6つ目は，「情操・文化」の項目についてであるが，これらは子どもの成績や保護者の最終学歴が高いほど，よく伝えられている傾向にある（図は省略）。

4.3　保護者の養育態度やかかわり

保護者は子どもにさまざまな価値を伝えているだけでなく，直接的な働きかけもしている。本項では，保護者は具体的にどのようなかかわり方をしているのかを検討する。

子どもへのかかわりに関する質問では，小1〜高3生まで共通して17項目をたずねた。それをさらに「養育態度」と「実際の働きかけ」の2つの側面に分けてみていきたい。最初に，養育態度に関する10項目を取り上げる。

図5-3をみると，どの学校段階でも9割以上の保護者は適切に「しかる」「ほめる」「やりたいこと応援する」といった尊重・応援のスタンスで子どもと接している（「とてもあてはまる」と「まああてはまる」の合計，以下同様）。また，

「子どもを大人と対等に扱う」は小 1〜3 生では 46.7% だが，高校生になると 6割に増加する。このように子どもの人格尊重や信頼関係は，子どもへの適切なかかわりや良い親子関係を築くベースだと考えられる。

　子どもに対する受容的な態度とは逆に，過保護や過干渉，子どもの人格尊重に欠けていると思われるかかわりは，子どもの年齢が上がるにつれ減少する。例えば，「子どもを感情的にしかる」は，小 1〜3 生では 76.7% だが，高校生になると 55.3% になる。「親の意見を優先する」も同様で，5 割から 3 割に減少する。ただし，高校生になっても 5 割の保護者は「すぐに口出しをする」を肯定している。また，「子どもの気持ちがわからない」保護者は全体としては少ないものの，学校段階があがるにつれて上昇し，高校生では 2 割ほどいる。

　次に，保護者の具体的なかかわりについての結果をみていこう。図 5 - 4 からはいくつかの特徴が指摘できる。まず，「『自分でできることは自分でしなさい』と言う」「失敗したときにはげます」「子どもが自分の考えを持つように促す」は，どの学校段階でも 8〜9 割の保護者が行っている。

　学習へのかかわりは，「勉強のやり方を教える」（学習方略の側面），「勉強の内容を教える」（学習内容の側面），「勉強の面白さを教える」（学習動機づけの側面）の 3 つに分けてたずねた。結果をみると，学校段階が上がるにつれて，いずれの行動も減少する。減少幅がもっとも大きいのは「勉強の内容を教える」で，学習内容の難易度が高くなるため，直接かかわることが難しくなる。さらに，「勉強の面白さを教える」は小 1〜3 生の保護者でも 5 割にとどまっており，学び方や内容を教えるよりも多くの保護者にとってハードルが高いことがわかる。

4.4　子育ての悩みや気がかり

　本項では，子育てや教育についてさまざまな悩みや気がかりを抱えている保護者のリアルな姿に迫りたい。保護者調査では，子どもの生活，成長や人間関係，学習，保護者自身のことの 4 つの側面から 38 項目（「その他」を除く）に関する悩みや気がかりの有無をたずねている。表 5 - 2 では，3 学年ごとに比率が高かった 10 項目を示した。

　表からわかるように，保護者が抱えている悩みや気がかりは多岐にわたるが，小 1〜3 生，小 4〜6 生，中学生のいずれでも，トップは「整理整頓・片付け」

図 5 - 4　保護者の子どもへのかかわり（学校段階別）

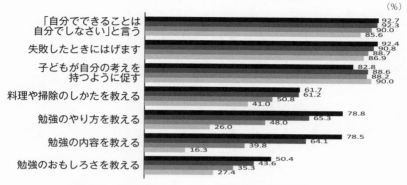

表 5 - 2　子育ての悩みや気がかり（全体・学校段階別）

(％)

	全体		小1〜3生		小4〜6生		中学生		高校生	
1位	整理整頓・片づけ	53.8	整理整頓・片づけ	54.2	整理整頓・片づけ	58.3	整理整頓・片づけ	53.6	携帯電話やスマートフォンの使い方	58.4
2位	家庭学習の習慣	36.3	友だちとのかかわり	39.7	家庭学習の習慣	38.7	携帯電話やスマートフォンの使い方	44.9	進路・学校選び	50.4
3位	友だちとのかかわり	34.6	家庭学習の習慣	35.6	ゲームのしかた（内容・しすぎ等）	38.2	学校の成績	43.1	整理整頓・片づけ	47.7
4位	ゲームのしかた（内容・しすぎ等）	30.7	学校の宿題や予習・復習	33.1	友だちとのかかわり	37.6	進路・学校選び	42.2	学校の成績	36.7
5位	家庭の経済状況	30.7	言葉づかい	32.7	こころの成長や性格	31.1	家庭学習の習慣	39.6	（保護者自身の）身体の健康状態	34.4
6位	（保護者自身の）身体の健康状態	29.5	テレビの見方（内容・見すぎ等）	31.9	学校の宿題や予習・復習	30.0	ゲームのしかた（内容・しすぎ等）	33.0	家庭の経済状況	33.3
7位	学校の宿題や予習・復習	29.6	こころの成長や性格	31.3	家庭の経済状況	29.8	友だちとのかかわり	32.9	生活リズム（生活の乱れ）	32.4
8位	携帯電話やスマートフォンの使い方	29.2	家庭の経済状況	29.8	テレビの見方（内容・見すぎ等）	29.7	（保護者自身の）身体の健康状態	31.4	家庭学習の習慣	31.1
9位	こころの成長や性格	28.6	仕事と家庭の両立	29.1	（保護者自身の）身体の健康状態	29.7	家庭の経済状況	30.6	受験勉強	30.8
10位	学校の成績	27.3	あいさつやお礼の習慣	29.0	仕事と家庭の両立	27.7	学校の宿題や予習・復習	29.8	教育費	29.2

注 1）「その他」を除いた 38 項目からあてはまるものを複数回答。3 学年ごとに比率が高かった 10 項目を示している。
注 2）「あなたは，調査対象となっているお子様やあなたご自身のことについて，次のような「悩みや気がかり」がありますか。あてはまる番号すべてに○をつけてください」の質問に対して，保護者に複数回答してもらった。

表5-3 保護者の悩みや気がかり（小6→中1，中3→高1）

(%)

	小中接続			中高接続		
	小6	中1	中1-小6	中3	高1	高1-中3
テレビの見方 （内容・みすぎなど）	27.2	20.8	-6.4	15.4	8.4	-7.0
携帯電話や スマートフォンの使い方	22.7	43.7	21.0	44.7	61.3	16.6
運動不足	23.1	14.2	-8.9	19.2	22.8	3.6
学校の宿題や予習・復習	23.7	38.1	14.4	21.1	32.4	11.3
家庭学習の習慣	35.4	44.0	8.6	32.6	39.2	6.6
学校の成績	22.6	44.1	21.5	39.7	43.4	3.7
進路・学校選び	21.2	29.6	8.4	52.5	50.4	-2.1
ゲームのしかた （内容，し過ぎなど）	37.0	34.0	-3.0	31.2	25.7	-5.5
受験勉強	12.4	10.8	-1.6	48.3	16.8	-31.5

注）小6から中1に，または中3から高1に上がるとき，悩みや気がかりが±10ポイント以上の項目をピックアップし，網掛けで表示した。「中1-小6」「高1-中3」での数値はポイントの差を表す。

で5〜6割弱である。高校生になると，順位こそ3位に後退するが，依然として5割弱の保護者が選択している。

　小学生の保護者は「友だちとのかかわり」や「家庭学習の習慣」「ゲームのしかた」といった人とのかかわりや学習習慣，ゲームとのつきあいに関する悩みが多いのに対して，中高生になると「携帯電話やスマートフォンの使い方」や「学校の成績」「進路・学校選び」といったメディアや進学・進路に関する悩みが増える。また，どの学校段階でも「家庭の経済状況」が10位以内に入っているほか，小学生の保護者は「仕事と家庭の両立」を悩みとして挙げている。子どもに関する悩みだけでなく，保護者自身に関する悩みや気がかりを抱えながら，子育てをしている様子がうかがえる。

　学校段階が上がる際に，とくに小中接続期に「中1ギャップ」と呼ばれる現象が起こるが，ここで小中接続期，また中高接続期に保護者の悩みや気がかりにどのような変化がみられるのかに焦点を当ててみたい（表5-3）。

　接続期に比率が増加する項目に注目すると，「学校の成績」「学校の宿題や予習・復習」「家庭学習の習慣」などの学習にかかわるものが挙げられる。また，「携帯電話やスマートフォンの使い方」も，小中接続期，中高接続期のいずれ

でも数値が大きく高まる。これらは学校段階を移行して，子どもを取り巻く環境が大きく変わるためだろう。

　子どもの性別によっても，保護者が抱える悩みや気がかりに違いがみられた。総じて学習面や「ゲームの仕方」といった遊び方に関する悩みは男子の保護者のほうが，「友だちとのかかわり」や「整理整頓・片付け」「言葉遣い」「携帯電話やスマートフォンの使い方」といった人間関係や生活習慣，さらに携帯電話やスマートフォンとのつきあい方に関する悩みは女子の保護者のほうが多く選択している（図は省略）。「その他」を含む39項目のうちの選択数の平均は，男子の保護者が7.8，女子の保護者が7.4だった（ t 検定で有意）。男子の保護者のほうが，より多くの悩みを抱えている。このように，学年や性別によって保護者が抱える課題が異なる状況を踏まえて，解決策の検討や保護者に対する支援を行う必要がある。

　さらに，子どもの生活面，成長や人間関係，学習面の3つの側面ごとに，選択数の平均をみると，3つとも母親が非大卒の家庭のほうが選択数が多かった（ t 検定で有意。表は省略）。保護者の社会文化的な背景によって子育ての困難さが異なることも想定され，それに合わせた支援策が求められる。

4.5　保護者の成長実感

　ここまでは，保護者の子育て行動や意識についての結果をみてきた。それらが子どもの成長・発達に与える影響についての分析は第Ⅱ部に委ねる。本項では，子育てを通して保護者自身にどういう変化が生じたのかという保護者の成長・発達や，それに影響する要因を探る。

　2017年度調査（Wave3）では，保護者に対して子育てを通した成長・発達についてたずねた。ここで使用する項目は先行研究（柏木・若松 1994）で開発された「親の発達」尺度項目を一部抜粋し，表現を改変したものである（項目の使用，改変の許諾を得た）。用いるデータは2017年調査において，親子とも回答した方々のうち，保護者の回答で，計15,300人（小1〜3生5,167人，小4〜6生3,643人，中学生3,311人，高校生3,179人）である。

　項目が多いため，最初に因子分析を行い，共通性の低い「夫婦で対立することが多くなった」を除外した。そのうえで，13項目に対して因子分析を行った結果から，次の4つの因子を抽出した。第1因子は「寛容・多様な見方・タ

表5-4 「子育てによって，保護者自身が変わったこと」に関する因子分析
(最尤法・プロマックス回転)

	第1因子 寛容・多様な 見方・タフさ	第2因子 社会への関心	第3因子 生きがい・ 一人前の大人	第4因子 忙しさ・倹約
他人に対して寛容になった	0.915	−0.015	−0.072	−0.092
考え方が柔軟になった	0.816	−0.065	0.057	−0.053
いろいろな角度から物事を 見るようになった	0.741	0.086	−0.024	0.012
他人の立場や気持ちを くみとるようになった	0.680	0.104	−0.040	0.047
精神的にタフになった	0.493	−0.127	0.190	0.204
日本や世界の将来への 関心が強まった	−0.016	0.738	−0.007	−0.052
児童福祉や教育問題への 関心が強まった	−0.001	0.697	−0.023	0.088
伝統や文化の大切さを 感じるようになった	0.033	0.598	0.088	−0.026
自分を一人前の大人だと 感じるようになった	0.002	−0.029	0.713	−0.076
生きがいを感じるように なった	0.010	0.105	0.616	−0.003
自分の考えを主張する ようになった	0.015	0.060	0.212	0.147
時間に追われるように なった	−0.080	−0.016	−0.025	0.662
倹約するようになった	0.091	0.032	−0.042	0.467

		第1因子 寛容・多様な 見方・タフさ	第2因子 社会への関心	第3因子 生きがい・ 一人前の大人	第4因子 忙しさ・倹約
因子間相関行列	第1因子 寛容・多様な 見方・タフさ	1	0.430	0.616	0.407
	第2因子 社会への関心		1	0.528	0.310
	第3因子 生きがい・ 一人前の大人			1	0.347
	第4因子 忙しさ・倹約				1

フさ」，第2因子は「社会への関心」，第3因子は「生きがい・一人前の大人」，第4因子は「忙しさ・倹約」である(表5-4)。

さらに，それぞれの因子ごとに項目を並べて，肯定率(「とてもあてはまる」と「まああてはまる」の合計，以下同様)を示したのが図5-5である。保護者自身が子育てによって，どのような成長実感を持つようになったのかをみてい

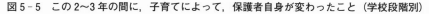

図5-5　この2～3年の間に，子育てによって，保護者自身が変わったこと（学校段階別）

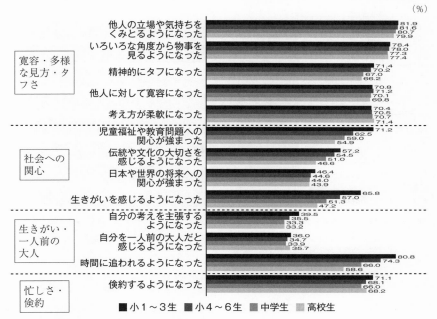

（％）

寛容・多様な見方・タフさ	他人の立場や気持ちをくみとるようになった	81.9 / 81.6 / 80.7 / 79.9
	いろいろな角度から物事を見るようになった	78.4 / 78.0 / 77.3 / 77.4
	精神的にタフになった	71.4 / 70.2 / 67.0 / 66.2
	他人に対して寛容になった	70.8 / 71.2 / 70.1 / 69.8
	考え方が柔軟になった	70.4 / 70.2 / 70.7 / 71.4
社会への関心	児童福祉や教育問題への関心が強まった	71.2 / 62.5 / 59.0 / 54.9
	伝統や文化の大切さを感じるようになった	57.2 / 54.5 / 51.0 / 46.6
	日本や世界の将来への関心が強まった	46.4 / 44.6 / 44.0 / 43.9
	生きがいを感じるようになった	65.8 / 57.0 / 51.3 / 47.2
生きがい・一人前の大人	自分の考えを主張するようになった	39.5 / 35.5 / 33.3 / 33.2
	自分を一人前の大人だと感じるようになった	36.0 / 34.7 / 33.9 / 35.7
	時間に追われるようになった	80.8 / 74.3 / 66.0 / 58.6
忙しさ・倹約	倹約するようになった	71.1 / 68.0 / 66.0 / 68.2

■小1～3生　■小4～6生　■中学生　■高校生

注1)「とてもあてはまる」＋「まああてはまる」の比率。
注2)「この2～3年くらいの間に，あなたは子育てによって，自分がどのように変わったと思いますか」の質問に対し，「とてもあてはまる」「まああてはまる」「あまりあてはまらない」「まったくあてはまらない」の4つの選択肢から，保護者に1つ選択してもらった。

こう。

　図5-5を見ると，子育てによって，保護者自身の物事に対する見方や考え方がより多角的になったり，柔軟になったり，生きがいを感じたりするようになったと実感している様子がうかがえる。また，自分の子どもへの関心から，他者，さらに社会に対する関心へと視野が広がっていることからも，子育てによって，自身が変わったという成長実感を持つ保護者が多いことがわかった。

　詳細をみると，「寛容・多様な見方・タフさ」に関する項目はいずれも，約7～8割が肯定しており，子どもの学校段階による違いはあまりみられない。一方で，「社会への関心」「生きがい・一人前の大人」「忙しさ・倹約さ」の中には，学校段階が上がるにつれて肯定率が低くなる項目が多い。例えば，「生きがいを感じるようになった」や「児童福祉や教育問題への関心が強まった」

図5-6　現在の幸福感（「子育てで変わったこと」高群・低群別）

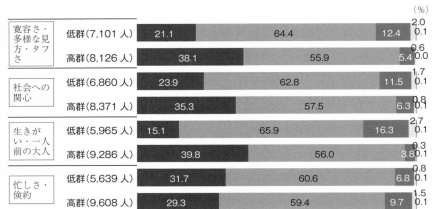

注）保護者の成長実感の4つの因子ごとに，それらを構成している項目の平均得点を算出し，各因子ごとについて低群と高群と2分割にした。

は小1～3生から高校生にかけて15ポイント以上減少しており，学校段階が低い子どもをもつ保護者のほうが成長実感は強い。反対に学校段階が上がるのに比例して高まるような項目はみられなかった。これは，この2～3年の間に，子育てによる保護者自身の変化をたずねたことが影響している可能性がある。いずれにしても先行研究では限られた学年の子どもをもつ保護者を対象としたものが多く，12学年にわたって変化がみられる調査は貴重である。

　さて，親子の成長・発達を追うのは，最終的に well-being につながる要因を明らかにしたいからである。本調査では，well-being を捉えるため，親子の双方に「今の自分は幸せだと思っているのか」「この先，自分は幸せになれると思っているのか」という主観的幸福感をたずねた。

　ここでは，保護者の成長実感の因子ごとに，それらを構成している項目の平均得点を算出し，各因子ごとについて低群と高群に分け，幸福感との関連をみる。

　図5-6に示した通り，保護者としての成長実感の4つの側面すべてに現在の幸福感との関連がみられた（カイ2乗検定で有意）。とくに「忙しさ・倹約」以外の3つの側面では，子育てを通して変化したという成長実感が高い保護者ほど幸せだと感じている。図は割愛するが，どの学校段階でも，さらに「この

図 5-7　子どもの現在の幸福感（保護者の現在の幸福感別）

注）保護者の「自分は今，幸せだ」の回答について，「とてもそう思う」「まあそう思う」「そう思わない」（「あまりそう思わない」＋「まったくそう思わない」）と 3 分割にした。

先の幸福感」でも同様な傾向がみられた。保護者の現在の幸福感は子どもの現在の幸福感とも関連していることも確認できた（図 5-7）。親子の well-being を高めるためには子どもに対するアプローチも重要だが，保護者に成長・発達を促すことも重要であり，それが子どもの成長・発達にもつながると考えられる。

　それでは，保護者の成長・発達にはどのような要因が関連しているのだろうか。ここでは重回帰分析を行い，成長実感に影響する要因を明らかにしていきたい。まず，保護者の成長実感の 4 つの側面について，関連する項目の総和から算出した平均値を従属変数とする。独立変数としては，「悩みや気がかり」の数，「子どもの将来自立への不安」の程度，保護者自身の活動として「趣味やスポーツを楽しむこと」「自分の能力を高めるための勉強」「保護者の人的ネットワーク」（保護者が人とのかかわりに関するいくつかの項目を合わせた合成変数）を投入し，子どもと保護者の属性を統制変数に加えた。その結果が，表 5-5 である。

　ここからは，次のようなことがわかる。

　1 つ目は，子育てによって，「寛容・多様な見方・タフさ」「社会への関心」「生きがい・一人前の大人」の 3 つの変容の側面に共通して，「保護者の人的ネットワーク」がもっとも正の影響を有しており，「自分の能力を高めるための勉強」はそれに次ぐ。保護者としての成長実感を高めるには，地域の活動や学校行事，ボランティアなどの活動を通して豊かな人間関係を経験すること，自分の能力を高める勉強を行うことが重要である。

　2 つ目は，保護者が現在抱えている「悩みや気がかり」は保護者の「社会へ

91

表5-5 保護者の成長実感に影響する要因（重回帰分析）

独立変数	寛容・多様な見方・タフさ		社会への関心		生きがい・一人前の大人		忙しさ・倹約	
	偏回帰係数	標準化回帰係数	偏回帰係数	標準化回帰係数	偏回帰係数	標準化回帰係数	偏回帰係数	標準化回帰係数
学年	−0.005	−0.034***	−0.016	−0.099***	−0.018	−0.101***	−0.028	−0.158***
女子ダミー	−0.009	−0.008	0.001	0.001	−0.005	−0.004	−0.016	−0.013
成績	−0.000	−0.001	0.018	0.041***	0.012	0.025	−0.006	−0.013
母親大卒以上ダミー	0.009	0.008	0.022	0.018+	−0.002	−0.001	−0.007	−0.005
昨年の世帯収入（百万円）	−0.001	−0.005	0.004	0.022*	0.004	0.020*	−0.018	−0.099***
保護者の悩みや気がかりの総個数	−0.005	−0.016+	0.035	0.092***	−0.035	−0.087***	0.053	0.130***
子どもが大人になったとき自立できるか不安である	−0.026	−0.040***	0.018	0.024**	−0.036	−0.045***	0.050	0.061***
趣味やスポーツを楽しむ	−0.013	−0.023*	−0.015	−0.024*	0.028	0.042***	−0.103	−0.153***
自分の能力を高めるための勉強をする	0.084	0.143***	0.112	0.172***	0.117	0.169***	−0.013	−0.018+
保護者の人的ネットワーク	0.192	0.204***	0.228	0.218***	0.205	0.183***	0.126	0.111***
（定数）	2.357***		1.679***		1.832***		3.017***	
調整済み R2 乗	0.078		0.108		0.124		0.106	
N	12,075		12,077		12,090		12,086	

注1） ＋：$p<0.1$，＊：$p<0.05$，＊＊：$p<0.01$，＊＊＊：$p<0.001$.

注2） 独立変数については以下の通りである。※母親の最終学歴以外は，Wave3（2017年度調査）の項目を使用。

- 「女子ダミー」：女子 =1，男子 =0
- 「成績」：小4〜小6生→保護者にたずねた子どもの成績（5段階評価）について，「上の方」=5点，「下の方」=1点とする。小1〜3生→保護者にたずねた子どもの「国語」と「算数」の成績（5段階評価）について，「上の方」=5点，「下の方」=1点とし，2教科の平均得点を算出する。
- 「母親の大卒以上ダミー」：「大学（四年制，六年制）」「大学院」=1，「中学校」「高校」「専門学校・各種学校」「短期大学」=0とする
- 「昨年の世帯年収」：昨年の世帯年収をたずねたところ，「200万未満」=150万円，「200〜300万円未満」=250万円，「2000万円以上」=2250万円にように平均年収を算出
- 「保護者の悩みや気がかりの総個数」：保護者が子どもやご自身のことに関する，「その他」を含めた39項目の悩みや気がかりから，複数回答で，選択した総個数
- 「子どもが大人になったとき自立できるか不安である」：子どもの教育についてたずねた項目で，「とてもあてはまる」=4点，「まああてはまる」=3点，「あまりあてはまらない」=2点，「まったくあてはまらない」=1点と算出
- 「趣味やスポーツを楽しむ」「自分の能力を高めるための勉強をする」：保護者に自身のふだんの生活をたずねた項目で，「よくある」=4点，「ときどきある」=3点，「あまりない」=2点，「まったくない」=1点と算出
- 「保護者の人的ネットワーク」：保護者自身の普段の生活や活動をたずねた大問で，「友人とすごす・話をする」「近所の人と話をする」「地域の行事に参加する」「子どもが通っている学校の活動に参加する・協力する」「ボランティア活動に参加する」の5項目については，「とてもあてはまる」〜「まったくあてはまらない」を4点〜1点とし，5項目の総得点から，平均得点を算出し，独立変数として投入

の関心」に正の影響を有している。自分の子どもに関する悩みや気がかりがあってこそ，現在抱えている様々な社会問題に目を向けるようになるのだろう。また「忙しさ・倹約」に対して，子育ての悩み，子どもの将来自立への不安が正の影響，家庭の経済状況が負の影響を有している。これらの要因は，「忙しさ・倹約」につながると考えられる。

　3つ目は，家庭の経済状況は「社会への関心」「生きがい・一人前の大人」

に弱い正の影響,「忙しさ・倹約」に負の影響がある。また母親の最終学歴が「社会への関心」に弱い正の影響を与えている。ここから,保護者としての成長実感は,社会文化的な背景に影響されることがわかる。

また,「この 2〜3 年間,子育てによる変化」というたずね方の影響かもしれないが,ここでも改めて子どもの学年があがるにつれ,保護者としての成長実感が下がる結果が得られた。

全体的に,保護者としての成長・発達は,保護者自身の人との関係性や学び続ける姿勢に強く規定されるといえる。保護者が成長するようになったという実感を持てるように,人的ネットワークづくりをはじめとするさまざまな活動へのサポートが必要である。保護者が保護者として成長実感を持ち,幸せと感じてこそ子育てに良い影響を与え,それが最終的には親子の well-being につながる。

子育ては子どもを育て,保護者自身も成長し,親子ともに発達していくプロセスでもある。今後も,本調査を通して,親子の発達を追っていきたい。

5.　おわりに

本章では,子どもの成長・発達に影響を与える保護者の教育意識,養育態度や子どもへのかかわり,悩みや気がかり,子育てを通した保護者としての成長実感についての結果をみてきた。改めて調査結果をまとめると,次のようなことが指摘できる。

保護者の子育ての意識と実態について

1) 保護者は家庭教育の中で多様な資質・能力を育成する必要性を感じている。子どもに知識以外の多様な力や使える英語を身につけてほしいと考え,無理してでも子どもの教育にお金をかけたいとする,教育熱心な姿がうかがえる。

2) そうした教育観を反映し,保護者は子どもに生活習慣から,しっかりと勉強すること,自信や挑戦することや人との関わりといった非認知能力,さらに伝統文化とのふれあいまで,さまざまなことの大切さを伝え,社会的価値を伝達している。

3) 多くの保護者は社会的価値を伝達するだけでなく,子どもに受容的な養

育態度で接し，子どもが自分なりの考えを持ち，自立できるように促している。勉強面では，子どもが小学生の時，学習内容を教えている保護者が大半である。また，半数前後は学習方略や学びの面白さも教えている。保護者の教育熱心さは意識のレベルだけにとどまらず，実際の行動においても多方面にわたっている。

　4）多くの保護者は，子どもの生活や，人間関係，学習，さらに保護者自身のことについて悩みや気がかりを抱え，子どもが将来自立できるかという不安を感じながら，子育てをしている。

子育てを通した保護者としての成長実感について

　5）保護者は子育てによって，他者に寛容的になったり，多様な見方を持つようになったり，社会問題に対して関心を持つようになったりしている。そのような人格的，社会的な行動や態度の変容が起こり，保護者は保護者としての成長・発達を遂げていく。

　6）人とのつながり，保護者自身を高める勉強やさまざまな活動が保護者の成長・発達に影響する。保護者としての成長・発達は，親子の well-being につながると考える。

参考文献

広田照幸，1999,『日本人のしつけは衰退したか』講談社.

本田由紀，2008,『「家庭教育」の隘路——子育てに強迫される母親たち』勁草書房.

本田由紀，2005,『多元化する「能力」と日本社会——ハイパーメリトクラシー化のなかで』NTT 出版.

天童睦子・多賀太，2016,「『家族と教育』の研究動向と課題——家庭教育・戦略・ペアレントクラシー」『家族社会学研究』28 巻 2 号.

柏木惠子，1995,『親の発達心理学』岩波書店.

柏木惠子・若松素子，1994,「『親となる』ことによる人格発達——生涯発達的視点から親を研究する試み」『発達心理学研究』5 巻 1 号，pp. 72-83.

百瀬良，2012,「親としての発達に関する今日的研究課題——発達心理学領域を対象に」昭和女子大学女性文化研究所紀要，第 39 号.

ベネッセ教育総合研究所，2011,「第 4 回子育て生活基本調査」（小中版）.

第 6 章

高校生活の振り返りと進路選択
——「卒業時サーベイ」の主な結果から

野﨑友花

1. 本章の目的

　本章では，高校卒業時に実施する「高校生活と進路に関する調査 2018」[1]（以下，卒業時サーベイとする）の内容について明らかにすることを目的とする。卒業時サーベイは，①高3生は学習や生活でどのような経験や体験をしてきたのか，②どのようなプロセスを経て進路選択をしているのか，③将来に対してどのようなイメージを持っているのか，④自分自身の「自立」の状況をどのように評価しているのか，を捉えるものとして設計された。

　今日の日本社会では経済社会の変化やグローバル化の急速な進展により，社会で求められる人材が高度化・多様化している。それに伴い，批判的思考力や判断力などの育成が重視されている。また，学生の主体的な学びを重視した大学教育への転換など，高等教育も一層多様で質の高いものが求められている（文部科学省，2018）。

　こうした環境下において，現在の高校生は高校卒業時点で，どのような進路選択をしているのか，その実態や選択プロセスを把握することや，その課題を明らかにすることは重要である。本調査の社会的・学術的意義は次の3点にまとめられる。

　第一に，高3生の到達点を明らかにできることである。本プロジェクトで定めた「高校卒業段階のゴール」（「生活者，社会人としての自立」や「生涯学び続ける力の獲得」などを達成した状態）に対して，高3生はどのような到達度にあるのか，またどのような課題があるのかを捉えることができる。

　第二に，ゴールを達成するにあたって影響した要因を明らかすることができ

る。具体的には，プロジェクトで予測している「高校卒業段階のゴール」に影響するである要素（生活，学習，価値観，親や人との関わりなど）のうち，主要なものを「高校生活」を中心に振り返って回答してもらうことにより，影響した要因を明らかにできる。これにより，個人的な課題だけでなく，社会的課題を捉えることができる。

　第三に，高3生の将来観と進路決定のプロセスを明らかにできることである。本調査の対象者は，社会人としての「自立」に向かっているのか，職業に対するどのような考えをもっているのか，進路選択とその準備ができているのかがわかる。すなわち，どういった高3生が，どのような将来の生活・生き方・必要な力を思い描き，どのようなプロセスで進路を決定したのかを明らかにできる。

　本章はこうした検討の前段階として位置づけ，2018年3月に実施した調査結果をもとに，高3生の生活や学びの実態と自己評価を記述する。その際に，性別や進路選択行動別の違いにも着目する。

2. 卒業時サーベイの調査項目

　卒業時サーベイで扱っている主な調査項目は，以下の通りである。本章では，紙幅の関係上，下線のついた項目を紹介する。本プロジェクトのホームページには，卒業時サーベイのダイジェスト版が掲載されている。重複する部分もあるが，そちらも合わせて詳細をみていただきたい。

1) 高校生活に関する項目
　①さまざまな活動への取り組み状況
　②勉強時間や成績（学校・模擬試験）
　③高校生活の振り返り
2) 進路に関する項目
　①4月からの進路先：進路先，入試方法，希望した進路の実現度
　②進路決定のプロセス：進路決定で参考にしたこと，進路決定に影響した人
　③進路選択のプロセス：進路を意識した時期，進路選択時の悩み，進路選択に関する行動
3) 将来へのイメージ

　①大学でしたいこと，大学受験に対する考え

　②将来展望

4）「自立」に関する自己評価

5）その他の項目

　①授業料無償化への意見など

3.　対象者の基本属性

　本調査は，研究プロジェクトの「調査モニター」のうち 2018 年 3 月時点の高校 3 年生 1401 名に調査票を配布した。そのうち回答を得た 975 名を分析対象者として扱う（有効回収率 69.6%）。対象者の性別の割合は，男子は 47.9%，女子は 52.0% である。対象者の通っている高校の設置区分は公立が 59.4%，私立が 33.1% で，全体の 97% が全日制課程に通っている。学科は全体の約 8割が普通科に通っており，女子の方が男子に比べて約 5 ポイント高い。

　高校のコースや類型は，全体でみると文系が 47.8%，理系が 38.7% と文系が少し多い。性別でみると，文系は男子より女子の方が約 16 ポイント，理系は女子より男子の方が 22 ポイント高く，高校のコース・類型の段階からすでに，男女における文理選択に差異が生じている。国立教育政策研究所（2013）の「中学校・高等学校における理系進路選択に関する研究」によると，文系・理系のコース分けは大学進学率の高い高校で実施されている傾向があり，高校時点での文理選択は大学の学部・学科選択との関連が強いことが示唆される。

　高 3 生時に受けた模擬試験の成績（「今の成績は，模擬試験（全国）の中でどれくらいか」）の割合をみると，全対象者の成績分布は，「上のほう」「真ん中より上」は 26.3%，「真ん中くらい」は 24.4%，「真ん中より下」「下のほう」は 28.2% となっている。男女別にみると，男子の方が「下のほう」と回答した割合が多く，女子は「真ん中くらい」や「わからない・受けていない」と回答した割合が多い。

表6-1 通っている学校：設置区分

	(%)
公立	59.4
公立の中高一貫校(中等教育学校)	3.0
国立	2.7
私立	33.1
その他	0.2
無回答・不明	1.5

表6-2 通っている学校：課程

	(%)
全日制	97.0
定時制	0.5
通信制	1.1
その他	0.1
無回答・不明	1.4

表6-3 通っている学科・高校のコースや類型と模試の成績

(%)

		全体	男子		女子
高校の学科	普通科	83.3	80.7		85.6
	工業科	4.4	8.1	>	1.0
	商業科	3.0	1.7		4.1
	総合学科	3.7	3.6		3.7
	その他	5.3	5.6		5.1
	無回答	0.3	0.2		0.4
高校のコースや類型	文系中心のコースや類型	47.8	39.0	<	55.3
	理系中心のコースや類型	38.7	50.7	>	28.3
	その他	3.8	2.9		4.6
	コースや類型には分かれてなかった	8.4	6.4		10.1
	無回答	1.4	1.1		1.6
模擬試験の成績	上のほう	7.2	8.1		6.1
	真ん中より上	19.1	19.3		18.9
	真ん中くらい	24.4	21.6	<	27.0
	真ん中より下	20.5	21.8		19.3
	下のほう	7.7	10.3	>	5.3
	わからない・受けていない	20.8	18.6		22.9
	無回答・不明	0.3	0.2		0.4

※比較対象間に5ポイント以上の差があるものに符号をつけている（以下の表も同様）

図6-1　学校生活で積極的に取り組んだこと

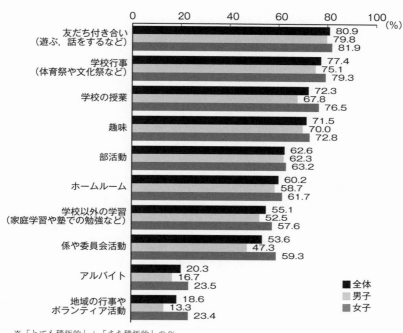

※「とても積極的」＋「まあ積極的」の％

4. 主な項目の結果——高校生活と進路選択

(1) 高校生活に関する項目

　まず，高校生活で積極的に取り組んできた内容についてみていきたい。図6-1は「あなたは高校生活において，次のことにどれくらい積極的に取り組みましたか」の問いに対して，「とても積極的」と「まあ積極的」の比率を合計した数値を示した。

　7割以上の生徒が，「友だち付き合い」「学校行事」「学校の授業」「趣味」に対して積極的に取り組んだと答えている。男女差で5ポイント以上の差がみられたものは，「学校の授業」，「学校以外の学習」，「係や委員会活動」，「アルバイト」，「地域の行事やボランティア活動」であり，いずれも女子の方が多い。最も差がみられたものは，「係や委員会活動」であり，12ポイントの差がある。

表6-4 高校生活の振り返り

(%)

	全体	男子	女子
高校3年間で自分は成長した	88.1	86.9	89.1
高校3年間の生活に満足している	83.3	83.3	83.2
仲間と協力して目標を達成した	71.5	72.4	70.8
自分で何か目標を設定して達成した	71.0	64.4 <	77.1
社会問題について真剣に考えた	39.3	36.7	41.6

※「とてもあてはまる」+「まああてはまる」の%

次に高校生活の振り返りについてみていきたい。約9割の生徒が「高校3年間で自分は成長した」と答えており，成長実感は高い。また「高校3年間の生活に満足している」も8割を超えており，対象者の多数が高校生活に対して肯定的な評価をしている。男女差が見られたものは，「自分で何か目標を設定して達成した」であった。この項目では女子の方が男子に比べて高い結果となっている。

では，どのような高校生の満足度が高いのだろうか。2011年高校生調査データを分析した轟（2018）は，学校生活満足度は親の社会階層，進路希望，学校の成績とは関連がないと指摘し，授業充実感や部活動，友人や教師との関わりといった「学校生活の適応度」が生活満足度を高めていることを示した。本分析でも，学校生活の取り組み状況と目標達成の経験の2つの視点から紐解いていきたい。

まず，図6-2より学校生活の取り組み状況との関連をみよう。「学校の授業」のほか，「学校行事」や「友だち付き合い」に積極的だった子どもほど満足度が高いことがわかる（「積極的だった群」約9割，「積極的でなかった群」約6〜7割）。高校生活3年間の満足度は学校生活と関連があり，積極的に取り組んだ実感が満足度につながっているといえるだろう。

図6-3では，高校生活における目標達成の経験と満足度の関連を示した。「自分で何か目標を設定して達成した」「仲間と協力して目標を達成した」という経験がある子どもは，高校生活の満足度が高く，経験がない子どもとの差が大きい（「あてはまる群」9割強，「あてはまらない群」6割台）。着目すべきは，自分だけではなく，仲間と協力して目標を達成することが高校生活の満足度を

図 6-2　高校生活の満足度（高校生活の取り組み状況別）

（%）

■とてもあてはまる　■まああてはまる　■あてはまらない

※「あてはまらない」は「あまりあてはまらない」＋「まったくあてはまらない」の％。無
　回答・不明は除外している。
※「積極的だった群」は、「とても積極的」「まあ積極的」と回答した子ども、「積極的では
　なかった群」は「あまり積極的でない」「まったく積極的でない」と回答した子ども。

図 6-3　高校生活の満足度（目標達成の経験別）

（%）

■とてもあてはまる　■まああてはまる　■あてはまらない

※「あてはまる群」は、「とてもあてはまる」「まああてはまる」と回答した子ども、「あては
　まらない群」は「あまりあてはまらない」「まったくあてはまらない」と回答した子ども。

高めている点である。

(2) 進路に関する項目

① 4 月からの進路先

　次に、卒業後の進路先についてみていきたい。「平成 30 年度学校基本調査」
（文部科学省，2018）によると、高等教育機関への主たる進学者である 18 歳人
口は、1992 年（平成 4 年）をピークに減少しつづけている一方、大学（学部）
の現役進学率は 49.7％ と過去最高に達した。それと比べると、本調査の四年
制大学進学率は 63.0％ となっており、さらに高い。大学等の進学準備も 9.2％
と一定程度の数が存在し、専門学校・各種学校に進学の次に多い。
　男女差に着目すると、四年制大学への進学や、専門学校・各種学校に進学す

表6-5 4月からの進路先

(%)

	全体	男子		女子
四年制大学に進学	63.0	60.0	<	65.7
専門学校・各種学校に進学	11.2	8.4	<	13.8
大学等の進学準備	9.2	15.8	>	3.2
短期大学に進学	2.5	1.1		3.7
正社員・正職員として就職	7.4	7.9		6.9
正社員・正職員以外の就職	0.6	0.0		1.2
その他	2.3	3.2		1.4
卒業後どうするか決まっていない	1.4	1.5		1.4
無回答	2.5	2.1		2.8

表6-6 4月からの具体的な進路先

(%)

		全体	男子		女子
進学先：大学の種類	私立	62.3	57.2	<	66.4
	国立	20.4	25.6	>	16.2
	公立	4.7	3.2		6.0
	海外	0.2	0.4		0.0
	その他	0.0	0.0		0.0
	無回答	12.4	13.7		11.4
進学先：専攻	文系の分野	39.6	36.7	<	41.7
	理系の分野	25.3	38.6	>	15.2
	医療・福祉の分野	17.0	9.0	<	23.2
	芸術やデザイン系の分野	5.2	4.3		5.9
	その他	10.0	9.3		10.7
	まだ決まっていない・分からない	1.5	0.9		1.9
	無回答	1.3	1.2		1.4
進学先：入学試験の方法	一般入試（センター試験の利用含む）	49.4	54.3	>	45.7
	指定校推薦	16.3	12.0	<	19.4
	一般推薦	13.1	14.2		12.3
	AO入試	11.6	9.6		13.3
	附属校からの進学	4.0	4.3		3.8
	その他	2.7	3.1		2.4
	試験はなかった	0.9	0.9		0.9
	無回答	1.9	1.5		2.1

る割合は女子の方が5ポイント程度高く，男子は大学等の進学準備の割合が女子よりも約12ポイント高い。

　表6-6は，四年制大学に進学する生徒のみに進路先について具体的にたずねた結果を載せている。全体でみると，進学先で最も多いのは「私立」で，次に「国立」が続く。男女差でみると，国立大学への進学割合は男子が多く，私

表6-7　参考にしたこと

(%)

	全体	男子		女子
卒業後の進学・就職の実績	83.9	80.7	<	86.2
自分の成績	82.7	83.9		81.7
将来就きたい仕事	79.5	77.5		81.3
カリキュラムや授業の内容	78.4	72.3	<	83.4
資格や免許が取れること	65.1	59.1	<	70.6
通学のしやすさ	62.8	59.6	<	65.1
大学・学校の偏差値が高いこと	60.6	61.1		60.5
建学の理念や校風	56.9	50.0	<	62.1
経済的な負担の少なさ	54.6	54.8		54.2
部活動やサークル活動での経験	31.3	31.9		30.8

※「とても参考にした」＋「まあ参考にした」の%

立大学は女子の方が多い。女子の66.4%が私立大学に進学しており，男子に比べ10ポイント程度高い。

　専攻は，文系が39.6%，次いで理系が25.3%，医療・福祉の分野が17.0%である。文系や医療・福祉の分野は女子，理系分野は男子が多い。特に，理系分野の差は約23ポイントと大きい。入学試験の方法は，約5割がセンター試験の利用を含む一般入試を選択している。男女差に目を向けると，一般入試は男子が多く，指定校推薦は女子が多い。

②進路決定において参考にしたこと，影響を受けたこと

　高3生が進路決定において参考にしたことについてみていこう。最も参考にしたものは，「卒業後の進学・就職の実績」（83.9%）であり，次に「自分の成績」（82.7%），「将来就きたい仕事」（79.5%）や「カリキュラムや授業の内容」（78.4%）であった。女子が男子よりも参考にしたことは，「卒業後の進学・就職の実績」「カリキュラムや授業の内容」「資格や免許が取れること」「通学のしやすさ」「建学の理念や校風」であった。全体的に，女子の方がより多くのことを参考にしている。

　次に，進路決定に影響を受けた人・ことについて，全体の数値とともに，進路先に分けて検討したい。表6-8は，「この4月からの進路を決める際に，次の人の意見やアドバイス，および進路に関する資料や情報の収集は，どれくら

表6-8　影響を受けた人

(%)

	全体	四年制大学に進学	専門学校・各種学校に進学	就職	大学等の進学準備
母親	76.7	75.7	79.8	85.9	72.2
高校の先生	68.0	70.0	62.4	75.6	60.0
父親	52.6	51.8	39.4	60.3	62.2
友だちや先輩	50.6	51.0	44.0	48.7	63.4
きょうだい	24.5	24.4	21.1	26.9	24.5
塾や予備校の先生	35.7	42.3	11.1	7.7	60.0

※「とても影響を受けた」＋「まあ影響を受けた」の％
※「就職」は「正社員・正職員としての就職」＋「正社員・正職員以外としての就職」の％

表6-9　影響を受けたこと

(%)

	全体	四年制大学に進学	専門学校・各種学校に進学	就職	大学等の進学準備
大学の情報（ホームページなど）	65.2	75.7	56.8	6.4	73.3
大学のオープンキャンパス	61.9	69.5	68.8	7.7	57.8
就職ガイドブック	23.7	21.2	24.7	53.8	12.2
会社説明会や職場の見学会	21.2	13.9	29.4	74.3	8.9
学校に来た求人票	16.7	9.5	15.6	83.3	6.7

※「とても影響を受けた」＋「まあ影響を受けた」の％

い影響しましたか」と尋ねた結果である。進路先は，表6-5で提示したものから4つに絞り検討した。

　最も比率が高いのは「母親」（76.7％）で，次に「高校の先生」（68.0％），「父親」（52.6％），「友だちや先輩」（50.6％）となっている。鹿内（2015）によると，学年が上がるにつれて進路を相談する機会は男女ともに増えるが，教師よりも親への相談の方が高校生の進路決定に強い影響力があるという。本調査の結果においても，教師よりも母親の影響を受けた割合が多く，それはどの進路先にも共通していることは興味深い。

　次に表6-9より影響を与えたことについてみていく。大学進学希望者は，「大学の情報（ホームページなど）」や「大学のオープンキャンパス」の影響を受けた割合が大きく，就職者は「学校に来た求人票」が最も影響を受けていた。

図6-4　進路選択に関する行動

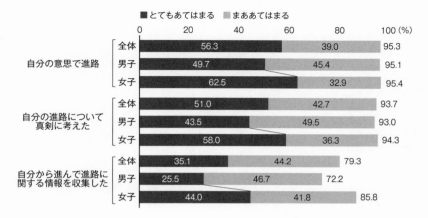

③進路選択に関する行動

　高3生の進路選択に関する行動をみていこう。全体では，「自分の意思で進路を選択した」「自分の進路について真剣に考えた」の「あてはまる」の割合は9割，「自分から進んで進路に関する情報を収集した」の「あてはまる」割合は8割を超えており，積極的に進路に関する行動をとっている生徒が多い。「とてもあてはまる」の割合に着目すると，全ての項目において女子の方が男子よりも高く，「進んで進路に関する情報を収集した」は男女間で最も差がみられた。

(3) 将来へのイメージ

　表6-10は，高3生の将来展望に関する数値を示した。将来展望に関する項目は13項目あり，そのなかで全体的に肯定的回答が高かったものは，「家族の幸せを大切にする」「趣味を楽しむ」「親から経済的に自立する」である。一方で，「リスクがあっても高い目標にチャレンジする仕事をしたい」「世界で活躍したい」は5割を切っており，難しいことや世界に向かって挑戦する志向性が弱い傾向にある。

　男女差に着目すると，女子で高い項目は「暮らしは人並みでも安定した仕事をしたい」「社会のために貢献したい」「資格を生かした仕事をしたい」「将来就きたい職業がはっきりしている」「地元で仕事や生活をしたい」であった。

表6-10　将来展望

(%)

	全体	男子		女子
自分の家族の幸せを大切に暮らしたい	94.3	94.0		94.5
自分の趣味を楽しんで暮らしたい	93.9	92.7		95.1
親から経済的に自立したい	91.2	90.8		91.5
暮らしは人並みでも安定した仕事をしたい	86.2	83.7		88.5
お金持になりたい	76.2	76.9		75.5
社会のために貢献したい	75.2	71.7	<	78.5
資格を生かした仕事をしたい	75.2	71.3	<	78.7
就職できるか不安だ	60.5	58.0		62.7
将来就きたい職業がはっきりしている	59.8	54.2	<	64.9
地元で仕事や生活をしたい	54.4	51.2	<	57.4
出世して高い地位につきたい	50.9	56.1	>	46.2
リスクがあっても高い目標にチャレンジする仕事をしたい	48.9	49.6		48.3
世界で活躍したい	41.6	42.0		41.3

※「とてもあてはまる」＋「まああてはまる」の％。

一方，男子は，「出世して高い地位につきたい」といった地位達成志向が高い。

　では，進路選択行動と将来展望がどのように関わっているのだろうか。進路選択行動のなかの「自分の意思で進路を選択した」「自分の進路について真剣に考えた」「自分から進んで進路に関する情報を収集した」の3項目を足し，人数が等しく3等分になるように，進路選択行動を高群，中群，低群の3つのグループに分けた。表6-11は，進路選択行動別に将来への展望との関連を検討した結果である。

　「進路選択行動・高群」ほど，「資格を生かした仕事をしたい」「お金持になりたい」「将来就きたい職業がはっきりしている」「リスクがあっても高い目標にチャレンジする仕事がしたい」「出世して高い地位につきたい」「世界で活躍したい」といった回答の割合が高く，上昇志向が強いといえる。

　では，進路選択行動の3群をさらに男女別でみると，どうだろうか。表6-12で着目すべき点は，「進路選択行動・高群」の男女差である。「進路選択行動・高群」の男子は，世界での活躍や出世意欲が強く，お金持になりたいと考えている割合が多い。一方，「進路選択行動・高群」の女子は将来なりたい職業がはっきり決まっているものの，将来不安や地元志向の割合が高く，地位達成意欲は低い。このように，男女では進路選択行動が高くても将来展望に違いがあることが見えてくる。現在，女子の大学進学率が高まり，男女間の格

表6-11　進路選択に関する行動別にみた将来展望

(%)

	進路選択行動				
	高群		中群		低群
自分の家族の幸せを大切に暮らしたい	95.8		96.6		91.8
親から経済的に自立したい	96.5		92.9	>	86.6
自分の趣味を楽しんで暮らしたい	94.5		94.2		93.8
暮らしは人並みでも安定した仕事をしたい	84.6		87.4		87.1
社会のために貢献したい	82.9		78.2	>	67.6
資格を生かした仕事をしたい	80.9	>	75.9		71.0
お金持ちになりたい	79.8	>	73.8		76.0
将来就きたい職業がはっきりしている	73.6	>	67.4	>	44.8
リスクがあっても高い目標にチャレンジする仕事をしたい	65.5	>	46.6	>	39.1
就職できるか不安だ	58.9		60.9		62.0
出世して高い地位につきたい	56.1	>	49.0		48.8
世界で活躍したい	52.9	>	39.1		35.5
地元で仕事や生活をしたい	51.5		54.7		56.5

※「とてもあてはまる」+「まああてはまる」の％。

表6-12　進路選択に関する行動高群と将来展望

(%)

	進路選択行動高群		進路選択行動中群		進路選択行動低群	
	男子 n=103	女子 n=184	男子 n=130	女子 n=164	男子 n=231	女子 n=157
自分の家族の幸せを大切に暮らしたい	97.1	95.1	95.4	97.5	92.6	90.4
親から経済的に自立したい	96.2	96.7	92.3	93.3	88.3	84.0
自分の趣味を楽しんで暮らしたい	95.2	94.1	93.1	95.1	92.2	96.2
暮らしは人並みでも安定した仕事をしたい	77.7 < 88.6		86.9	87.8	85.7	89.2
社会のために貢献したい	82.5	83.1	77.7	78.7	64.1 < 73.2	
資格を生かした仕事をしたい	75.7 < 83.7		73.9	77.5	68.4 < 74.5	
お金持ちになりたい	85.5 > 76.6		73.8	73.7	75.4	77.1
将来就きたい職業がはっきりしている	71.8	74.5	66.2	68.3	40.3 < 51.0	
リスクがあっても高い目標にチャレンジする仕事をしたい	71.8 > 62.0		49.3	44.5	40.7	36.9
就職できるか不安だ	50.5 < 63.5		63.8 > 58.5		58.9 < 66.2	
出世して高い地位につきたい	68.0 > 49.4		56.9 > 42.7		50.6	46.4
世界で活躍したい	59.2 > 49.5		40.0	38.5	35.5	35.1
地元で仕事や生活をしたい	40.8 < 57.6		51.5 < 57.3		56.3	57.4

※「とてもあてはまる」+「まああてはまる」の％。

差が縮小している実態がいわれるが，高3生の進路に対する意識をみると，女子は将来不安が高いことや，地元就職を希望している割合が高いことからも，将来へのリスクを回避するための手段として，進路に対して積極的に取り組んでいると考えられる。

(4) 高校生活の評価——自立得点をもとに

　最後に，高3生の卒業時での自立を測る項目をもとにみていきたい。まず，本調査で扱っている自立に関する項目について説明しよう。高3生の自立度を「A．生活（決めた時間に起きること，整理整頓，お金のやりくりなど）」「B．興味・勉強（興味を持ったことの深め方，勉強へのやる気，難しい問題への取り組み方など）」「C．思考・行動（自分の意見のまとめ方，自分のアイデアを出すこと，意思決定など）」「D．人間関係（人の話を聞くこと，自分の意見を伝えること，他者と協力することなど）」「E．自分自身・将来（新しいことへの挑戦，社会問題への関心，将来やりたいことなど）」の5つの視点から測っている（各5項目，合計25項目）。数値は，各項目に「1（できる・する）」〜「4（できない・しない）」の4段階で回答してもらったものを逆転して得点化し（1〜4点），A〜Eごとに合計して（5〜20点）平均を出したものである。

　図6-5より，高3生全体の自立得点をみると，一番高い項目が「人間関係」の得点であり，次に「生活」「思考・行動」の得点である。一番低いものが，「自身・将来」の得点であった。男女別にみると，女子は男子に比べて，「生活」「興味・勉強」の得点が高い傾向にあった。また進路選択行動別にみると，「進路選択行動・高群」は「低群」に比べてすべての項目で自立度が高くなっている。特に「思考・行動」に大きな差がみられた。このように，進路選択を積極的に行う高3生は自立度に対する自己評価が高く，また進路選択に向けて積極的に行動することで自立度が高まっている可能性がある。

　この自立項目は子どもたちの成長を追う本調査の最終ゴールが達成できたかを測る項目として作成している。今後は，この項目自体が子どもたちの自立を正確に測れているかを検討する必要があるだろう。

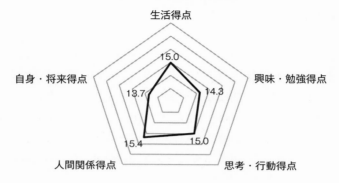

図6-5　高3生全体の自立得点（平均点）

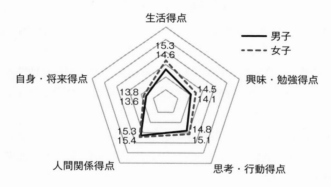

図6-6　性別でみた自立得点（平均点）

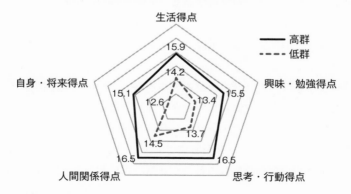

図6-7　進路選択行動別にみた自立得点（平均点）

5.　おわりに

　本章では，卒業時サーベイをもとに，高校生活と4月からの進路や進路選択行動を捉え，また男女差にも着目してみてきた。分析結果は以下の5点である。

1) 対象者の多くが高校生活に成長や満足を感じていた。全体的には「友だち付き合い」「学校行事」「学校の授業」「趣味」は約7割の生徒が積極的に取り組んでいるが，「学校の授業」や「係や委員会活動」は女子の方が積極的に取り組んでいた。高校生活3年間の満足度は学校生活の取り組み状況や目標達成の経験の有無と関連がみられた。

2) 4月からの進路先で，大学の種類で最も多いのは「私立」で，次いで「国立」であった。女子の方が，四年制大学への進学する割合や専門学校・各種学校に進学する割合はやや高い。一方，男子は大学等の進学準備の割合が多い。また文系は女子が多く，理系は男子が多い。

3) 女子の方が，進路情報を積極的に集めるなど，進路選択に関する行動が積極的である。またどの進路先の生徒も，進路選択で影響を最も受けた人は「母親」であった。

4) 進路選択行動が高い子の特徴を将来展望という視点からみると，男子は「地位達成希望」が多いが，女子は「地元志向」「資格重視」「就職不安」などの特徴がみられた。

5) 自立度が高い高3生は，進路選択に向けて積極的に行動しており，進路選択を積極的に行うことで自立度が高まっている可能性がある。

　ここまで高3生の進路実態と進路選択までのプロセスをみてきた。今後の課題としては，大きく2点挙げられる。

　まず，高校卒業段階の到達点を測るものとして，自立尺度を扱っているが，子どもたちの自立を正確に測れているかを検討する必要があるだろう。いまひとつは，本体調査で得られたデータと卒業時サーベイの関連を検証していくことである。今後，パネルデータが蓄積されることにより，小中学校時代の生活・学習の実態や得られた経験の蓄積が進路決定にどのよう影響しているのかなど，精緻な分析が可能となる。これにより，個人課題と社会的課題の両方を

正確に捉えることができる。そしてそれは，子どもたちの未来への支援につながる確かなエビデンスを提供することができるだろう。

注
１）2017 年度の高 3 の卒業時に実施した調査である。

参考文献
古田和久，2016，「学業的自己概念の形成におけるジェンダーと学校環境の影響」『教育学研究』83(1)，pp. 13-25.
国立教育政策研究所，2013，「中学校・高等学校における理系進路選択に関する研究」
文部科学省，2018，「平成 30 年度学校基本調査」.
文部科学省，2018，「平成 30 年度文部科学白書　第 5 章高等教育の充実」.
中西祐子，1998，『ジェンダー・トラック——青年期女性の進路形成と教育組織の社会学』東洋館出版社.
尾嶋史章・荒牧草平編，2018，『高校生たちのゆくえ——学校パネル調査からみた進路と生活の 30 年』世界思想社.
鹿内啓子，2015，「高校生における先生・親への進路相談と進路意識との関連」『北星学園大学文学部北星論集』，52，pp. 1-9.
轟亮，2018，「第 9 章　生活満足度からみる現代の若者と高校生の姿」尾嶋史章・荒牧草平編『高校生たちのゆくえ』世界思想社，pp. 173-192.

第 7 章

「語彙力・読解力調査」のねらいと今後の課題・展望

岡部悟志

1. 親子パネル調査における「語彙力・読解力調査」のねらい

　親子パネル調査の大きな特徴は，小学生から高校生まで幅広い学年間で比較できることと，経時的な親子の発達成長プロセスを捉えることができることである。それらの特徴を踏まえれば，異なる学年間や複数の調査時点間で，子どものアウトカム——「学力」や「資質・能力」を比較できるようにしておくことが求められる。しかしながら現状では，子どものアウトカムは，「得意・苦手」や「自己認識」，「学業成績」などに関するアンケート項目への自己評定として聴取し，操作化しているものがほとんどである[注1]。そのため，個人や集団間の差異やばらつき，経時的な変化量を厳密には測定することができず，個人を追跡する縦断的な調査であることの強みを十分に発揮することができているとは言い切れない。そこで，アンケート項目の代わりに能力テストを用いて，さらに新しいテスト理論（項目反応理論〔IRT: Item Response Theory〕。解説①を参照）に基づく調査を企画し，実行を試みた。本調査から得られた個々の能力スコアは一元的な尺度上に配置され，異なる学年間や調査時点間を理論的な背景をもって自由に比較することが可能となる。親子パネル調査のアンケートを中心とした分析データ基盤の上に，IRTによる能力スコアが加わることによって，子どものアウトカムに関わる情報量が飛躍的に増加し，親子パネル調査の分析可能性が大きく広がることにつながる。

　本章では，このような議論の上に，じっさいに試行的に計画され実行された初回調査の具体的な調査設計と実査の状況について紹介する。さらに，そこで得られたデータの基礎的な分析結果を整理することを通じて，今後の調査研究

表 7-1 「語彙力・読解力調査」の概要

ねらい	子どものアウトカムを能力テストを用いて測定し，IRT によって能力スコアを共通尺度上に乗せることで，学年間比較や経時比較を可能にすること。
調査対象	親子パネルの調査モニターのうち，各学校段階の最終学年(小3生，小6生，中3生，高3生)の子ども。各学年とも，約1,800名程度。
調査内容	語彙力テスト(小3生，小6生，中3生，高3生) 読解力テスト(中3生，高3生) ※対象者の属性や意識・行動などに関する簡易なアンケートを含む。
調査方法	調査対象者へ調査協力レターを送付。Web 調査画面にログインし回答。
調査時期	2017年3月6日〜3月26日。

の課題と期待されることについてまとめる。

2. 「語彙力・読解力調査」の調査設計

　表 7-1 に調査の概要を示す。ここで測定する能力は，親子パネル調査が対象とする小学生から高校生まで幅広い学年に適用でき，さまざまな資質・能力の基盤となる能力と考えられる「語彙力」(小中高生対象)，および「読解力」(中高生対象)である（解説②を参照)。「語彙力・読解力調査」は，それぞれのテスト部分と簡易なアンケート部分とが含まれる。

　対象学年は，2016 年度の親子パネル調査の調査モニターのうち，4つの学校段階（①小学校低学年，②小学校高学年，③中学生，④高校生）の，それぞれの最終学年（①小3生，②小6生，③中3生，④高3生）とした。実査時期は年度末の3月とすることで，各学校段階の最高学年の，語彙力と読解力の水準を確認できるようにした。また，3年おきに実施することを想定し，小3生→小6生，小6→中3生，中3生→高3生というそれぞれの学校段階における「語彙力」や「読解力」の伸びを計測できるようにした。さらに，親子パネル調査の本体調査から得られる意識や行動などの様々な回答と紐づけることによって，能力の伸びの背景要因を分析し特定できるような設計とした。

　調査方法は，親子パネル調査モニターを対象とした web 調査である。通常，

学力調査や能力測定のための調査は，調査の性質上，さまざまな条件が統制された会場等で行うことが多い。今回，web調査を採用した大きな理由は，1学年あたりの調査モニターは1,800名前後で，そのうち数100名〜1,000名前後の協力が予想されたが，全国各地に居住する協力者に対して最適な会場を手配し，会場調査を行うには，かなりのコストがかかる上に現実可能性が低いためである。以上に加えて，web調査を採用した積極的な理由としては，回答時間や回答パターン等から不正を思わせる回答があるかないかを事後的に丁寧にチェックできる点や，調査内容が調査モニターの手元に残ることがなくテスト問題の管理上のリスクを軽減できる点などであった。「語彙力調査」は，質問文は短く，選択肢の形式も一般的なアンケート調査のそれと近いため，PCやタブレットのほか，スマートフォンからの回答を許容とした。一方，「読解力調査」は，質問文が「語彙力調査」と比べて長く，図や表が多用されたりするなど，スマートフォンの画面に適さない設問形式の問題が多く含まれた。そのため，PCやタブレットによる回答のみを許容とした。

3. 回収状況と分析サンプルの設定

　回収状況は，表7-2に示した通りである。回収されたサンプルのうち，学年不一致や不正回答と思われるサンプルを除外したものを，分析対象サンプルとした（表7-2）。以下の分析では，これらの分析サンプルに，語彙力と読解力のIRTスコアを付与し，まずはそれらの能力スコアの分布や能力スコア間の相関を確認する。その上で，ベースサーベイ（2016年度調査〔Wave2〕）で得られた意識や行動にかんする変数との関係性を見ていく。

　分析に入る前に，1点注意が必要な点を補足しておく。表7-2の有効回答率の列から明白なように，学年が高いほど，語彙力よりも読解力で，有効回答率が低い。このことはつまり，高学年ほど，読解力ほどサンプル脱落が多いことを意味する。回答者の属性を確認すると，男子よりも女子，成績上位層，両親大卒や高世帯収入層の比率が高めであった。一般よりも，学力や家庭の社会経済的背景が恵まれている層が多めに含まれることを考えると，能力スコアのばらつきがほんらいのそれよりも小さかったり，はっきりしなかったりする可能性があることが予想される。この点をあらかじめ留意しておきたい。

表7-2 回収状況と分析サンプル数

		配布数	回収数	回収率	分析除外数	分析サンプル数	有効回答率
語彙力調査	小3生	1,748	1,145	65.5%	11	1,134	64.9%
	小6生	1,691	941	55.6%	9	932	55.1%
	中3生	1,837	909	49.5%	15	894	48.7%
	高3生	1,813	762	42.0%	29	733	40.4%
読解力調査	中3生	1,837	649	35.3%	7	642	34.9%
	高3生	1,813	520	28.7%	10	510	28.1%

注)「分析除外数」には「学年不一致」「不正回答」「満点回答」のサンプルが含まれる。

4. 基礎分析

基礎分析にあたり，各能力スコアの特徴の読み取りが簡便になるように，以下の変換を加えた。すなわち，「語彙力スコア」は，「小3生の標本平均・標準偏差を用いた偏差値に変換」し，「読解力スコア」は「中3生の標本平均・標準偏差を用いた偏差値に変換」した。

(1) 各学年の能力スコア

図7-1は，語彙力・読解力スコアを，学年別に示したものである。語彙力スコアは小3生（50.0）＜小6生（55.6）＜中3生（61.6）＜高3生（66.7），読解力スコアは中3生（50.0）＜高3生（54.0）と，高学年ほど有意に高くなる。

(2) 語彙力スコアと読解力スコアとの関係

次に，語彙力と読解力との関係性を確認するために，両調査を行った中3生と高3生について，語彙力をX（横）軸，読解力をY（横）軸としたXY座標上にプロットした（図7-2）。全体的に，原点から右上にかけて分布していることから，正に相関していることがわかる（0.4〜0.5の中程度の強さの相関）。さらに詳しく見ると，対角線の右下側にプロットが集中している。これは語彙力スコア（X軸）が低く読解力スコア（Y軸）が高い生徒は少ないこと，すなわち，語彙力はY軸の読解力の必要条件になっていることを意味する。なお，この傾向は，一般の能力推定のための調査でも確認されることが知られている。本調査においても同様の事象が再現性をもって確認できたものと評価できる。

図7-1　語彙力・読解力スコア（学年別）

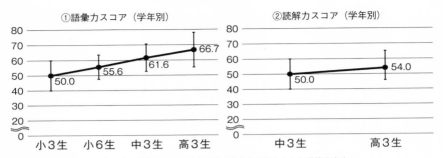

注1) 語彙力スコアは小3生，読解力スコアは中3生の標本を基準とした偏差値を表す。
注2) 語彙力・読解力スコアとも，全ての学年間で平均値に差がある（$p<0.01$）。

図7-2　語彙力スコア×読解力スコアの散布図と相関係数

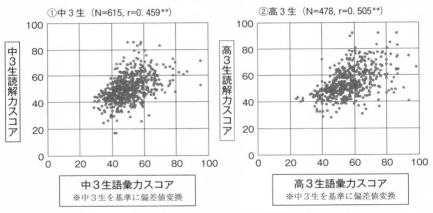

注1) 語彙力・読解力スコアの両方を持つサンプルについてXY座標軸上にプロットした。
注2) ここでの語彙力スコアは，中3生の標本平均と標準偏差を基準に偏差値変換した。

(3) 子どもの性別，成績別，社会経済的背景（SES）別にみた能力スコア

　子どもの意識や行動に広く影響を与える代表的な変数として，子どもの「性別」「成績」，家庭の社会経済的背景（SES）として「親学歴」「世帯収入」を取り上げ，各能力スコアとの関係をみていこう。なお，これらの変数は，語彙力・読解力調査（2017年3月実施）に先行して実施された2016年度のベースサーベイ（2016年7～8月実施）で聴取されたデータである。そのため，変数間の時間的な前後関係（アンケートが前で能力スコアが後）は保たれた分析となる。

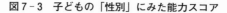

図7-3　子どもの「性別」にみた能力スコア

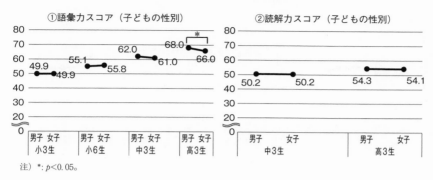

注）*: $p < 0.05$。

図7-4　「成績別」にみた能力スコア

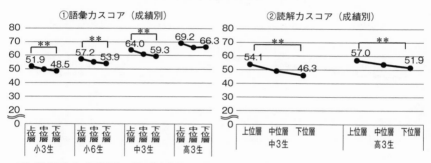

注）「上位層」と「下位層」の間の検定結果のみ示している。**: $p < 0.01$，*: $p < 0.05$。

　まず，子どもの性別でみると，高3の語彙力以外はほとんど差がみられない（図7-3）。PISA2018などの読解力は，男子よりも女子のほうが高いという結果だが，ここで測定された能力スコアにおいては男女差は確認できない[1]。

　次に，子どもの学校での成績別にみると，高3生の語彙力スコア以外は，成績が高いほど，能力スコアが高い（図7-4）。ただし，傾向は一貫しており，学校での成績と，今回測定した語彙力・読解力との間には，一定のポジティブな関係性があるといえそうだ。また，詳しくは次項でみるが，語彙力よりも読解力と強く関連している傾向がある。成績と読解力は密接に関係しているといえそうだ。

　次に，親学歴別にみた結果を図7-5に示す。ここから，小3生の語彙力を除けば，概ね親が高学歴であるほど，能力スコアが高い。また，世帯収入に関

図7-5　「親学歴別」にみた能力スコア

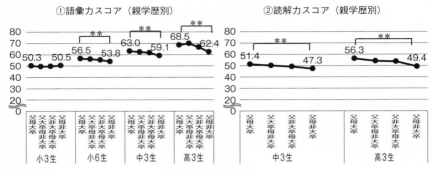

①語彙力スコア（親学歴別）　　②読解力スコア（親学歴別）

注）「父母大卒」と「父母非大卒」の間の検定結果のみ示している。**: $p < 0.01$。

図7-6　「世帯収入別」にみた能力スコア

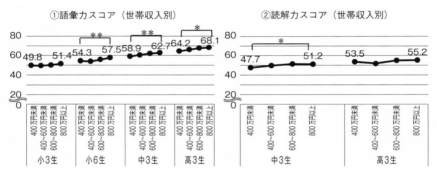

①語彙力スコア（世帯収入別）　　②読解力スコア（世帯収入別）

注）「400万円未満」と「800万円以上」との間の検定結果のみ示している。**: $p < 0.01$，*: $p < 0.05$。

しては，小3生の語彙力を除けば，全体的には高収入世帯ほど，能力スコアが
高い（図7-6）。社会階層の再生産メカニズムを説明する有力な理論の1つに，
親の子どもに対する言葉遣いや養育態度よって子どもの育ちが異なるというも
のがある（Bernstein 訳書，2000など）。これに従えば，親子関係が密接な低学
年ほど，親の影響が強く現れると予想される。ところが，今回の図7-5・6に
示した分析結果をみると，最低学年である小3生においては，世帯属性別に差
がみられず，むしろ，それ以降の学年で世帯属性別の差異が出ており，予想に
反する。

表7-3　各教科の成績自己評価と能力スコアとの関係（相関係数）

①語彙力スコアとの関係（相関係数）

	国語 ※小３生は 保護者回答	算数・数学 ※小３生は 保護者回答	理科	社会	英語 (外国語)	全国模試
小３生	<u>0.132</u>**	0.128**				
小６生	<u>0.186</u>**	0.128**	0.160**	0.158**		
中３生	<u>0.231</u>**	0.171**	0.194**	0.205**	0.189**	
高３生	0.227**	−0.044	0.096*	0.112**	0.070	<u>0.260</u>**

②読解力スコアとの関係（相関係数）

	国語	数学	理科	社会	英語 (外国語)	全国模試
中３生	<u>0.307</u>**	0.269**	0.261**	0.280**	0.280**	
高３生	0.233**	0.112*	0.188**	0.164**	0.111*	<u>0.378</u>**

注1）各教科の成績自己評価（小３生は保護者の回答，小６以上は子どもの回答を用いている），および高校生の全国模試は，「下のほう」を1点，「上のほう」を5点などと置き換えてスコア化したもの。スコアが高いほど，成績が高いことを意味する。
注2）各学年別に，もっとも大きい相関係数に下線を引いている。**: $p<0.01$，*: $p<0.05$。

（4）教科別の成績と語彙力・読解力スコアとの相関分析

　語彙力・読解力スコアとのあいだに，比較的安定して正の相関が確認された子どもの成績に着目し，教科別の成績との相関分析を行った。各教科の成績は5段階で評定されている。相関分析の結果は，表7-3に示した通りである。

　まず，全体的に正の統計的に有意な相関がほとんどではあるものの，その係数は大きくても0.2〜0.3程度であり，緩やかな相関関係にとどまっている。各学年でもっとも大きな相関係数に着目すると，小中学生ではいずれも「国語」の成績との相関であった。高３生も「国語」の成績との相関は，他教科と比べて高めで統計的に有意ではあるものの，「全国模試」の成績との相関に比べると低めであった。

（5）子どもの「得意・苦手別」にみた能力スコア

　次に，子どもの得意・苦手のうち，論理的に考えること（論理的思考力）と語彙力・読解力スコアとの関係をみたところ，小６生の語彙力を除けば，得意な子ほど，語彙力・読解力とも高い（図7-7）。一方で，自分の考えをみんな

図7-7 「論理的に（筋道を立てて）考えること」の得意・苦手別の能力スコア

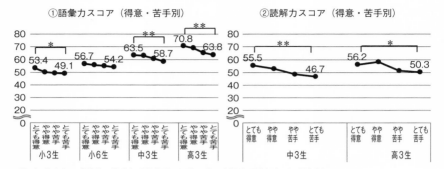

注1) 小3生の「得意・苦手」は保護者の回答，小6生以上は子どもの回答を用いている。
注2) 「とても得意」と「とても苦手」の間の検定のみ示している。**: $p<0.01$，*: $p<0.05$。

図7-8 「自分の考えをみんなの前で発表すること」の得意・苦手別の能力スコア

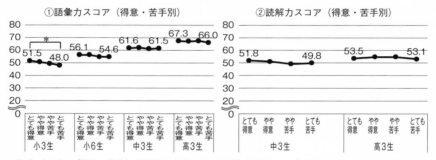

注1) 小3生の「得意・苦手」は保護者の回答，小6生以上は子どもの回答を用いている。
注2) 「とても得意」と「とても苦手」の間の検定のみ示している。*: $p<0.05$。

の前で発表する（表現力）と語彙力・読解力との関係をみると，小3生の語彙力を除いて確認できない。語彙力・読解力は，筋道立てて思考することへの得意・苦手意識と関連しているといえるが，自らの考えを表現することへの得意・苦手意識との間には，はっきりとした傾向がないようだ。

(6) 子どもの「読書行動別」にみた能力スコア

　PISA2018の結果では，「読書」を肯定的に捉える生徒や頻度の高い生徒のほうが，読解力の得点が高いことが報告されている。また，猪原（2016）は国内の小1〜6生を対象とした調査から，読書は言語能力を育むための有力な学

図 7 - 9 「本を読む・読まない別」の能力スコア

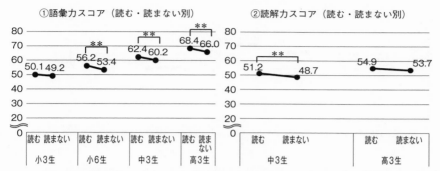

注) 1 日あたりの時間を尋ねた項目（小 3 生は保護者の回答，小 6 以上は子どもの回答を用いている）で，「しない」を「読まない」，それ以外の回答を「読む」とした。**: $p<0.01$，*: $p<0.05$。

図 7 - 10 「新聞を読む・読まない別」の能力スコア

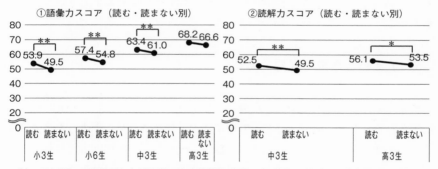

注) 1 日あたりの時間を尋ねた項目（小 3 生は保護者の回答，小 6 以上は子どもの回答を用いている）で，「しない」を「読まない」，それ以外の回答を「読む」とした。**: $p<0.01$，*: $p<0.05$。

習行動の 1 つと結論づけている。以上を踏まえ，子どもの読書行動と，語彙力・読解力との関係を確認した。調査では，「本」「新聞」「マンガや雑誌」の 3 つについて，ふだん学校がある日にどのくらい読むかを尋ねている。まず，「本」「新聞」についてみてみると，ほとんどの学年で，本や新聞を読むほど，語彙力も読解力も高い傾向がある（図 7 - 9・10）。この点は，先行研究の結果とも整合的である。

　次に，読書行動の中でも，「マンガや雑誌を読む」について結果を示したのが，図 7 - 11 である。これをみると，すべての学年で，読むか否かによらず，

図7-11 「マンガや雑誌」を読む・読まない別の能力スコア

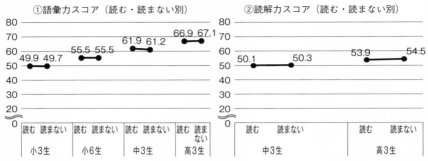

注）1日あたりの時間を尋ねた項目（小3生は保護者の回答，小6以上は子どもの回答を用いている）で，「しない」を「読まない」，それ以外の回答を「読む」とした。

差がみられない。ここから，同じ読書行動であっても，「本や新聞」は語彙力・読解力と正の相関を持つが，「マンガや雑誌」とは明確な関連がないことがわかる。

5. まとめと今後の課題・展望

　本章では，親子パネル調査の縦断的な分析データ基盤の上に，一元尺度上に配置される子どもの能力スコアを蓄積することに教育研究上の大きな意義があることを述べた。そのねらいにそって計画・実行された初回調査の具体的な調査設計と実査の状況，および得られたデータの基礎的な分析結果を整理した。概ね先行研究と合致した結果が得られていることからも，今後継続して比較分析が可能となるデータが得られたことを確認した。以上を踏まえて，今後の調査研究での課題と期待されることをまとめておく。

　第一の課題は，今回測定された能力スコアとアンケート項目の関係をより丁寧に紐解いていく必要がある。今回の基礎分析で，IRTで評価された能力スコアとアンケートによる自己評定との間に，概ね想定通りの相関があることが確認された。しかしながら，能力スコアと成績自己評価との相関係数をみると，その関連性は必ずしも強固なものではないことが確認された。さらには，語彙力は幼少期からの親の働きかけが強く関連しているだろうという前提から，低学年ほど，語彙力に家庭の社会経済的背景の影響が強く現れると予想していた

が，実際は高学年ほど，相関が強かった。この点に関しては，分析サンプルが高学歴・高収入世帯にやや偏った層であることが影響していることも考えられる。そのため，確かな結論を下すには，慎重な分析が必要とされるが，以上のような分析結果の考察は，既にある暗黙の前提を問い直す機会にもなりうると考える。

そして，第二の課題であり今後期待されることは，新しいテスト理論に基づく比較可能な能力スコアを有する点と，親子パネル調査の縦断的な分析データ基盤とがセットとなる本調査の強みを生かし，2020 年 3 月に実施した次の調査を分析することで，資質・能力の経時的な変化と関連する要因を明らかにすることである。すでに，同じような問題関心から，いくつかの試論的な調査研究が進められているが（中室ほか，2017），調査研究上のさまざまな制約（特定のエリアに限定されてたり，対象が公立学校に通う生徒だけに絞られていたりするなど）がある中で，まだはっきりした結論は得られているとは言い難い。また，松下（2017）が指摘するように，調査で測定される資質・能力は，真の資質・能力のシグナルでしかないとする「能力の社会的構成説」が，ほんらい期待されるような教育学的な営みを無効化してしまうこともあるかも知れない。それぞれの強みを生かした建設的な議論の上に，子ども一人ひとりの発達成長を軸とした教育知見の還元が期待される。

注
1）これより直ちに，アンケート項目をベースとした自己評定に価値がないことを意味しない。回顧調査では得られないその時点での自己評定だからこそ，パネル調査で優先的に聴取すべきともいえる（中澤，2019）。
2）全体を通して，先行研究と本調査データの分析結果との齟齬がもっとも際立ったのは，子どもの性別による分析結果である。今回の分析結果では男女差がみられなったことの背景の 1 つとして，3 節で指摘したサンプル脱落の影響が考えられる。すなわち，男子は成績上位層が多めに，女子は成績中層が調査に協力しているため，男子が本来よりも高めのスコアとなった可能性がある。

参考文献

Bernstein, Basil, 1996, *Pedagogy, Symbolic Control and Identity*, Taylor & Francis.（＝2000，久冨善之他訳『〈教育〉の社会学理論──象徴統制，〈教育〉の言説，アイデンティティ』叢書・ウニベルシタス．
猪原敬介，2016，「読書と言語能力──言葉の『用法』がもたらす学習効果」京

都大学学術出版会.

国立教育政策研究所，2019,「OECD 生徒の学習到達度調査（PISA）〜2018 年調査国際結果の要約」.

松下佳代，2017,「学力とは――教育学の観点から」『日本労働研究雑誌』No. 681, pp. 55-57.

中室牧子ほか，2017,「子どもの能力を計測するための学力テストの現在と展望――エビデンスに基づく教育政策に向けて」『RIETI Policy Discussion Paper Series』17-P-010.

中澤渉，2019,「回顧調査とパネル調査の特性を考える」『日本労働研究雑誌』No. 705, pp. 64-68.

解説①：項目反応理論（IRT）

加藤健太郎

　テストによる能力・性格・態度等の測定の性能を評価するための基礎理論として，テスト理論（test theory）がある。テスト理論には大きく分けて古典的テスト理論（classical test theory: CTT）と項目反応理論（item response theory: IRT：項目応答理論とも呼ばれる）の2つの理論体系がある。

　CTT は，主にテストの素点（正答数）の性質に焦点を当て，「テストの得点＝真の得点＋誤差」というシンプルな測定モデルに基づいて，測定の標準誤差（誤差成分の大きさ）や信頼性（テスト得点が真の得点の高低を反映している程度）等の指標を定義し，テストの測定精度を評価する枠組みを提供するものである。もちろん，誤差の小さい（信頼性の高い）テストの方が，真の得点がよりよくテストの得点に反映されるという意味で測定精度がよいということになる。

　CTT は，現在でもほとんどのテストの性能評価に標準的に用いられるが，特に能力テストにおいては，CTT の考え方だけでは対応しきれないことが多い。それは，CTT が主な対象とするテストの素点には，そのテストの難易度と，本来測定したい受検者の能力の両方が混じって反映されていることによる。

　例えば，ある学校の生徒が算数の実力テストを春と秋の2回受けたとする。このとき，1回目のテストより，2回目のテストの方が得点が高かったとしても，そのままでは「2回目のときの方が実力が上がった」とは言えない。（出題範囲の違いは別として）2回目のテストの方が「簡単」だったのであれば，受検者の実力が変わらなくても得点は平均的に高くなるであろうから，いかにテストの測定精度を高くしておいても，2つの得点の高低をそのまま実力の高低と解釈するわけにはいかない（テスト得点のテスト依存性）。テストの難易度の評価においても，同様の考察が成り立つ。同じテストを2つの学校の生徒が受検し，学校1の平均得点の方が学校2よりも高かったとすれば，平均的に見て学校1の生徒にとってそのテストは簡単だったかもしれないが，学校2の生徒

にとっては難しかったかもしれない（テスト得点の集団依存性）。特に前者の，テスト結果が受検したテストの難易度に依存するという状態は，親子パネル調査のような同一母集団を対象とした縦断調査や，一年に何度も受検が可能なテストのように，実施回によって出題する問題が同一とは限らないが，テスト得点を相互に比較したいという状況においては都合が悪い。

　こうしたCTTの限界を踏まえて提案されたのがIRTである。IRTでは，素点を左右する2つの要素，すなわち難易度のようなテスト（に含まれる個々の問題）に固有の性質と，本来測定したい受検者の能力を，別々に，しかし同じ物差し（尺度）の上で表現する。もう少し具体的には，この考え方を図1のように表すことができる。

　IRTでは，個々の受検者の能力をθ（シータ）という数値で表す。図1のグラフの横軸はこのθである。θの尺度は任意であるが，通常は基準とする何らかの受検者集団における能力の分布が平均0，標準偏差1となるように設定される。グラフ中に描かれている曲線は，それぞれが一つのテスト問題（テスト理論においては，「項目（item）」と呼ばれる）の性質を表すもので，項目特性曲線と呼ばれる。項目特性曲線の値，すなわちグラフの縦軸は，各項目の正答率を表す。例えば，項目1の特性曲線を見ると，$\theta=0$の能力を持つ受検者がこの項目に正答する確率は0.7であることがわかる。項目2については，同じく$\theta=0$の能力を持つ受検者の正答確率が0.4で，同じ能力の受検者にとっては，項目2の方がかなり難しいことがわかる（大まかに言って，全体的な位置が右に寄っている項目は相対的に難しく，左に寄っている項目は相対的に簡単ということになる）。項目特性曲線は，使用するIRTモデルによって異なる特徴を持つものの，一般的に右上がりの曲線で表される。これは，能力が高いほど，各項目に正答する確率は高くなるのが自然（そのように各項目が作られている）と考えられるためである。

　図1では，各項目の性質（項目特性曲線）と能力θは相互に依存しない独立な特徴として表されていて，両者の組み合わせによってはじめて（その項目に対する）正答確率が決まるというモデルが表現されている。受検するテスト項目が変わると，項目特性曲線やそれにもとづく正答確率は変わるが，個人のθの値はそれらとは無関係に定まっていると仮定される。

　図2は，図1に示されているような項目特性曲線を，あるテスト（AとB，

それぞれ 10 項目からなる）に含まれている項目について合算したもので，テスト特性曲線と呼ばれる。グラフの縦軸は正答数を表していて，テスト特性曲線は，能力 θ の受検者がそのテストで平均的に見て何問正答するか（期待値）を表す。テストを構成する項目が変われば，テスト特性曲線も異なったものになるが（例えば，図 2 ではテスト B の方がテスト A よりもかなり難しいことがわかる），上で述べた項目特性曲線と θ の関係が同様に当てはまる。すなわち，テスト特性曲線がどのようなものであれ，それは個々の受検者の θ とは無関係であり，具体的な θ の値が与えられてはじめて，その受検者がそのテストでどれくらいの得点を取るかが予測できる。

このような仕組みでテストを設計しておく，すなわち，θ の尺度を定め，その尺度上にテストを構成する個々の項目の特性曲線を予め描いておく（実際には，それらの項目に対する解答データを多数集めて統計的に推定する）ことによって，そのテストに対する正誤の解答パターンが得られたとき，上記の流れとは逆にその受検者の能力 θ を推定することが可能となる。IRT による「能力スコア」はそのようにして求められるものである。出題する項目が変わっても，それらの項目の特性曲線が同じ尺度上に描かれているならば，推定された能力スコアは相互に比較することができる。

IRT が持つこのような特長により，例えば特定の能力レベルの受検者を精度よく測定したい場合（例えば検定）や，逆に幅広い能力レンジわたる受検者に対してできるだけ公平に測定精度を担保したい場合（例えば学力テスト）など，目的に応じて出題する項目を選択することが可能となる。また，構成する項目は異なるが同等の測定精度を持つ複数のテスト（等質テスト）を組むこともできる。

参考文献

加藤健太郎・山田剛史・川端一光，2014，『R による項目反応理論』オーム社.

光永悠彦，2017，『テストは何を測るのか——項目反応理論の考え方』ナカニシヤ出版.

野口裕之・大隅敦子，2014，『テスティングの基礎理論』研究社.

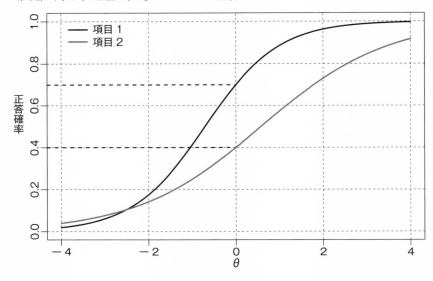

図1 項目特性曲線

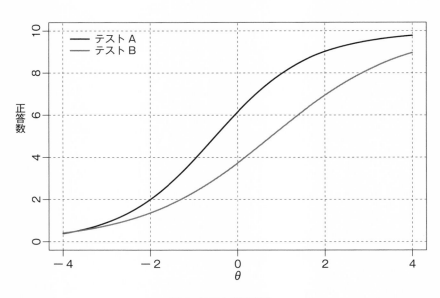

図2 テスト特性曲線

解説②：語彙力テストと読解力テスト

堂下雄輝

■語彙力テスト

　「語彙力テスト」は，1978年に東京大学教育学部教授の芝祐順によって開発された「語彙理解力」を測定するテストを用いている。このテストは，ある語を提示し，その語に最も意味の近いものを5つの選択肢から1つ選ぶ形式の問題で構成されており，小学1年生から大学生までの語彙理解力を同一の尺度で測定することができるものである。出題される語は「教育を目的とした語彙を重視」し，「日常の言語生活に重要と思われる語」（芝，1978）であるため，ある程度時代を超えた普遍性を持ち，たとえば熊谷が行った調査（2002）でも，問題ない信頼性が確認されている。

　以下で，問題のサンプルを提示する。今回の調査ではこのような問題を30問出題し，IRTを用いて各受検者の能力値を推定した。

【サンプル問題】
問　『　』のことばと，もっとも意味の似ていることばを，それぞれ一つずつ選んでください。
　『おもはゆい』
①　きまりが悪い　　　②　体中が痛い　　　③　なんとなく寒い
④　調子が良い　　　　⑤　少し明るい

（正解は①）

■読解力テスト

　「読解力テスト」はOECD生徒の学習到達度調査（PISA）の読解力の能力定義およびフレームワークを基盤とし，ベネッセ教育総合研究所が独自に開発したテストである。このテストでは小学5年生から大学生までの「読解力」を同

一の尺度で測定することができる。

　「読解力テスト」で測定する能力の定義は，2015年までのPISA「読解力」の定義に則り，「自らの目標を達成し，自らの知識と可能性を発達させ，効果的に社会に参加するために，書かれたテキストを理解し，利用し，熟考する能力」としている。

　この能力を測るために，問題の種類を3つに大別している。その3つはPISAが設定する読解のプロセスを参考にし，

1：テキストの該当部分にアクセスして，必要な情報を手に入れられるかどうかを問う問題

　　（PISAでは「情報へのアクセス・取り出し」（2009年），「情報を探し出す」（2018年）などとされているもの）

2：テキスト内の情報を抽象化したり推論したりして，意味内容を理解できるかどうかを問う問題。

　　（PISAでは「統合・解釈」（2009年），「理解する」（2018年）などとされているもの）

3：テキストと自らの知識を関連付けたり，経験などを使ったりして，テキストについて判断できるかどうかを問う問題

　　（PISAでは「熟考・評価」（2009年），「評価し，熟考する」（2018年）などとされているもの）

と定義している。

　この定義に基づき「読解力テスト」では，1のプロセスであれば，テキスト内の5W1Hや順序・系列を把握する問題，2のプロセスであれば，テキスト全体の趣旨や複数テキストの内容の異同を把握する問題，3のプロセスであれば，表現の効果を把握したりある主張に反論したりする問題などを出題している。問題の形式は語彙力テストと同じく，5つの選択肢から1つ選ぶ形式である。

　素材とするテキストは「連続型テキスト」と「非連続型テキスト」に大別される。「連続型テキスト」は文章からなるテキストで，評論や物語，エッセイなどがここに分類される。「非連続型テキスト」はデータなどを視覚的に表現したもので，表やグラフ，イラストなどがここに分類される。また「連続型テキスト」は「短文」「長文」に分かれ，「短文」の文字数は200字〜400字程度

であり，1つの素材について1つの問題を設けている。「長文」の文字数は1500字～2000字程度であり，その素材について4つの問題を設けている。

　以下で，問題のサンプルを提示する。提示した問題は「連続型テキスト」の「短文」であり，「1：テキストの該当部分にアクセスして，必要な情報を手に入れられるかどうかを問う問題」に分類される。

　今回の調査ではこのような問題20問出題し，IRTを用いて各受検者の能力値を推定した。

【サンプル問題】

　ユーラシア大陸最高峰はエベレストであり，これが世界最高峰であることは周知の事実だ。では，その他の大陸の最高峰は，どれくらいの高さなのだろうか。ユーラシア大陸以外の5大陸のうち，もっとも大きい大陸であるアフリカ大陸最高峰はキリマンジャロ。しかしこれより高い山が二つあり，北アメリカ大陸のデナリと，南アメリカ大陸のアコンカグアである。これらの高さは似ているが，後者の方がやや高い。オーストラリア大陸最高峰のコジオスコはキリマンジャロの半分に満たず，富士山よりも低い。南極大陸最高峰のヴィンソン・マシフはキリマンジャロには及ばないが，富士山の約1.3倍の高さである。

問　下線部を標高が高い順番に並べた時に，3番目の山を選びなさい。
① キリマンジャロ　　② デナリ　　③ アコンカグア
④ コジオスコ　　⑤ ヴィンソン・マシフ

（正解は①）

参考文献

芝祐順，1978，「語彙理解尺度作成の試み」東京大学教育学部紀要，17, 47-58.

熊谷龍一，2002，「語彙理解尺度におけるCBT版と紙筆版の同等性の検証──項目反応理論によるテスト作成・分析を通した検討」名古屋大学大学院教育発達科学研究科紀要 心理発達科学，49, 47-54, 2002.

国立教育政策研究所編，2019，『生きるための知識と技能7　OECD生徒の学習到達度調査（PISA）　2018年調査国際結果報告書』明石書店.

経済協力開発機構（OECD）編著，国立教育政策研究所監訳，2010，『PISA2009年調査　評価の枠組み──OECD生徒の学習到達度調査』明石書店.

コラム① 　教育社会学からみた本調査の意義

耳塚寛明

◇親子パネル調査の特徴

　「子どもの生活と学びに関する親子調査」についてはじめて相談を受けたとき，すこぶる挑戦的で意欲的な調査だと驚いた。調査設計は学界の水準に照らしてみても高く評価できるレベルにある。蒐集されるデータは多岐にわたって蓄積していくことが可能で，時宜を得た知見の発信が可能になるだろう。

　本調査の主な特徴は，①縦断的な分析が可能なパネル調査，②横断的な分析が可能，③保護者と子どもをペアにして分析可能な調査，④小学校 1 年生から高校 3 年生までをカバーした調査である点に，求めることができる。

　この調査から得られるデータは，もちろん，ある 1 時点における変数間の相関分析（②）に用いることができる。本調査における標本抽出は厳密な意味での無作為抽出とはいえないが，全国を網羅的にカバーしている点はメリットといえるだろう。

　しかし，本調査の最大の特徴は，同一の対象者を追跡することにより，縦断的な分析を可能にしていることである（①）。直井らは（直井・中村・野崎，2016），同一の対象を追跡するパネルデータを用いるメリットとして，1）動態的な分析が可能になること，2）時間的な前後関係を利用した因果関係の識別が可能になること，3）個人間の観察できなかった異質性を考慮できること（たとえば学力への家庭的背景の影響を除去した分析が可能になる）を指摘している。適切な多変量解析法を使用する必要があるが，因果関係の推論を行う上で，大きな進展が期待できる。

　教育社会学領域を見渡してみても，パネル調査の実施例は，東京大学社会科学研究所パネル調査プロジェクトや，お茶の水女子大学 JELS（Japan Education-tion Longitudinal Study）等があるのみで，けっして多くはない。本調査は，高度な分析に耐える潜在性をもった調査設計だといってまちがいない。

　保護者と子どもをペアにして分析可能な調査（③），小学校 1 年生から高校 3 年生までをカバーした調査である（④）ことも，この調査の重要な特徴であ

る。特定の学校段階に焦点づけた調査は多いが，小学校低学年から高校までを
ほぼ同一の視点から分析できる調査はごく少数にとどまる。子どもの自立性の
発達や語彙力の変化を長期間追跡できれば，新たな知見の獲得が期待できる。
しかも，保護者調査を通じて家庭環境や保護者の働きかけに関するデータが得
られることにより，自立性や語彙力を規定する諸要因の解明が可能となる。と
くに，家庭の社会経済的地位（Socio-Economic Status）を代表とする，経済変
数を含む家庭的背景については，保護者調査を実施しなければ観察が困難であ
る。本調査の特筆すべき特徴といってよい。

◇調査設計の恩恵と可能性ははかりしれない

　こうした4つの特徴を持った調査設計であることの恩恵と可能性ははかりし
れない。
　第一に，各年共通の基礎的項目に加えて，重点項目を設定して調査を重ねる
ことにより，非常に幅広い関心に答えることのできるデータが蓄積されていく。
現在でも「子どもたちの自立」を中核に，毎年度，「生活」「学び」「人間関係
と価値観」のいずれかが重点領域として調査されている。将来的には，必要に
応じてタイムリーなテーマを設定して調査を行うことも可能だろう。
　第二に，時間の影響を受けにくい変数群（たとえば保護者の学歴）について
は，いったんこれを調査すれば，その後の調査データとの関連を分析すること
も，またそれ以前に行った調査データとの関連を分析することも可能となる。
子どもの家庭的背景に関わる情報は，通常，調査を行うことが困難で，かつ保
護者の心理的な抵抗感はなお大きい。センシティブな変数群の調査を毎回行う
必要がないことのメリットは大きい。
　第三に，Waveをまたいだ分析が可能であるために，幅広い主題（領域）間
の分析が可能というメリットがある。1回の調査で蒐集可能なデータには限界
があるが，本調査の設計のもとではその限界が事実上取り払われる。その分，
子どもたちや保護者の生活・意識の多側面にわたる情報を，包括的・総合的に
把握することができるようになることを意味する。分析する際には，調査時点
間のタイムラグの存在に注意が必要だが，分析の幅を広げ，また分析の包括
性・総合性を強める上で，有効である。

◇データの大海で溺れる

けれども，この調査にはメリットだけがあるわけではない。特徴的な調査の設計に由来する，問題や課題も少なくない。

第一に，データの大海で溺れてしまいかねないという問題がある。データは毎年増えていく。しかも新しいコーホートが付け加わる（その分，調査対象から外れるコーホートもあるが）。行に調査対象者を，列に変数を配置したスプレッドシートを想像してほしい。毎年調査を実施するごとに，変数が加わって1行の長さが長くなる。新しいコーホートも加わるので，行数も増えていく。データの総量（スプレッドシートの面積）は，文字通り相乗的に増えていく。

それだけではない。調査時点によって質問項目やワーディングも変わるので，情報管理も複雑化する。しかも変数とケースの情報を正しく共有しなければ分析を始めることができないので，夥しいコストが発生する。

この状況を，経験的かつ比喩的に表現したのが，「データの大海で溺れる」にほかならない。私自身，JELS（Japan Education Longitudinal Study）で経験したのがそれだった。調査の実施準備と，戻ってきたデータの整理に追われ，分析を深め，結果を議論し，論文として発表する余裕を生み出すことが難しくなってしまう。あらかじめ予想することができたはずなのだが，容易にデータの大海で溺れる事態に放り込まれて，抜け出すことができない。分析して知見を発表できなければ，そもそもなんのために調査を実施したのかが問われる。

事態を打開するためには，調査研究チームの組織基盤を整え，また効率的なデータ整理・管理方法を考案することに尽きるだろう。後者は，たんに事務的な領域に属することがらではなく，「社会調査の科学」的発展に関わるように思われる（後述）。パネル調査が長期にわたって実施されれば，担当者の異動や交代も避けられない。その意味で組織基盤の整備には，後継人材を育てながら調査研究を進めるという教育的機能も加える必要がある。

第二に，パネル調査でしばしば指摘されることだが，調査を重ねるごとに標本の損耗が発生する。しかも，損耗する確率はどのケースにも等しいわけではなく，属性グループによって異なることが知られている。すなわち，データの損耗により母集団の代表性に問題が生じる。損耗をどう評価し，補償するかが重要となる。この点も，「社会調査の科学」として研究テーマとなるだろう。

第三に，本調査に固有の問題がある。この調査の対象はnation-wideに集め

られてはいるが，母集団から無作為に抽出された標本ではない（厳密にいえば有意選択法に分類される）。そのため，標本で観察された代表値から母集団の代表値を統計的に推測する術を持たない。無作為抽出法によらねば調査に非ずといいたいのではない。知見の解釈にはいっそうの謙虚さが求められるだろう。

◇期待は大きい

　以上述べたような諸問題・課題は容易に克服可能だとは思われないが，にもかかわらず，私自身のこの調査への期待は大きい。最後に，方法としての期待と，教育社会学研究上の期待に絞って，触れておきたい。

　まずは，親子パネル調査の方法としての期待について。子どもたちの自立を主題とする場合のように，社会科学が設定する主題の多くは，方法的に完全とされるランダム化比較試験のような実験的枠組みを採用することができない。それにもっとも近い方法として，パネル調査がある。パネル調査を実施する過程で直面する諸問題をどう解決していくのかについて，ノウハウや知見の蓄積がじゅうぶんに存在するわけではない。この意味で，本調査は，パネル調査をどう実施していくのかに関して，科学的にこれを追求する機会にほかならない。すでに指摘したデータの損耗とその補償方法や，パネルデータの効率的なデータ形式など，その探究自身が，調査の科学として知見の生産につながる。

　つぎに，教育社会学研究上の期待について。この調査を使って探究したいテーマは多々思い浮かぶが，私自身の関心に沿って絞ろう。子どもたちの認知的・非認知的能力と家庭的背景の関連について，パネルデータという特性を活かした分析が進展していってほしいと思う。学齢期以降における国としての教育投資よりも，就学前教育への投資のほうが，投資効率が高いとする教育経済学的知見がまかり通っている。欧米での知見ではなく，日本社会でのデータに基づく知見が必要とされている。その解明は焦眉の急といってよい。本調査に，就学前段階のコーホートを加えることができれば，解明可能な課題だろう。しかもこの調査以上に格好の舞台は見当たらない。否が応でも期待が膨らむ所以である。

文献

直井道生・中村亮介・野崎華世，2016，「回帰分析とパネルデータの基礎」赤林　　英夫・直井道生・敷島千鶴（編著）『学力・心理・家庭環境の経済分析』有斐閣，pp. 223-238.

コラム②　教育心理学から見た本調査の意義

秋田喜代美

1.　本調査研究デザインがもつ魅力

　本調査は，「横断研究」「複数時点の時代変化」「縦断研究」の３点が組み合わさったパネル調査である。本調査ならではの全体の調査デザインが持つ，４点の本質的な特徴がある。第一に，サンプルサイズが各学年 1,500 名，小１から高３までのデータという大規模調査であるので，同学年内での分散等から個人間差を調べ，そこに関わる諸変数との関係を捉えることができ，また同一時点での学年間の相違等を各学年段階別に細かく分析できる。月齢分析などが可能となるのもサンプルサイズの寄与が大きい。

　第二に，長期縦断研究という，研究の時間軸の長さによって，個人内の変化を追うことができると同時に，急激に変化する現代社会の変動による発達への影響も検討できる可能性を持つということである。小１から高３であるから，小学校，中学校，高校という公教育を子どもたちが受ける期間に何がいかに育つのかを明らかにできる。また学校種間をこえた調査であるから，小学校から中学，中学から高校へと学校間移行をすることで何が生じるのかが見えてくる。たとえば自己肯定感の低さや学年に伴う低下は言われてきたが，小６から中１，中３から高１といった学校段階接続期で，落ち幅が大きいという結果は，各学校種間移行の段差を示し，それによって段差をこえる接続や連携への示唆を得る可能性を持つ。また学校で実施した調査ではなく，家庭で回答する調査だからこそ，望ましさのバイアスがかからない。子どもたちの学校生活だけではなく，家庭生活，社会生活の実相を捉えられると同時に，学習を学校だけのものでなく学校と家庭と連携による学びの連続性への示唆を得られるのも特徴である。

　第三に，質問紙調査と同時に語彙力・読解力調査を３年ごとに実施していることで，プロセスとアウトカムを捉えていくことができる点である。これは国内外の学力調査が特定時点間での横断比較しかできていないのに対し，学習プ

ロセスと学習結果の関連を問うことができる。語彙力は知能指数等と相関が高く，読解力はさまざまな教科の基礎となることも研究からすでに明らかになっている。個人内の変動と安定性に加え，どのような学習行動や方略がこのようなアウトカムにつながるのかを小中高校を通して捉えていくことができる。

　また本研究は，あと数年後には0歳からの育ちのデータを集めている東京大学大学院教育学研究科附属発達保育実践政策学センターの縦断研究データともドッキングしていく予定である。それによって，人生の始まりから18年間をつなぎながらの研究もできていく予定である。

　そして第4に，小4以上についてであるが，親子が常にペアになってのデータセットであるので，子どもの発達変化と同時に，親の関わりや価値観，家庭環境と親子の成長がセットになって捉えられる。すなわち本研究は，子どもたちの発達の調査研究であると同時に，親が親としても経験し育っていく共変化を捉える調査としての意味も大きい。親としての発達研究は，心理学領域では，子どもをはじめてもった，乳幼児期の親に関する調査研究は蓄積も多い。しかし，小学校から高等学校までの子どもを持つ親が，親としての成長実感が下がっていく変化を示し，親の関係ネットワークの変化，親の内面と子どもとの実態の関係が解明できる点で，本調査の主役は子どもであるが，わき役としての親の発達研究としての味わい深い知見を出している。

　これら4点を有した調査研究は，国際的にも初めての試みである。教育心理学者の一人としての個人的な立場から述べるならば，教育心理学のこれまでの研究の多くは，発達や教育において最も変化が大きい，効果が大きいと考えられるクリティカルポイントとなる時期や時間に焦点を当て，限られたサンプルサイズの中で特定の変数間の関係をプロセス—プロダクト研究として因果関係や共変関係を問い，明らかにする研究となっている場合が多かった。時間軸やサンプルサイズのスケールから見て，それらをミクロな研究と呼べば，今回のパネル調査はマクロな時間軸とサンプルの研究であり，この研究の水準と視座の違いがもたらす意義は大きい。したがって，これまでには射程に入ってこなかった様々な諸変数間の関係性を明らかにできる潜在的可能性を秘めている。この研究としての容れ物のスケールの違いが持つビッグデータの意義は，今後時間経過が進みデータが厚みを増すほどにより大きくなり，またさまざまな分析者の問いと作業によって多角的に検討が進めば進むほどに大きくなると考え

られる。現在はビュッフェ料理であるので，大味になりがちでもある。シェフが手をかけて，これからどのような項目を素材として取り出し分析という調理をするかで，新たな研究の味わいの一面も出てくるだろうと考えられる。

2.　自立への育ちの過程とエコシステムの解明という調査内容の新しさ

　容れ物が大きいというだけではなく，容れ物に入る中身としての内容が新しく，これからの子どもたちの発達と教育を考えていくうえで欠かせない内容を包括的に取り扱っている点に，本研究の最大の魅力がある。料理の比喩で言えば新鮮な素材の使用，ならびに素材の組み合わせの新しさに意味がある。「子どもたちはどのように自立していくのか」という問いとそれを探究する概念装置の新しさが，本調査を価値あるものとしている。大きくは2点である。

　第一は，「自立」を問うこと自体であり，その自立を捉えるための側面と層による構成概念の新しさである。これまで「自立」は，乳幼児から児童期においては身辺自立として身の回りのことができるという意味での生活スキルの獲得の面から，また初等中等教育段階の児童生徒に対しては，学習者として自ら進んで学ぶことができるようになるためにはどのような方略や行動ができればよいのかという側面が，中等教育段階から高等教育では，進路や職業選択等の側面が研究されてきた。つまり発達段階的に内容も重点化していた傾向がある。

　それに対して本調査は，子どもが自立して育ちゆく姿を捉えるのに，「自立」を「生活者としての自立」「学習者としての自立」「社会人としての自立」の3側面で大きくとらえている。そして「生活者としての自立」の中にも生活習慣，金銭自立，生活を楽しむという3層，「学習者としての自立」にも基礎的リテラシーから学習行動，学習態度，資質能力や価値の4層，「社会人としての自立」も人格，進路選択，対人的関係性の構築の3層でと捉える枠で小1から高3までを通して問いかけることによって，自立を包括的に捉え，その各発達が見える枠を提供している。これは，大学に入り就職できれば終わりという発達モデルではなく，人生100年時代における生涯発達・生涯学習の視点から自立を見た時に，子どもの時代はどのような時期となりうるのかを示す視座であるとも位置づけられよう。自立に求められる資質能力を調べるために，学習においても，認知能力だけではなく「社会情動的スキル」（非認知能力）とし

ての「学びに向かう力」（OECD, 2018）も含めて問うことも，学びに向かう力
が学校という文脈だけではなく，生涯にわたってその在り方に最も大きく影響
を与えることが示されてきているからである。現在学業達成や職業選択による
経済的自立だけを問うのではなく，人の生涯にわたる幸せとしての well-being
を自立という窓を通して多様な視点からアプローチしようとしたものと位置づ
けることもできる。本調査プロジェクトの中核を担う木村治生氏が第 1 章で，
「自立に必要な力は，日々の生活や学びの経験のなかで獲得される。時代の状
況や社会環境の変化に対応しながら，自らの希望を実現し，新しい価値を創造
する力を身につけていく過程は，生活者や社会人としての自立のプロセスその
ものである。児童期や青年期は，自立に必要な資質・能力を高める訓練をする
期間と捉えることもできる」と述べている。OECD は，well-being，人の幸せ
を支える 11 の better life index で捉え，これからの教育を価値づけている
（シュライヒャー，2019）。本調査は，well-being につながる資質能力を解明し，
生活者，学習者，社会人として自立し，主体的に社会に参画し幸せな人生を過
ごすことへの発達変化を包括的に問おうとしている研究ともいえるだろう。

　第二に，自立への育ちの過程を捉えるために，子どもをとりまく生活環境や
保護者（母親）の実態等自立へのエコシステムをダイナミックに描き出そうと
している。子どもの発達と環境との関係は，教育心理学や発達心理学において，
古くて新しい課題である。環境について社会文化的な環境としての生態学的環
境（エコシステム）を議論することが，特に教育においては現在重視されてき
ている。エコシステムは，もともとブロンフェンブレンナー（1996）が提唱し
た概念で，ミクロ，メゾ，エクソ，マクロの 4 システムによって子どもの発達
を捉えて論じたものである。近年 OECD Education 2030 では，子どもの学び
や育ちのためのエコシステムを未来の教育に向け考えようとしている。本調査
は，子どもの生活時間，遊び場所という空間，友達関係としての人間，仲間関
係という 3 つの「間」からリアルな子どもの生活を描出し，親や教師との関係，
また親が子どもたちに伝えようとしている価値の側面に迫り，教育方法や教育
政策への親の意識等を，プリズムのようにこのエコシステムが発達と共にいか
に変化するのかを解明しようとしている。たとえば，子どもの「生活時間」に
おいて睡眠時間や家族とすごす時間が減少し，携帯電話やスマートフォンなど
のバーチャル空間と時間への変化を示し，「遊び場所」においても，家や公共

施設が減り，学校や商業施設，繁華街が増えるという変化，また男女や地域により異なることなどを明らかにしている。今を生きる子どもたちの地域による実相を捉えながら，その育ちのプロセスから未来を展望することができることに，この研究の意義があるだろう。その意味で宝の山から何を見つけ，いかに価値づけるかがさらにこれからも問われている。

引用文献

ブロンフェンブレンナー，磯貝芳郎・福富譲（訳），1996，『人間発達の生態学（エコロジー）──発達心理学への挑戦』川島書店．

経済協力開発機構（編著），ベネッセ教育総合研究所（企画制作），無藤隆・秋田喜代美（監訳），荒牧美佐子ほか（訳），2018，『社会情動的スキル──学びに向かう力』明石書店．

アンドレアス・シュライヒャー，経済協力開発機構（編），鈴木寛・秋田喜代美（監訳），ベネッセコーポレーション（企画制作），小村俊平他（訳），2019，『教育のワールドクラス──21世紀の学校システムをつくる』明石書店．

コラム③　資質・能力研究から見た本調査の意義

松下佳代

1.　資質・能力の調査としての特徴

　資質・能力の調査といえば，最もよく知られているのは，OECD の PISA 調査だろう。2000 年から始まり，最新の PISA 2018 には 79 の国・地域が参加した。3 年ごとに公表される結果は，日本だけでなく多くの国々の教育政策に影響を与えてきた。PISA より歴史が古い IEA の TIMSS 調査，2004 年の PISA ショックをきっかけに始まった日本の全国学力・学習状況調査も，学校教育で培われる能力を評価している。これらの調査の共通点は以下の点にある。

①テストと質問紙調査（児童・生徒と学校が対象）を組み合わせていること：
　　テストでは特定の分野や教科の知識・スキルを問い，質問紙調査では学習
　　行動や態度，家庭・学校の教育環境などを問う

②特定の年齢／学年の児童・生徒を対象に，定期的に実施されていること

③国・地域，自治体の教育政策・施策や学校の教育実践を評価するために使
　　われていること

これらと比較すると，本調査の特徴は次の点にあるといえる。

①'ほとんど質問紙調査のみ（児童・生徒とその保護者が対象）であること：
　　テストにあたるのは 2017 年に実施された語彙力・読解力調査のみ

②'小 1 から高 3 までの全学年を対象にした親子パネル調査であり，毎年実
　　施されていること

③'子どもの自立に至るプロセスと親子の意識・行動の変化を明らかにする
　　ことを目的としていること

　本調査では，③'の目的に対して，②'のような調査設計を行うことで，「1 時点の学年による違い」「複数時点の時代変化」「複数時点の成長・発達変化」という 3 つの変化を捉えることが可能になった。

　これに対して，①'は，資質・能力研究から見れば，この調査の弱みといえなくもない。テストの結果が知識やスキルの直接的なエビデンスであるのに対

図1 資質・能力の三重モデル

して，質問紙調査による自分の知識やスキルの自己報告は間接的なエビデンスでしかないからである（Suskie 2015）。だがその一方で，今日の資質・能力概念の広がりをふまえれば，本調査はその弱みを補うだけの強みも備えている。

2. 資質・能力とは——資質・能力の三重モデル

まず，資質・能力概念について整理しておこう。今日，資質・能力は多義的に使われているが，松下（2019）は，OECD Education 2030 のモデル（OECD, 2018）を参考に，図1のような「資質・能力の三重モデル」を提示している。

このモデルでは，(a) 資質・能力を構成する個人の内的リソースを「知識」「スキル」「態度・価値観」とし，(b) 資質・能力の中心をなす「コンピテンシー」を〈ある目標・要求・課題に対して，内的リソースを結集させつつ，対象世界や他者と関わりながら，行為し省察する能力〉として捉え，(c) 思考力・判断力・表現力などは，そのようなコンピテンシーの例とみなす。

このモデルは，これまでの資質・能力研究における3種類の triad（三つ組）を包含している。一つ目は，伝統的な KSA モデルの Knowledge, Skills, Attitudes という〈3つの要素〉，二つ目は，OECD-DeSeCo のキー・コンピテンシーに見られる対象世界との関係，他者との関係，自己との関係という〈3つの関係性〉，三つ目は，国立教育政策研究所の「21世紀型能力」に見られる基礎力・思考力・実践力という〈3つの層〉である。逆にいえば，従来の資質・能力モデルは，この三重モデルに表現された重層的な資質・能力のある一面を切り取って論じていたとみなすことができる。

このモデルにおいて，知識，スキル，態度・価値観は，それ自体が豊かな内包をもっている。知識には，事実的，概念的，手続的，メタ認知的な知識が含まれ，スキルには，認知的・メタ認知的，社会的・情動的，身体的・実践的なスキルが含まれ，態度・価値観にも，好奇心，自己効力感，レジリエンス（回

復力），リーダーシップ，倫理観などが含まれている。

3.　本調査で得られた注目すべき知見——資質・能力の観点から

　本調査の強みは，テストよりも質問紙調査が有効と思われる，学習行動や態度・価値観，家庭・学校の教育環境や親の働きかけなどについて，その実態を幅広く把握した点，さらに，縦断調査によって，その変化を捉え因果関係を推論しやすくしている点にある。調査結果から3つの例を取り上げよう。

(1)「勉強が好きになった子」の特徴

　この知見は，2015・16年の調査から得られたものである。勉強嫌いはほぼ学年が上がるにつれて増え，中2生で約6割になり，その後は高3までほぼ6割前後で推移する。だが，2015年と16年の比較から，その中でも〈嫌い→好き〉の子どもが1割前後いることがわかった。〈嫌い→好き〉の子どもは，学習時間の伸びが大きく（中学生で96.8分/日→131.7分/日），成績が上がった比率も高かった（26.8％）。これだけでは，好きになったこと，学習時間の増加，成績の上昇の因果関係ははっきりとはわからないが，注目されるのは，前年よりも大幅に学習時間が増加する中3生（96分/日→125分/日），高3生（93分/日→171分/日）で，勉強が「嫌い」が減少していることである（中2：57.3％→中3：56.3％，高2：61.2％→高3：56.5％）。中3生，高3生の学習時間が増加するのはいうまでもなく受験準備のためだろうが，そのような勉強であっても「嫌い」が減っているというのは興味深い。

　また，内発的動機づけ（勉強をするのは新しいことを知るのがうれしいから）をもつ子どもやモニタリング方略（何がわかっていないか確かめながら勉強する）を行う子どもに，〈嫌い→好き〉の変化が多く見られた。子どもの心を直接〈嫌い→好き〉に変えることはできないが，内発的動機づけを高めたり，モニタリング方略を用いることを促したりするような働きかけはできそうだ。

(2)「メタ認知的方略」の意義

　高校3年間（2015〜17年度）の追跡調査からは，成績と学習方略の関係が明らかになった。上記のモニタリング方略や調整方略（テストで間違えた問題をやり直す）は「メタ認知的方略」に括られるが，高2→高3で成績が「ずっと上位」や「下位→上位・中位に上昇」の子どもには，これらの学習方略を使う子どもが多かった。とりわけ，学力上位の大学（偏差値65以上）に進学した子ど

もは9割以上（94.1%）がモニタリング方略を用いており，それ以外の大学の進学者と2割以上の開きがあった。対照的に，リハーサル・記憶方略（くり返し書いて覚える）は「上位→下位・中位に低下」の子どもの8割近く（78.7%）が用いており，その割合は「ずっと上位」や「下位→上位・中位に上昇」はいうまでもなく，「ずっと下位」の子ども（60.6%）よりも多かった。これらの結果から，メタ認知的方略が成績向上に対して効果的であることが読みとれる。

(3)「自己肯定感」の変化に関連する要因

2015・16・17年の小4生〜高3生対象の調査からは，「自己肯定感」の変化可能性とその関連要因が明らかになった。「自分のよいところが何かを言うことができる」という問いに肯定的に答えた子どもを自己肯定感をもつと定義してその分布を見たところ，3年間ずっと肯定が約3割，ずっと否定が約2割いる一方で，肯定・否定が変化している子どもが約5割いることがわかった。そのうち〈否定→肯定〉に変化した子どもについてさらに詳しく見ると，成績が〈下位→上位・中位〉，勉強が〈嫌い→好き〉，将来の目標が〈不明瞭→明瞭〉，自分のクラスが〈嫌い→好き〉といった変化と連動していることが明らかになった。また，保護者の「努力すればたいていのことはできる」という努力観と子どもの自己肯定感にも相関関係が見られた。6割弱の保護者が「『経済的な格差』は努力しても乗り越えにくい」と回答していることを考え合わせると（2018年保護者調査），この結果は注目に値する。

＊　　　　　　　　　＊

資質・能力のうち知識・スキルにあたる部分が自己報告や「成績」に拠っているのは，本調査の制約である。だが，態度・価値観の中身や，資質・能力を形成する心理的・社会的要因を細部にわたって浮き彫りにすることに成功している点で，本調査は資質・能力研究にも確かな示唆を与えるものになっている。

文献

松下佳代，2019，「中等教育改革と教育方法学の課題——資質・能力と学力の対比から」日本教育方法学会編『教育方法48』図書文化，pp. 10-22.

OECD, 2018, *The Future of Education and Skills: Education 2030*, OECD.

Suskie, R., 2015, *Assessing Student Learning: A Common Sense Guide*（3rd ed.），Jossey-Bass.

第 II 部

子どもの成長に影響を与える要因の分析

第 8 章

家庭の社会経済的環境と子どもの発達

石田　浩

1.　本章の目的

　家庭の社会経済的な環境や文化的背景が，その家庭に育つ子どもの発達と学歴達成，ひいては社会に出てからの職業や収入などに影響を与えていることは多くの研究が指摘してきたことである[1]。子どもは生まれる家庭を選ぶことはできない。たまたま生を受けた家庭の環境が，その後の人生の歩みに長く影を落としているのは，機会の平等という視点からいうと好ましいこととはいえない。個人が持つ才能や努力ではなく，個人の力ではどうしようもない生まれた環境という初期条件によって，将来の選択が制約を受けている[2]。

　日本社会では，親の学歴が高い場合には，子どもの学歴も高くなる学歴再生産の傾向が見られ，その傾向は戦後を通じて概ね安定している（尾嶋，1990；原・盛山，1999；荒牧，2000，2016；近藤・古田，2009，2011）。高等教育の機会は大きく拡大し，より多くの人が大学に進学するようになったが，入学難易度などによる大学内の階層化を考慮すると，相対的な格差は概ね変化がないといえる。ただ近年についてはやや拡大傾向にあるという指摘もある（Fujihara and Ishida, 2016）。

　経済的な格差による教育の不平等についても近年注目を浴びている。「子どもの貧困」の問題という視点からは，相対的貧困状態にある世帯は，それ以外の世帯に比べ，大学進学率などの学歴達成において不利な状況にある（阿部，2008，2014）。私立学校の授業料，学校外教育の費用などの負担が増加していることと関連して，家庭の所得などの経済的側面による教育格差が拡大しているという知見も報告されている（近藤，2001；尾嶋，2002）。他方では，財所有

の教育達成への効果は縮小傾向にあるという研究もある（近藤・古田，2009，2011）。

　家庭の文化的な資源と学歴達成の関連は，ブルデュー（Bourdieu, 1979＝1990）に代表される文化的再生産論の立場から議論されてきた。上流階級の家庭で内面化される立ち振る舞いや言葉使いなどの身体化された資質・ハビトゥスは，学校文化と親和的で学校制度の中での成功と密接に結びついている。日本においても高学歴家庭では，早くから子どもに豊かな文化的経験を付与し，文化財を与えることで文化資本を身体化させ，学校文化と結びつけることによりハビトゥス的な文化的再生産を可能にしているという研究がある（片岡，2001）。

　家庭環境の影響は，最終的な学歴達成だけでなく，学力の形成過程でも指摘されている。学力調査の分析から，家庭の社会経済的地位により学力格差がみられ，その格差が拡大傾向にあるのではないかと懸念されている（苅谷他，2002；苅谷・志水編，2004）。耳塚（2007）によれば，学力格差が家庭の学校外教育費の支出，受験塾への通塾，世帯所得，保護者の学歴期待などの要因により形成される「ペアレントクラシー」の傾向が，特に大都市とその近郊で出現していると警鐘を鳴らしている。浜野（2014）は，子どもの学力と家庭の社会経済的地位は強い相関があるが，地位が低い家庭の子どもでも学力の高いこどもが一定数おり，生活習慣，学習習慣，親の働きかけが影響を与えていることを示唆している。

　家庭での親の子どもへの関わり方と子どもの学歴達成については，多くの研究蓄積がある。アメリカの研究になるが，ラロー（Lareau, 2003）は，中産階級（ミドルクラス）と労働者・貧困階級（ワーキングクラスと貧困層）の間に，母親による子どもへの関わり・子育て観についての明確な違いがみられ，その違いが子どもの学習習慣，学校適応の差異につながり，学力や教育達成に影響を与えていることを主張した。本田（2008）は，ラローの研究を参照しながら，日本の母親にみられる「きっちり」子育て，「のびのび」子育てという2つの子育て方針を抽出し，家庭の社会経済的地位により子育て方針が異なること，家庭環境を考慮した後もきっちり度によって中学の成績，最終学歴に違いが生じることを明らかにしている。

　最近の研究動向としては，例えば親のパーソナルネットワークに着目した研

究もある（荒牧，2019a，2019b）。松田（2008）や大和（2000）の研究によれば，階層が高いほどネットワークの規模が小さくなり，ネットワークの構成も多様になることを明らかにしている。星（2011）は，学歴が高くかつ就業している母親は子育てに専念すべきだという規範意識が弱くなり，相談相手を広く求め，公共機関の利用を促すことを報告している。このように，出身家庭の社会経済的な状況が，家族のもつパーソナルネットワークの強さや内容と関連しており，それが育児のやり方と子どもの発達に影響を及ぼしている可能性が考えられる。

　子どもの教育達成に関する興味深いアプローチとして，出身家庭に外在的なショックが加わったときそのショックに対応できる力がある家庭とそうではない家庭の違いに着目して，出身家庭の格差を証明しようとする一連の研究がある[3]。早生まれ（1月から4月1日生まれ）の子は，その学年で一番「幼く」，精神的・肉体的発達の面（特に幼少期には運動能力など）で，不利であることが指摘されてきた。川口らの研究（川口・森，2007；Kawaguchi, 2011）では，同一の学年の最年長者と最年少者の間には，小中高の学力スコアに差があり，国私立中学に在学する確率，さらには最終学歴（4年制大学卒）の確率に違いがあることを明らかにしている。小塩・北條（2012）は，国際比較データを用いて早生まれと4-6月生まれの中学生の数学の点数が有意に異なるのは日本だけではなく，他の東アジア地域においても程度の差はあれ同様の現象がみられることを報告している。ベルナルディ（Bernardi, 2014）は，早生まれ効果に着目し，この負の効果の大きさが出身家庭の社会経済的地位により異なることを明らかにした。恵まれた家庭には，外在的ショックの負の影響力を最小限にくいとめるような「補償的有利さ」（compensatory advantage）があることを主張した。早生まれに起因する不利な状態を，有利な家庭環境により「埋め合わせる」ことができるメカニズムがあることを示唆している（補償仮説）。

　本研究は，親子ペアを対象としたパネル調査であり，子どもが置かれている家庭の状況について，子どもではなく親から正確に情報を聞き取っていること，小学校・中学校のすべての学年から生徒を選んでいること，という設計を活かして，出身家庭の社会経済的な環境が，小学校・中学校という教育段階を経る中で，子どもの発達にどのような影響を及ぼしているのかを明らかにする。小学校入学前のデータはないが，小学校の低学年の段階から出身家庭の環境により子どもの発達に違いがみられるのか，出身家庭間の違いは学年段階により拡

大あるいは縮小していくのかを明らかにする。

　次に生誕月の情報を活かして，早生まれとそれ以外の子どもの間に発達の違いがみられるのか，その違いは学年段階により軽減されていくのかを検証する。さらに早生まれ効果が出身家庭の社会経済的地位により異なるのかを分析し，恵まれた家庭では早生まれの子どもの不利を最小限とするような「補償的有利さ」（補償仮説）があるのかを検証する。

　最後に，出身家庭の社会経済的地位による子どもの発達への影響が，家庭での親と子どものかかわり方により媒介されるのかを分析する。子どもと過ごす時間，子どもが失敗したときに励ます，勉強のやり方を教えるなどの親がどのように子どもとかかわっているのかが，出身家庭の格差を生み出す要因になっているのかを検証する。

2.　データと変数

(1)　データ

　本章で用いるデータは，2015 年度（wave1）「子どもの生活と学びに関する親子調査（JLSCP）」の小学生から中学生までの親子の回答である[4]。各学年の回答者の数はそれほど多くないので，分析は小学校低学年，小学校高学年，中学校の3つの学校段階を区別して行っている[5]。

　データの調査設計，調査対象者，サンプリングなどの詳細については，すでに第1部で説明されているので，そちらを参照してほしい。

(2)　変数

　本章で用いる変数について以下説明する。従属変数に関していうと，子どもの発達を示す2つの指標として，成績3グループ（上位層，中位層，下位層）と「わからないことや知らないことを調べる」のが得意か（0-1のダミー変数）を取り上げる。「成績」変数について説明を加えると，小1～3年生については，保護者による回答に基づく，国語，算数の2教科の成績，小学4～6年生は国語，算数，理科，社会の4教科，中学生は国語，数学，理科，社会，英語の5教科のそれぞれの学校での成績について，「上のほう」から「下のほう」まで5段階で自己評価してもらった。「上のほう」5点〜「下のほう」1点として合

計し，それらが全体の 3 等分になるように「成績上位層」「成績中位層」「成績下位層」の 3 グループに分けている。「調べる」変数については，保護者からみて子どもが得意か苦手かを尋ねた質問で，「わからないことや知らないことを調べる」のが「とても得意」「やや得意」「やや苦手」「とても苦手」の 4 段階を，得意を 1，苦手を 0 とするダミー変数とした。

　独立変数については，家庭の社会経済的地位の指標として以下の 3 つの変数を取り上げる。両親の学歴は，父親・母親の双方が短大または大学学歴の場合には高学歴とした（0-1 のダミー変数）。家庭の経済的な豊かさとしては，世帯所得（800 万円以上とそれ未満のダミー変数）を用いる。父親の職業は，専門・管理職の場合を 1 とするダミー変数として構築した。「早生まれ」変数は，1 月から 3 月に生まれた子どもとし，4 月から 6 月生まれと 7 月から 12 月生まれと比較する[6]。

　媒介変数として考慮したのは，以下の 6 つの変数である。子どもと一緒にすごしたり話したりする時間が長い母親（1 日 4 時間以上のダミー変数），子どもと過ごす時間が長い父親（1 日 2 時間以上のダミー変数）は，2 つの「子どもとの時間」変数である。子どもへのかかわりについての項目の中で，「失敗したときにはげます」（とてもあてはまる，あてはまる場合が 1 のダミー変数），「勉強のやり方を教える」（とてもあてはまる，あてはまる場合が 1 のダミー変数），「勉強のおもしろさを教える」（とてもあてはまる，あてはまる場合が 1 のダミー変数）という 3 つの「子どもとのかかわり」変数である。

3.　分析

　分析は以下の 3 つのセクションに分かれている。(1) では，出身家庭の社会経済的地位と子どもの発達指標の関連を学年段階別に示す。(2) では誕生月と子どもの発達の関連とその関連が出身家庭の社会経済的地位により異なるのかを学年段階別に分析する。(3) では，出身家庭の社会経済的地位の子どもの発達への影響が，家庭での親と子どものかかわり方により媒介されるのかを分析する。

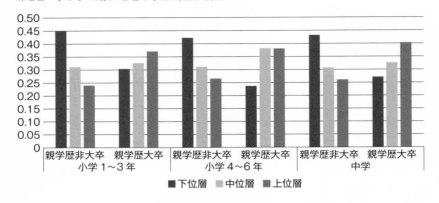

図 8 - 1　親学歴と成績の関連（学年段階別）

(1) 出身家庭の環境と子どもの発達

　出身家庭の環境としてまず両親の学歴を取り上げ，成績変数との関連を学年
段階別に示したのが図 8 - 1 である。両親が非大卒（両方の親が短大・4 大卒で
はない）の場合には，成績が「下位層」である比率が際立って高く，両親大卒
の場合には，その比率が低い傾向がみてとれる。この親学歴による成績格差は，
小学校の低学年だけではなく，中学校に至るまで続いていることがわかる。
「成績下位層」において親学歴の格差が顕著であることから，以下の分析は，
「成績下位層」とそれ以外（「中位層」と「高位層」の合計）を対比させて行う[7]。

　両親の学歴だけでなく，世帯所得（年収 800 万円以上の高位層か否か），父職
（専門管理職か否か）により，「成績下位層」の出現度合いがどれくらい異なる
かを示したのが，図 8 - 2 である。図 8 - 1 とは異なり，縦軸は対数オッズ比に
なっている。これらの数値は，「成績下位層」を従属変数としたロジスティッ
ク回帰を各学年段階別に走らせた結果である[8]。「統制なし」の 3 つの棒グラ
フが，社会経済的地位の総効果（他の変数を統制していない状態）を学年段階別
に表したものである。「媒介統制」の値については，（3）のセクションで詳し
く論じる。

　親学歴からみてみよう。小学校の低学年の段階では，「成績低位層」へのな
りやすさが，両親が大卒ではない場合には両親大卒学歴に比べ 1.9 倍（$e^{0.637}$）
高い。小学校高学年ではその差は 2.2 倍，中学校ではその差は 2.1 倍であり，
学年による有意な違いはみられない[9]。世帯所得についてみると，800 万円以

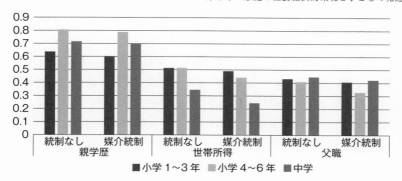

図 8 - 2　親学歴，世帯所得，父職による「成績下位層」比率の違い（学年段階別）

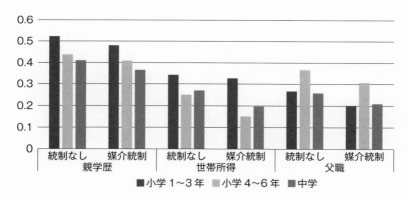

図 8 - 3　親学歴，世帯所得，父職による「調べる」比率の違い（学年段階別）

上の高所得層に比べそれ以下の所得の場合には，「成績下位層」に小学校では1.7倍，中学校では1.4倍なりやすい[10]。父親が専門・管理職従事者である場合に比べ，それ以外の父を持つ生徒は，「成績下位層」に1.5倍なりやすい。このように社会経済的地位による格差は，統計的に有意であるだけでなく，実質的にも大きく，学年段階にかかわらず出現している[11]。親学歴は，世帯所得と父親の職業と比較して，子どもの成績により大きな影響を与えているようにもみえるが，3つの変数の測定の仕方が異なるので，単純に比較することには注意を要する。

　図 8 - 3 は，子どもの発達の変数を成績ではなく，「わからないことや知らないことを調べる」のが得意な比率（「調べる」）に置き換えた結果である。わか

らないことを自分で調べるのが得意な生徒の出現度合いは，親学歴・世帯所得・父職により明らかな違いがみられる[12]。例えば，小学校低学年の段階での親学歴による「調べる」の違いは，親大卒が親非大卒よりも 1.7 倍（$e^{0.522}$）ほど調べる傾向が高い。より恵まれた家庭出身の生徒ほど調べる力が強い関係にある。親学歴と世帯所得による格差は，小学校の低学年の段階で最も大きく，その後の段階でやや縮小するようにみえるが，父職による格差は，小学 4-6 年生の段階で最も大きくみえる。しかし，これらの学年段階別の違いは統計的に有意ではないので，出身家庭の社会経済的地位による格差は，小学校低学年から中学校に至るまで衰えることなく継続しているといえる。

(2) 誕生月と子どもの発達

　次に生まれた月と子どもの発達の関連を分析する。図 8-4 は，小学生の対象者の間で誕生月と「成績下位層」になる比率と「調べる」のが得意な比率を示したものである。1 月から 3 月生まれの早生まれ生徒の場合には，成績が下位となるリスクが 4 月から 6 月生まれと比較すると 15% 近く高い。「調べる」のが得意な比率についても，早生まれ生徒の場合には 4 月から 6 月生まれに比べ，10% 程度比率が低い傾向が明らかである。

　早生まれの生徒と 4 月から 6 月生まれの生徒の間の比率の差を学年段階別に示したのが図 8-5 である。「成績下位層」になる比率の誕生月による差についてみると，小学校低学年の段階では，17% ほどであったのが，小学校高学年では 10% ほど，中学校では 8% ほどと縮小している。ただし中学校の段階でも違いは統計的に有意である[13]。これに対して「調べる」のが得意である生徒の比率では，学年段階を上がっても早生まれの生徒と 4 月から 6 月生まれの生徒の間の差は縮小しない。生まれ月による不利が学年段階を上がっても継続してみられる[14]。

　それではこのような誕生月による発達の差異は，出身家庭の社会経済的地位にかかわらずみられるのであろうか。それとも有利な家庭出身の生徒は早生まれにより生じるハンディを克服することができるのであろうか。成績からみていこう。図 8-6 は，早生まれによる不利（早生まれと 4-6 月生まれの間の「成績下位層」比率の差）が，家庭の社会経済的地位の違いにより異なるのかを示した。例えば，親学歴の小学 1-3 年の値（0.03）を取り上げてみよう。すでに

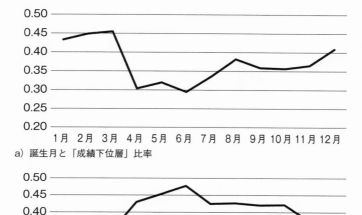

a) 誕生月と「成績下位層」比率

b) 誕生月と「調べる」が得意な比率

図 8 - 4 誕生月と「成績下位層」比率と「調べる」比率（小学生）

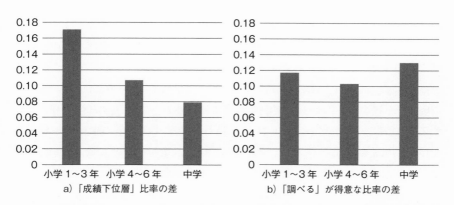

a)「成績下位層」比率の差

b)「調べる」が得意な比率の差

図 8 - 5 早生まれと 4-6 月生まれの間の「成績下位層」比率と「調べる」が得意な比率の差

155

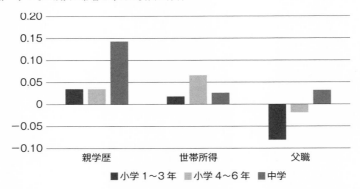

図 8-6　親学歴，世帯所得，父職別の成績についての早生まれの不利
　　　　（学年段階別）

図 8-5 より早生まれの場合 4-6 月生まれよりも「成績下位層」になる比率が
高い（17% の差がある）ことがわかっている。この早生まれの不利を親学歴別
にみると，親が非大卒の場合（19% の差）と大卒の場合（16% の差）で異なり，
親非大卒の方が若干（3%）高い[15]。

　プラスの値は，恵まれない家庭の出身者の早生まれの不利の度合いが，恵ま
れた家庭出身者の不利の度合いよりも大きいことを表している。逆にマイナス
の値は，恵まれた家庭出身者の方が不利の度合いが大きいことを意味する。早
生まれの不利の親学歴による違いは，小学校の段階ではわずかだが，中学校で
はかなり大きい（14% の差）[16]。これは両親が大卒の場合には，早生まれの不
利がほぼなくなっている（「成績下位層」比率は早生まれと 4-6 月生まれで違いが
ない）ことによる。しかし，親が非大卒では依然として早生まれの不利が存続
する（「成績下位層」比率は 12% ほど大きい）。つまり親大卒の生徒は中学段階
では，早生まれによるハンディを克服している。世帯所得と父職についてみる
と，有利な家庭出身者が早生まれによる不利を克服しているとは言い難い。世
帯所得については，たしかに値はプラスで，高所得層の方が早生まれによる不
利の度合いが小さいが，その差はわずかであり統計的に有意ではない。父職に
関しては，小学校段階では父親が専門管理職の場合の方がそうでない場合に比
べ，早生まれの不利は大きくなっている。中学ではその不利は父職専門管理職
の方が小さいが，いずれの場合も差は小さく統計的に有意ではない。

　成績ではなく「調べる」のが得意な比率について同様の分析を行ったのが図

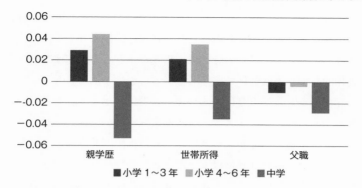

図8-7　親学歴，世帯所得，父職別の「調べる」比率についての早生まれの不利（学年段階別）

8-7である。早生まれによる不利（早生まれと4-6月生まれの間の「調べる」のが得意な比率の差）が，家庭の社会経済的地位の違いにより異なるのかを示した。親学歴をみてみよう。小学校低学年および高学年では，値はプラスであるので，親が非大卒の場合には大卒の場合に比べ早生まれによる不利が大きい。ところが中学校では値はマイナスになり，今度は親が大卒の場合の方が非大卒の場合よりも早生まれによる不利が大きいことがわかる。世帯所得については同様のパターンがみられる。小学校段階では世帯所得の高い方がそれ以外の世帯と比べ，早生まれによる不利を小さくすることができているが，中学校では逆に世帯所得の高い方が早生まれの不利が相対的に大きい。父職については，値がすべてマイナスであることから，父が専門管理職の場合にはそれ以外に比べ，どの学校段階でも早生まれの生徒の不利が大きいことがわかる。しかし，以上の恵まれた家庭と恵まれない家庭出身者の間でみられる早生まれによる不利の差は，いずれも統計的に有意ではなく，実質的にもわずかの差である。

　ここでは詳細は割愛するが，早生まれと4-6月生まれの子どもの間にみられる子どもの発達の違いに対して，親の子どもへのかかわり方に違いがあるのかを検討した。早生まれの子の親は，4-6月生まれの子の親と比較して，小学校の低学年・高学年では，「勉強のやり方を教える」比率が高く，高学年では母親の子どもと過ごす時間が長い傾向のあることがわかった。しかし，第3のセクションで取り上げたその他の親子の関係性については，早生まれの子の親と4-6月生まれの子の親の間で育て方に有意な違いはみられなかった。さらに，

この早生まれの子をもつ親のかかわり方の違いは，出身家庭の社会経済的な環境によって異ならない。つまり出身家庭の状況にかかわりなく，早生まれの子をもつ親は，子どもが小学生の時には，母親が子どもと過ごす時間を増やして，勉強の具体的なやり方について支援している可能性がある。

　全体としてみると，誕生月による発達の差異は，出身家庭の社会経済的地位にかかわらずみられるといえよう。有利な家庭出身の生徒が，早生まれにより生じるハンディを緩和・克服するという「補償仮説」を支持する知見はほとんどみられなかった。唯一「補償仮説」と一貫した知見は，両親が大卒の生徒は中学段階では，成績に関して早生まれと4-6月生まれで違いはみられなかった。つまり早生まれによる成績のハンディは，親大卒の中学生の間でのみ消滅していた。それ以外のケースでは，恵まれた家庭出身者も恵まれない家庭の生徒も，早生まれという不利をほぼ同じような形で経験しているといえる。

（3）家庭での親と子どものかかわり方による影響

　最後に，このセクションでは，出身家庭の社会経済的地位が子どもの発達に与える影響が，家庭における親と子どものかかわり方により媒介されるのかを検証する。媒介変数として考慮したのは，母親・父親がそれぞれ子どもと一緒に過ごしたり話したりする時間，親が子どもを「失敗したときに励ます」，「勉強のやり方を教える」，「勉強のおもしろさを教える」という親の子どもへの接し方である。成績下位層か否かを従属変数としたロジスティック回帰を学年段階別に行った。それぞれの段階別に2つの回帰を走らせた。最初は家庭の社会経済的地位（親学歴，世帯所得，父職）だけを導入したもの（統制なし），次は家庭での親と子のかかわりの変数を追加で導入したもの（媒介統制）である[17]。

　結果はすでに図8-2に示してある。「統制なし」と「媒介統制」の回帰の係数（対数オッズ比）を学校段階ごとに比較することにより，親と子どものかかわり方の変数が，出身家庭の社会経済的地位と学校の成績の間にみられる関係をどのくらい説明できるのかがわかる[18]。全体としていえるのは，「統制なし」と「媒介統制」後の回帰係数は，ほとんど変化がみられないことである。中学段階で世帯所得の影響がやや縮小しているが，大きな変化ではない。親学歴，世帯所得，父職という家庭の社会経済的地位の成績への影響力は，親子のかかわり方とは概ね独立しているといえる。

　親と子のかかわりの要因の中では，「勉強のおもしろさを教える」は，どの学校段階でも成績に有意な影響を与えており，最も重要な親子のかかわり変数といえる。小学校高学年では，「勉強のやり方を教える」変数が，中学段階では「失敗したときに励ます」変数が成績に影響を与えている。母親・父親が子どもと一緒に過ごす時間の長さは，成績には有意な影響を与えていない。成績に影響を与えるのは，親子が一緒に過ごす時間の長さではなく，親子関係の内容のようである。

　「調べる」のが得意か否かを従属変数とした結果は，図8-3に示してある。こちらも成績の結果とほぼ同様で，「統制なし」の状態から媒介変数を統制すると，回帰係数はわずかに縮小する傾向がある。特に世帯所得の影響については，小学校高学年と中学校の段階で，親子のかかわり変数を導入することにより，若干弱まっている。しかし，全体としてみると，媒介変数の統制の前後では，係数の顕著な違いはみられない。

　親子のかかわり要因の中で「調べる」に有意な影響を与えているのは，「勉強のおもしろさを教える」と「失敗したときに励ます」の2つで，どの学校段階でも有意である。小学校段階では，母親の子どもと一緒に過ごす時間が長いと「調べる」傾向が有意に上昇する。子どもがわからないことや知らないことを調べるのは，親から勉強のおもしろさを教えてもらったり，うまくいかないときに励ましてもらったりという経験と関連しているようである。

　以上，このセクションの知見をまとめると，家庭の社会経済的地位と子どもの発達の間にみられる関連は，少なくともこの分析で取り上げたような親子のかかわり方にはあまり媒介されておらず，それらとは概ね独立した形で結びついているようである。家庭における親と子どものかかわり方の中で，最も重要な要因を挙げるとすると，親が子に「勉強のおもしろさを教える」ことであろう。この要因は，すべての学校段階で成績と「調べる」姿勢の両方と関連している。それだけではなく，家庭の社会経済的地位と最も関連が強いのが，「勉強のおもしろさを教える」要因である。高学歴，高所得で父親が専門・管理の場合には，「勉強のおもしろさを教える」傾向が有意に高い[19]。このため家庭の社会経済的環境と子どもの発達の間を繋ぐ要因としては，「勉強のおもしろさを教える」は最も有力なものであると考えられる。

4.　結論——家庭環境と子どもの発達

　本章では，小学校から中学校までのそれぞれの学年の生徒と親をペアで調査するという調査設計の特色を活かして，親から正確に情報が得られる出身家庭の社会経済的環境が，小学校・中学校段階での子どもの成績および学びの姿勢と関連しているのかを検証してきた。

　第1のセクションでは，親学歴，世帯所得，父職という出身家庭の社会経済的地位を表す3つの指標が，小学校低学年，小学校高学年，中学校という3つの学年段階でどのように子どもの発達と関連しているのかを調べた。両親が大卒学歴であること，世帯が高所得であること，父親が専門・管理職に従事していることは，それぞれの学年段階での成績と「わからないことや知らないことを調べる」姿勢を有意に高めている。このセクションの最も重要な知見は，このような家庭環境による格差は，小学校低学年の段階から明確に確認され，学年段階を上がっても変わることなく続いているという点である。ここで言う「変わることなく」とは，出身家庭による格差は，拡大・蓄積あるいは，縮小・消滅するのではなく，ほぼ同程度で維持・継続されることを意味している[20]。このことは，小学校低学年という初期の学校段階で，すでに明確な家庭環境による格差が存在してしまっており，それがある意味固定化された形で学年が上昇していくことを物語っている。調査データはないのであくまで推論の域をでないが，恐らく小学校入学前の段階から出身家庭の社会経済的環境により子どもの発達に差がある可能性がある（Heckman, 2013＝2015）。このように生まれた家庭環境は，子どもの人生の極めて初期の段階から発達の違いを生み出しているようである。

　第2のセクションでは，誕生月と子どもの発達の関連に着目し，早生まれによる発達の不利があるのか，この不利の大きさが家庭の社会経済的地位により異なるのかを検証した。早生まれの生徒は4月-6月生まれの生徒と比較すると，成績と「調べる」のが得意な比率が，明らかに低い傾向がみられた。成績では，小学校低学年で差が最も大きく，学年段階が進むに従って差は縮小するが，中学校でも早生まれの不利は存続する。「調べる」が得意な比率は，学年段階にかかわらず早生まれによるハンディが確認された。

　このような誕生月による発達の差異は，出身家庭の社会経済的地位にかかわらず，すべての家庭出身者にみられた。有利な家庭出身の生徒が，早生まれという外在的ショックにより生じるハンディを克服するような「補償仮説」を支持する一貫した結果は見られなかった。恵まれた家庭出身者は，早生まれか否かにかかわらず，有利な立場にある。しかし，早生まれか否かによる肉体的・精神的な発達の違いはあまりにも大きいため，恵まれた家庭出身者であっても，その不利を挽回するのは容易なことではないのかもしれない。

　第 3 のセクションは，出身家庭の社会経済的地位と子どもの発達の関連が，どのようなメカニズムで生成されるのかを調べるために，家庭での親と子どものかかわり方を取り上げた。子どもと過ごす時間，子どもが失敗したときに励ます，子どもに勉強のやり方を教える，子どもに勉強のおもしろさを教える，という親子の関係性について着目した。分析結果によれば，家庭の環境と子どもの発達の間の関連は，ここで取り上げた親子の関係性によってはほとんど説明されなかった。様々な媒介要因の中でいうと，「勉強のおもしろさを教える」ことが最も重要であった。しかし，その説明力もそれほど大きいということではなかった。出身家庭の社会経済的地位による子どもの発達の格差は，少なくとも本章で取り上げた親子のかかわり方の要因により，十分に説明されるわけではないようである[21]。

　生まれ落ちた家庭の環境により，子どもの発達に明確な違いが生じていることは，本章の記述からも疑いのない実態である。このような家庭背景による格差が，どのようにして形成されてくるのかについて，更なる分析が必要である。各家庭における子どもの社会化の過程についてより立ち入った分析を試みることが課題といえよう。もちろん調査では観察されない要因があることも配慮しなければならないが，本章では十分に考慮できなかった親子関係に関する調査項目もたくさんある。家庭環境と子どもの発達の関連を解く鍵を，引き続き探索する努力が必要である。

注
1）例えば，平沢他（2013），藤原（2019），松岡（2019）などを参照。
2）ひとびとの持つ資質や才能といわれるものについても，それらが実は親の遺伝子により形作られていると考えると，個人がコントロールできない初期条件はより広範なものになる。本研究では，このような遺伝的な条件は分析の対象

とすることは困難であると考え，ひとまず議論の枠の外にあると仮定している。あくまで子どもが生を受けた後に育ってきた環境の違いに焦点を当てる。近年の研究では，遺伝の与える独自の影響だけでなく，遺伝と環境が相互に影響しあって子どもの発達が形成されてくるという見方が強調されており，出身家庭の環境の影響を記述することの意義は大きいと考えられる（例えば，Conley and Fletcher, 2017; Mills et al., 2020 を参照）。

3 ）本章では，「早生まれ」を外在的ショックと定義している。つまり出身家庭の属性と「早生まれ」の確率は関連がないと仮定している。多くの研究ではこの仮定に従っているが，山下（2013）は，母親が教育費の支出に積極的である場合，通塾率が高い地域の場合には，早生まれの確率が低くなることを報告している。

4 ）小学校の 1 年から 3 年については，保護者のみが調査の対象となっており，生徒から調査票を回収していない。

5 ）小学校低学年を除く各学年について，生徒・保護者それぞれ約 1,300 名から回答を得ている。

6 ）生年月日の情報がないので，4 月 1 日生まれの生徒は，4 月 − 6 月生まれ（早生まれではなく）として扱っている。

7 ）世帯所得と父職についても成績との関連を調べると，「成績下位層」とそれ以外の層との間で顕著な違いがみられる。

8 ）回帰式には，性別と学年（小学校低学年では，小 2 と小 3 のダミー変数）もコントロール変数として導入してある。回帰式は，親学歴，世帯所得，父職ごとに別々に走らせ，それぞれの変数の「全効果」を示したものである。

9 ）3 つの学年段階を統合したロジスティック回帰を走らせた結果によれば，学年段階による違いは，有意ではない。

10）赤林・直井・敷島編（2016）によれば，世帯所得が学力に与える影響は，小学校低学年よりも高学年，中学校で高いことが報告されている。

11）すべての学年段階で，出身家庭の 3 つの要因の影響は，5 ％ の水準で統計的に有意である。3 つの要因を同時に導入した多変量解析でも，中学校段階での世帯所得を除いて，すべての要因の影響は引き続き有意である。

12）出身家庭の 3 つの要因の影響は，すべての学校段階において 5 ％ の水準で統計的に有意である。他の要因を同時にコントロールした多変量解析では，小学校高学年と中学校の段階で世帯所得が有意でない以外は，すべての要因の影響は引き続き有意である。

13）高校の段階になると，早生まれと 4-6 月生まれの違いはまったく消滅してしまう。

14）高校の段階では，早生まれと 4-6 月生まれの違いは 5 ％ 弱で統計的にも（5 ％ の水準で）有意ではなくなる。

15）この親非大卒と親大卒の違いは，統計的に有意ではない。

16）中学校段階での親学歴による早生まれ効果の差は，5 ％ の水準で統計的に有

意である。

17) 2つの回帰式には，性別と学年（小学校低学年では，小2と小3のダミー変数）もコントロール変数として導入してある。

18) 厳密にいうと，統制なしと媒介統制後の係数の比較は，2つの回帰分析の散らばりの度合いが異なるので，慎重にする必要がある。ここでは概観的な目安として，回帰係数が大きく変わるのかのみを調べている。

19) 親学歴，世帯所得，父職は，すべての学年段階で「勉強のおもしろさを教える」に影響を与えている。唯一の例外は，小学校低学年段階での父職については，プラスの係数であるが，統計的に有意ではない。

20) この知見は，個人が経験するライフコースの様々な段階の中で，初発の格差が拡大も縮小もせずに連鎖・継続しているパターンがあることと，パラレルな関係にある（石田，2017）。

21) 慎重な結論となっているのは，ここで取り上げた親子のかかわり方の要因の測定の仕方や分析方法を変えれば，その媒介効果がより大きくなる可能性があることを考慮しているからである。

参考文献

阿部彩，2008，『子どもの貧困——日本の不公平を考える』岩波書店.

阿部彩，2014，『子どもの貧困 II——解決策を考える』岩波書店.

赤林英夫・直井道生・敷島千鶴（編），2016，『学力・心理・家庭環境の経済分析』有斐閣.

荒牧草平，2000，「教育機会の格差は縮小したか」近藤博之（編）『日本の階層システム 3　戦後日本の教育社会』東京大学出版会，pp. 15-35.

荒牧草平，2016，『学歴の階層差はなぜ生まれるか』勁草書房.

荒牧草平，2019a，「子育て環境に関する母親のパーソナルネットワークの機能」『日本女子大学紀要』29号，pp. 17-30.

荒牧草平，2019b，『教育格差のかくれた背景——親のパーソナルネットワークと学歴志向』勁草書房.

Bernardi, Fabrizio, 2014, "Compensatory Advantage as a Mechanism of Educational Inequality: A Regression Discontinuity Based on Month of Birth," *Sociology of Education* 87, pp. 74-88.

Bourdieu, Pierre, 1979, *La Distinction*, Minuit（＝1990，石井洋二郎訳『ディスタンクシオン——社会的判断力批判』藤原書店）

Conley, Dalton and Jason Fletcher, 2017, *The Genome Factor: What the Social Genomics Revolution Reveals About Ourselves, Our History, and the Future*, Princeton University Press.

藤原翔，2019，「教育社会学における因果推論」『理論と方法』34巻1号，pp. 65-77.

Fujihara, Sho and Hiroshi Ishida, 2016, "The Absolute and Relative Values of

Education and the Inequality of Educational Opportunity: Trends in Access to Education in Postwar Japan," *Research in Social Stratification and Mobility* 43, pp. 25-37.

浜野隆，2014，「児童生徒の意識・行動及び学校での学習指導と学力――不利を克服している児童生徒に着目して」国立大学法人お茶の水女子大学『平成25年度全国学力・学習状況調査（きめ細かい調査）の結果を活用した学力に影響を与える要因分析に関する調査研究』，pp. 119-126.

原純輔・盛山和夫，1999，『社会階層――豊かさの中の不平等』東京大学出版会.

Heckman, James, 2013, *Giving Kids A Fair Chance*, MIT Press（＝2015，古草秀子訳『幼児教育の経済学』東洋経済新報社）

平沢和司・古田和久・藤原翔，2013，「社会階層と教育研究の動向と課題――高学歴化社会における格差の構造」『教育社会学研究』93集，pp. 151-191.

本田由紀，2008，『「家庭教育」の隘路――子育てに強迫される母親たち』勁草書房.

星敦士，2011，「育児期のサポートネットワークに対する階層的地位の影響」『人口問題研究』67巻1号，pp. 38-58.

石田浩，2017，「格差の連鎖・蓄積と若者」石田浩（編）『教育とキャリア』勁草書房，pp. 35-62.

苅谷剛彦・志水宏吉・清水睦美・諸田裕子，2002，『調査報告「学力低下」の実態』岩波書店.

苅谷剛彦・志水宏吉（編），2004，『学力の社会学――調査が示す学力の変化と学習の課題』岩波書店.

片岡栄美，2001「教育達成過程における家族の教育戦略」『教育学研究』68巻3号，pp. 259-273

川口大司・森啓明，2007，「誕生日と学業成績・最終学歴」『日本労働研究雑誌』569，pp. 29-42

Kawaguchi, Daiji, 2011, "Actual Age at School Entry, Educational Outcomes, and Earnings," *Journal of the Japanese and International Economies* 25(2), pp. 64-80.

近藤博之，2001，「高度成長期以降の大学進学機会」『大阪大学教育学年報』6，pp. 1-11.

近藤博之・古田和久，2009「教育達成の社会経済的格差――趨勢とメカニズムの分析」『社会学評論』59巻4号，pp. 682-698.

近藤博之・古田和久，2011，「教育達成における階層差の長期趨勢」石田浩・近藤博之・中尾啓子（編）『現代の階層社会2　階層と移動の構造』東京大学出版会.

Lareau, Annette, 2003, *Unequal Childhoods*, Berkeley, CA: University of California Press.

松田茂樹，2008，『何が育児を支えるのか――中庸なネットワークの強さ』勁草

書房.

松岡亮二, 2019, 『教育格差——階層・地域・学歴』筑摩書房.

Mills, Melinda C., Nicola Barban and Felix C. Tropf, 2020, *An Introduction to Statistical Genetic Data Analysis.* Cambridge, MA: The MIT Press.

耳塚寛明, 2007, 「小学校学力格差に挑む——だれが学力を獲得するのか」『教育社会学研究』80 集, pp. 23-39.

中西啓喜, 2017, 『学力格差拡大の社会学的研究——小中学生への追跡的学力調査結果が示すもの』東信堂.

尾嶋史章, 1990, 「教育機会の趨勢分析」菊池城司（編）『現代日本の階層構造3：教育と社会移動』東京大学出版会, pp. 25-55.

尾嶋史章, 2002, 「社会階層と進路形成の変容——90 年代の変化を考える」『教育社会学研究』70 集, pp. 125-141.

小塩隆士・北條雅一, 2012, 「学力を決めるのは学校か家庭か」樋口美雄・財務省財務総合政策研究所（編）『グローバル社会の人材育成・活用——就学から就業への移行課題』勁草書房, pp. 68-90.

山下絢, 2013, 「子どもの生まれ月と親の階層・教育意識」『教育学研究』80 巻 3 号, pp. 14-24.

大和礼子, 2000, 「『社会階層と社会的ネットワーク』再考」『社会学評論』51 巻 2 号, pp. 235-250.

第 9 章

子どもの自律的な進路選択に親への信頼が与える影響

大﨑裕子

1. はじめに

(1) 親子の進路意識と自律的な進路希望

　教育機会の格差生成プロセスの一つとして，一般に高学歴の親ほど子にも高い学歴を期待し，その期待が子自身の進路希望（教育アスピレーション）に影響する結果，親学歴による教育機会の格差が生じると考えられている[1]。とくに，子の進路希望と親の教育期待の関連がしばしば研究の対象となる（片瀬，2005；岡部，2014；中澤，2015；荒牧，2016）。親の教育期待が子の進路希望に影響するといった場合，教育格差の文脈においてとくに問題とされるのは，親の教育期待の低さが子の教育アスピレーションを抑制してしまうケースである。たとえば，小学生のときに大学進学を漠然とイメージしていた子どもが，中学，高校へと進むなかで親が自分に大学進学を期待していないことを理解し，やがて進学をあきらめるというケースが考えられる。あるいは，大学に縁遠い環境に生まれた子どもが，学校での勉強や先生，友達との交流を経て大学進学への興味を持ちながらも，親の非進学意向によって進学を希望するに至らない，といったケースもあるだろう。このように，本来尊重されるべき子どもの自由な進路選択が親の意向によって制約されることは，機会格差の問題であるだけでなく，子どもが人生の早い時期に経験した無力感や不平等感は，その後の長い人生における様々な挑戦の機会にもネガティブな影響を与えるかもしれない。

　では，進路に対する親子の意識はどのように関連しているのだろうか。先行研究によれば，子どもが進学校に通っている場合や親の教育意識が高い場合，親子ともに大学進学を希望しやすいのに対し，子どもが進路多様校に通ってい

る場合や親が放任的で進路や教育に無関心である場合は，親子間の不一致が生じやすいとされる（片瀬，2005；中澤，2015）。これらの研究では，親子間で希望が一致しにくい理由として，進学に対する明確な目的意識の欠如や親子間のコミュニケーション不足が指摘される。しかし一方で，親子間の進路意識の相違は，以下に述べるように，子どもの自律的な希望形成という点からみれば，健全なずれと考えることもできる。

　伝統的なモデルでは，親子間の進路意識の一致は，家庭における社会化によって親の教育期待を子どもが内面化した結果と理解されてきた[2]。一方で，親子間の進路意識の一致は，子どもが親の教育に対する志向性を内面化したのではなく，子どもが親の期待を「受け入れた」結果と考えることも可能である（荒牧，2016）。つまり，子どもが本当は望んでいない進路を親の意向にあわせて受動的に希望している可能性がある。そのようなケースでは，子どもの進路選択がより明示的に親の意向によって制約されることになり，子どもにとって不本意な経験となる可能性もある。

　したがって，子どもの自律的な進路選択という視点に立てば，子どもが親の期待と異なる進路希望を形成することは，親という権威的存在から解放されて自律的に進路希望を確立したとみなすこともできるのではないだろうか。子どもの学年が進み，学校の先生や友達との交流を経て主体的に将来を考えるようになれば，進路に対する親の期待と子どもの希望に相違が生じても不思議はない。しかしながら，進路選択における経済的コストを親が負担する以上，親の意向が自身の希望と異なることは，子どもにとってプレッシャーとなるだろう。このように，子どもは親と対立する可能性のもとで進路希望を形成していると考えられる。そのようななかで，子どもはいかにして親の教育期待にしばられることなく，自律的に進路希望を形成することができるのだろうか。

(2) 自律的な進路希望の形成と親への信頼

　以上の問題意識のもと，本稿では，子どもの自律的な進路希望の形成という視点から，親子の進路意識の関連に影響する要因を探る。そのため，カリキュラムや偏差値といった学校の文脈や，親の教育意識，親から子へのはたらきかけといった要因よりも，子ども自身の心理的要因にアプローチすることが有効であると考えられる。進路をめぐり親と意見が対立する可能性があるなかで，

どのような心理状態にある子どもが自律的に進路を希望することができるだろうか。

　教育・発達心理学やキャリア教育といった心理学分野では，サポートやコミュニケーションなどを含む親子の心理的な関係が子の進路選択に与える影響について研究の蓄積がある（成田 2016)[3]。ただし本稿において注目する，子どもの自律的な進路希望を促進する心理的要因をあつかった研究は，管見の限り少ないようである。

　そこで本稿では，子どもの自律的な進路選択に影響する要因として，子どもの親に対する信頼に着目する[4]。ここでの親への信頼とは，日頃から親が子どもを肯定し，主体性を尊重し，認めて信頼してくれる，といったことに対する子どもの信頼である[5]。そうした親への信頼を感じている子どもほど，自己肯定感を養い，たとえ親との間に意見の対立が生じても，心折れることなく自律的に進路希望を形成しやすいだろう。そのような信頼感をいだけない場合，親という権威に対して従属的になりやすく，自律的な希望を形成することは難しいだろう（仮説1)。

　ただしこうした親への信頼は，上記とは別のかたちで子どもの進路希望に影響する可能性もある。すなわち，親に対する強い信頼感があることで，子どもは親に反発することなく，安心して親の期待に沿うように自身の希望を形成することも考えられる。その場合は，親への信頼が強くない子どもの方が，親の期待にひきずられにくく，自律的に進路希望を形成できるかもしれない（仮説2)。

　このように親への信頼は，子どもの自律的な進路選択を促す効果，あるいはその逆の効果をもつことが予想される。そこで以下では，親子パネルデータをもちいて，親子間の進路意識の関連に対する親への信頼の影響を検討する。その結果から，子どもの自律的な進路選択における課題を明らかにすることが本稿の目的である。

2. 分析の枠組み

　データには，ベネッセ教育総合研究所と東京大学社会科学研究所による「子どもの生活と学びに関する親子調査（JLSCP)」の2015年度調査（wave 1)と

2018 年度調査（wave 4）をもちいる。親子パネルデータにより，親子それぞれの進路意識の 3 年間の変化をとらえ，親の変化と子の変化の関連を検討する。これにより，親の変化が子の変化に与える影響の強弱を，子の進路希望形成の自律性を考察する材料としてもちいることが可能である。つまり，親の変化と子の変化の関連が低い場合に，子の進路希望の自律性が高いことを前提としている。

　JLSCP 調査は小学 1 年生から高校 3 年生までの子どもとその親を対象としているが，子ども本人の進路意識は小学 4 年生以上に尋ねている。そこでwave 1 で小学 4 年生から中学 3 年生（wave 4 では中学 1 年生から高校 3 年生）であった親子のうち，分析でもちいる変数に欠測のない親子（計 4,527 ペア）を対象に分析をおこなう。進路希望の文脈は学校段階によって異なるため，本来であれば学校段階を区別して分析をすることが望ましいが，本稿では以下に示すとおり，進路希望の変化のパターンを詳細に検討するためにサンプルサイズの制約が大きいことから，学校段階を区別せずに分析をおこなう。

　以下ではまず，親子の進路意識の変化の関連について確認する（分析 1）。続いて，本稿の主要な関心である，親子の進路意識の変化の関連に対する親への信頼の影響について明らかにする（分析 2）。ただし分析 2 では，wave 1 時点で親が子に 4 大進学を期待していないケースのみを対象に分析をおこなう。親の教育期待が子の成長によって下降することは非常に稀であり，また子の進路選択においては，親の教育期待がそもそも低いことが問題となりやすいためである。

3.　親子の進路意識の変化の関連

(1)　親子の希望進路の分布

　子ども本人が希望する進路，および，親が子に期待する進路をそれぞれ，wave 1 と wave 4 の各調査において，以下の質問をもちいてたずねた。

　問（子）．あなたは，将来，どの学校まで進みたいと思いますか（1 つ選んで〇）。

　問（親）．あなたは，調査の対象となっているお子様を将来，どの学校段階まで進学させたいとお考えですか（1 つ選んで〇）。

　答（子・親）．中学校まで（小・中学生のみ）　高校まで　専門学校・各種学校

表 9-1　子・親の希望進路の分布（%，wave 4＝2018 年）

		全体(4,527)		中学生(2,418)		高校生(2,109)	
		子	親	子	親	子	親
非4大	未定	15.1	10.2	21.3	12.8	7.9	7.3
	中学・高校	7.6	5.3	8.4	5.4	6.6	5.2
	専門・各種学校	7.9	7.6	7.7	7.6	8.2	7.6
	短大・高専	3.6	3.5	3.5	3.3	3.7	3.7
	小計	34.2	26.6	40.9	29.1	26.5	23.8
4大	大学	59.6	68.4	55.1	67.6	64.7	69.3
	大学院	6.3	5.0	4.0	3.3	8.9	6.9
	小計	65.8	73.4	59.1	70.9	73.5	76.2
合計		100.0	100.0	100.0	100.0	100.0	100.0

注）括弧内数値はサンプルサイズ。

まで　高等専門学校（高専）まで　短期大学（短大）まで　大学（四年制，六年制）まで　大学院まで　その他　まだ決めていない

　表 9-1 に，wave 4 の親子の希望進路の回答分布を示した。全体の分布は，子の 66%，親の 73% が大学，大学院をあわせた 4 年制大学以上への進学を希望している（以下，「4 大希望」とする）。一方，短大・高専までを希望したのは子の 19%，親の 16% であった。また，子の 15%，親の 10% がまだ決めていない（未定）と答えたが，これらは 4 年制大学以上への進学希望を積極的に示していないことから，短大・高専までの進学希望とあわせて以下では「非 4 大希望」とする。

　なお，中学・高校別にみると，中学生は子が親に比べて 4 大希望が約 10% 少なく，非 4 大希望（とくに未定）が多いが，高校生は親子間の差が小さく，子・親ともに 7 割以上が 4 大進学を希望している。

(2) 親子の希望進路の変化

　続いて親子の希望進路の wave 1 から wave 4 への変化についてみていこう。各時点における希望進路を「4 大」または「非 4 大」とすると，変化の全パターンは 2×2＝4 パターンある。これらの 4 パターンを次のように定義しよう。まず，wave 1 で 4 大を希望したケースのうち，wave 4 でも 4 大希望を維持したケースと非 4 大希望へと下降移動したケースをそれぞれ「4 大キープ」と

表9-2　子・親の希望進路の変化（%）

変化	wave 1	wave 4	子		親	
4大キープ	4大	4大	45.8	82.5	63.0	89.7
非4大シフト		非4大	9.7	17.5	7.2	10.3
				100.0(2,514)		100.0(3,176)
非4大ステイ	非4大	非4大	24.5	55.1	19.4	65.1
4大シフト		4大	20.0	44.9	10.4	34.9
				100.0(2,013)		100.0(1,351)
				100.0(4,527)	100.0(4,527)	

注）括弧内数値はサンプルサイズ。子・親の左列は全体に対する割合，右列は wave 1 で4大・非4
大を希望した各グループに対する割合を示している。

「非4大シフト」とする。次に，wave 1 で非4大を希望したケースのうち，
wave 4 でも非4大希望にとどまったケースと4大希望へと上昇移動したケー
スをそれぞれ「非4大ステイ」と「4大シフト」とする[6]。

　以上をふまえ，親子それぞれの進路希望の変化パターンの割合を表9-2に
示した。まず，全体での割合（子・親の各左列）をみると，子・親ともに4大
キープが最も多く，非4大ステイ，4大シフトと続き，非4大シフトが最も少
ない。子と親をくらべると，親の方が4大キープが多く，子の方が4大シフト
や非4大ステイが多くなっている。

　次に，wave 1 で4大・非4大を希望した各グループに対する割合（子・親
の各右列）をみてみよう。wave 1 で4大を希望したグループでは，子は83%，
親は90% が4大キープしており，とくに親の4大希望の頑健さ（非4大シフト
の少なさ）が顕著である。一方，wave 1 で非4大を希望したグループでは，
子の45%，親の35% が4大シフトし，子の55%，親の65% が非4大ステイ
となっている。このように，子，親いずれも，wave 1 で4大進学を希望した
ケースのほとんどが wave 4 でも4大希望を維持したのに対し，wave 1 で非4
大を希望したケースについては，wave 4 でも非4大希望にとどまったケース
と，4大希望に移行したケースにわかれている。

（3）親子の希望進路の変化の関連

　次に，希望進路の変化の親子の対応パターンは，図9-1のように4パター
ンにあらわすことができる。パターン1とパターン2では，親が非4大シフト

		子	
		4大 → 4大　（4大キープ） 　　　→ 非4大（非4大シフト）	非4大 → 4大　（4大シフト） 　　　→ 非4大（非4大ステイ）
親	4大 → 非4大（非4大シフト） 　　→ 4大　（4大キープ）	パターン1 （N=2,253）	パターン2 （N=923）
	非4大 → 非4大（非4大ステイ） 　　　→ 4大　（4大シフト）	パターン3 （N=261）	パターン4 （N=1,090）

図9-1　親子の希望進路の変化の対応パターン

注）wave 1（2015年）から wave 4（2018年）への親子の希望進路の変化の組み合わせを表している。

する傾向と子が4大キープまたは4大シフトする傾向の関連を，パターン3とパターン4では，親が非4大ステイする傾向と子が4大キープまたは4大シフトする傾向の関連を分析することができる。各パターンに該当したケースの数は，パターン1が2,253（49.8%），パターン2が923（20.4%），パターン3が261（5.8%），パターン4が1,090（24.1%）であった。

　では，親の変化と子の変化はどれくらい関連しているのだろうか。4パターンそれぞれについて親の変化と子の変化をクロス集計した結果を図9-2に示した。図から，4つのいずれのパターンにおいても，親の変化と子の変化が強く関連していることは明らかである。wave 1から wave 4にかけて親が非4大シフトした場合，4大キープした場合に比べ，子は顕著に4大キープしにくく（パターン1），また4大シフトしにくい（パターン2）。一方，wave 1から wave 4にかけて親が非4大ステイであった場合も，4大シフトした場合に比べ，子は明らかに4大キープしにくく（パターン3），4大シフトしにくい（パターン4）。これらの変化の関連はいずれも統計的に有意（$p<0.001$）であった。このような親子の進路意識の変化の強い関連は，親から子への影響を前提とすれば，親の期待が子の希望を制約し，子の自律的な進路選択を妨げている可能性を示唆している。

　それでは，どのような要因が親子の進路意識の変化の関連を抑制し，より自律的な子の進路希望形成を可能にするのだろうか。1-(2)項で述べたとおり，本稿ではそのような要因として親への信頼に着目する。そこで次の分析として，親子の進路意識の変化の関連に対する親への信頼の影響について検討しよう。

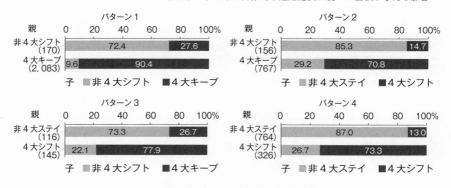

図9-2　親子の希望進路の変化の関連

注）括弧内数値はサンプルサイズ。

ただし表9-2に示したとおり，親の教育期待が子の成長によって下降するケースは少なく，また子の進路選択においては，親の教育期待がそもそも低いことが問題となりやすい。そこで以下では，上で確認した親子の変化の対応4パターンのうち，wave 1時点で親が子に非4大を希望したパターン3（$N=$ 261）とパターン4（$N=1,090$）にしぼり，親が一貫して非4大を希望すること（非4大ステイ）と子の4大キープおよび4大シフトの各関連に対して，子の親に対する信頼がどのように影響するかを検討する。

4. 子どもの自律的な進路希望形成に対する親への信頼の影響

(1) 記述的分析

　子が親を信頼しているかどうかによって，親の変化と子の変化の関連はどのように異なるだろうか。ここでは，子の親に対する信頼感の影響を探索的に検討するため，以下のとおり3つの内容に関する親への信頼をもちいる。

　2018年度調査の子への問い「お父さんやお母さんについて，次のようなことはどれくらいあてはまりますか」における複数項目への回答（1まったくあてはまらない〜4とてもあてはまる）をもちいて，以下の3つのことがらに関する子から親への信頼を測定した。

1) 肯定・支援してくれることへの信頼

　親が自分を肯定し，必要があれば支援してくれることへの信頼を，「いいこ

とをしたときにほめてくれる」「失敗したときにはげましてくれる」「やりたいことを応援してくれる」の3項目の平均得点により測定した。

2）自主性を尊重してくれることへの信頼

自分が自主的に考えたり行動したりすることを親が尊重してくれることへの信頼を，「自分の考えを持つように言う」「「自分でできることは自分でしなさい」と言う」の2項目の平均得点により測定した。

3）自身を信頼してくれることへの信頼

日頃から親が自分を子どもあつかいせず，信頼してくれることに対する信頼を，「自分を大人と対等に扱ってくれる」「自分を頼りにしてくれる」の2項目の平均得点により測定した。

これら3種類の親への信頼のスコアについて，以下の記述分析では中央値により低信頼／高信頼の2水準としたものをもちい，回帰分析では中心化（平均値＝0）した値をもちいる。

3種類の親への信頼の水準（低信頼／高信頼）によって，親の非4大ステイと子の4大キープ（パターン3），4大シフト（パターン4）のそれぞれの関連のしかたがどのように異なるか，まずは記述的に検討しよう。3重クロス集計の結果を子の4大キープや4大シフトの割合を示すグラフとして図9-3と図9-4に示した。図9-3の縦軸はwave 1で4大希望であった子どものうち4大キープした割合を，図9-4の縦軸はwave 1で非4大希望であった子のうち4大シフトした割合をあらわしている。それぞれのグラフは，親が4大シフト／非4大ステイした際の，子の4大キープ（図9-3），4大シフト（図9-4）の割合を，親への信頼の水準別（低信頼／高信頼の2水準）に示している。

まず図9-3からみていこう。3つの図いずれも，低信頼グループに比べて高信頼グループの方がグラフの傾きが小さく，親が4大シフトした場合と非4大ステイした場合で，子が4大キープする傾向の差が小さいことが示されている。その違いをとくに顕著にしているのは，親が「肯定・支援してくれる」ことへの信頼の水準である（図9-3左）。親が4大シフトした場合と非4大ステイした場合の子の4大キープの割合の差は，低信頼グループが79.5－14.5＝65.0ポイントであるのに対し，高信頼グループでは76.4－40.7＝35.7ポイントである。この違いはとくに，非4大ステイした親のもとで4大キープした子どもが，高信頼グループの4割であるのに対し，低信頼グループはわずか

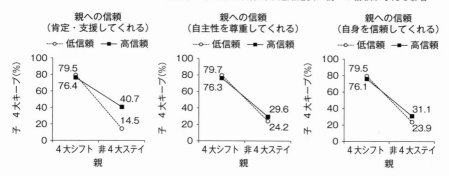

図 9 - 3　親への信頼の水準ごとの親の非 4 大ステイと子の 4 大キープの関連

注）いずれも *N*＝261。縦軸は，wave 1 で 4 大希望であった子のうち 4 大キープした割合。

15％ という違いにあらわれている。つまり，親への信頼が低いとき，非 4 大
ステイした親のもとで子が 4 大キープすることはいっそう難しくなっている。
一方，4 大シフトした親のもとで 4 大キープした子どもの割合は，高信頼グル
ープが低信頼グループよりも数ポイント低いが，大きな差ではない。

　図 9 - 4 についてはどうか。こちらも 3 つの図に共通する傾向がみられる。
図 9 - 3 とは反対に，低信頼グループに比べて高信頼グループの方がグラフの
傾きが大きく，親が 4 大シフトの場合と非 4 大ステイの場合で，子が 4 大シフ
トする傾向の差が大きい。たとえば図 9 - 4 中央では，親が「自主性を尊重し
てくれる」ことについて低信頼グループと高信頼グループを比べると，親が 4
大シフトした場合と非 4 大ステイした場合の子の 4 大シフトの割合の差は，低
信頼グループが 69.4－15.3＝54.1 ポイントであるのに対し，高信頼グループ
では 77.8－10.3＝67.5 ポイントである。つまり，親への信頼が高いほど，親
が 4 大シフトした場合は子も 4 大シフトし，親が非 4 大ステイした場合は子も
非 4 大ステイする傾向がある。逆に親への信頼が低いほど，親が 4 大シフトま
たは非 4 大ステイしたときに子が親と同様に変化する傾向は小さくなっている。

　以上の記述的分析から，親の非 4 大ステイと子の 4 大キープおよび 4 大シフ
トの各関連の強さは，子の親に対する信頼の度合いによって異なることが確認
された。観察された関連を親から子への影響とみなすならば，親の非 4 大ステ
イが子の 4 大キープに与える負の影響は，子が親をより信頼しているときに抑
制された。一方，親の非 4 大ステイが子の 4 大シフトに与える負の影響は，子

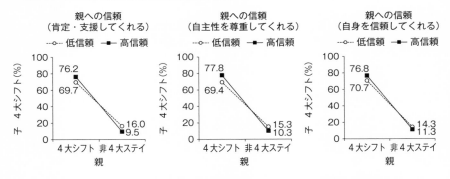

図9-4　親への信頼の水準ごとの親の非4大ステイと子の4大シフトの関連

注）いずれも N=1,090。縦軸は，wave 1 で非4大希望であった子のうち4大シフトした割合。

が親をより信頼しているときに促進された。このような親子の希望進路の変化の関連に対する親への信頼の影響は，他の要因を統制したうえでも統計的に有意だろうか。回帰分析で確認しよう。

(2) 回帰分析

　記述的分析で観察された親子の希望進路の変化の関連に対する親への信頼の影響を，回帰分析における交互作用効果から検討しよう。分析には，子の4大キープ（参照：非4大シフト）および4大シフト（参照：非4大ステイ）をそれぞれ従属変数とする二項ロジスティック回帰をもちいる。

　独立変数は，親の非4大ステイ（参照：4大シフト），子の親に対する信頼（肯定・支援してくれる，自主性を尊重してくれる，自身を信頼してくれる），およびそれらの交互作用である。ただし親への信頼3変数は変数間の相関が高いため，1変数ずつ投入して3つのモデルを検討する。また，主効果と交互作用の高相関による多重共線性を避け，くわえて親の非4大ステイの主効果を解釈しやすくするため，親への信頼3変数は中心化した値をもちいる[7]。

　このほか，子や親の希望進路との関連が予想される家庭要因や子の属性要因を統制する（いずれも wave4 データ）。親要因として父母学歴（父母とも4大卒／父：4大卒，母：非4大卒／父：非4大卒，母：4大卒／父母とも非4大卒／その他・無回答・不明），世帯年収（400万円未満／600万円未満／800万円未満／800万円以上／無回答・不明），対象子どもの月当たり教育費（1万円未満／2万円未

満／2万円以上），子要因として性別，きょうだい数（1人っ子／2人／3人以上），学校の成績（下位層／中位層／上位層)[8]，通っている学校の設置区分（公立／国立・私立）をもちいる。

　以上の変数をもちい，子の4大キープおよび子の4大シフトをそれぞれ従属変数として二項ロジスティック回帰分析をおこなった。結果がそれぞれ表9-3，9-4に示されている。2つの表において，モデル1とモデル4，モデル2とモデル5，モデル3とモデル6はそれぞれ，親への信頼の変数として「肯定・支援してくれることへの信頼」，「自主性を尊重してくれることへの信頼」，「自身を信頼してくれることへの信頼」を投入している。

　それでは，子の4大キープを従属変数とする二項ロジスティック回帰の結果（表9-3）からみていこう。まず，親の非4大ステイの主効果はモデル1〜3いずれも負に有意（オッズ比はそれぞれ0.08，0.09，0.08）である。家庭要因や子の属性要因としては，父母学歴，教育費，きょうだい数，成績が子の4大キープと有意に関連しているが，これらの影響を統制しても，親の非4大ステイは子の4大キープを強く規定していることがわかる。一方，親への信頼の主効果はいずれも有意でない。

　次に，親の非4大ステイと親への信頼の交互作用についてみると，モデル1と3で正の有意な交互作用が示されている。すなわち，親の非4大ステイと子の4大キープの負の関連は，親が自身を肯定し，支援してくれること（モデル1）や自身を信頼してくれること（モデル3）に対する信頼によって，それぞれ有意に抑制されている。これは，親をそのように信頼している子どもほど，親の意向の影響を受けにくく，親が非4大希望にとどまった場合と4大希望へと上昇した場合で，子が4大希望を維持する傾向の差が小さいことを示している。逆に親への信頼が低い子どもほど，親の意向の影響を受けやすく，親が非4大希望にとどまることで，子は非4大希望へと下降しやすくなっている。

　このように，親への信頼の高低によって子の4大キープに対する親の非4大ステイの影響に違いがみられる。ただし，交互作用の係数に対して親の非4大ステイの主効果の係数が十分に大きいことから，親への信頼の影響を考慮しても，全体として親の非4大ステイは子の4大キープを強く規定している。

　同様に，子の4大シフトを従属変数とした二項ロジスティック回帰の結果（表9-4）についてみていこう。親の非4大ステイの主効果は，モデル4〜6す

表9‐3　子の4大キープを従属変数とする二項ロジスティック回帰分析

	モデル1	モデル2	モデル3
親の希望進路変化(参照：4大シフト)			
非4大ステイ	−2.576***	−2.449***	−2.550***
親への信頼			
親への信頼(肯定・支援)	−0.172		
親への信頼(自主性を尊重)		0.162	
親への信頼(自身を信頼)			−0.343
交互作用			
非4大ステイ×親への信頼(肯定・支援)	1.328*		
非4大ステイ×親への信頼(自主性を尊重)		0.029	
非4大ステイ×親への信頼(自身を信頼)			0.952*
父母学歴(参照：父母とも非4大卒)			
父母とも4大卒	1.731**	1.494*	1.461*
父：4大卒，母：非4大卒	1.287**	1.277**	1.213**
父：非4大卒，母：4大卒	−0.594	−0.690	−0.789
その他・無回答・不明	1.065	1.041	1.072
世帯年収(参照：400万円未満)			
600万円未満	−0.003	0.025	0.077
800万円未満	0.134	0.057	0.169
800万円以上	−0.574	−0.604	−0.541
無回答・不明・非該当	−0.057	0.098	0.192
教育費(参照：1万円未満)			
2万円未満	1.794***	1.772***	1.860***
2万円以上	0.666	0.628	0.641
性別(参照：男子)			
女子	−0.132	−0.134	−0.075
きょうだい数(参照：1人っ子)			
2人	0.735	0.634	0.760
3人以上	1.178*	1.135	1.281*
成績(参照：下位層)			
上位層	1.082**	1.100**	1.064*
中位層	0.345	0.316	0.219
学校設置区分(参照：公立)			
国立・私立	−0.137	0.076	−0.062
Cox-Snell R^2	0.374	0.355	0.364

注)　従属変数は子の進路希望の変化(4大キープ=1，非4大シフト=0)。$N=261$。***$p<.001$，**$p<.01$，
　　*$p<.05$。学年(参照：高3)と切片は省略。親への信頼の3変数は中心化している。

表9-4　子の4大シフトを従属変数とする二項ロジスティック回帰分析

	モデル4	モデル5	モデル6
親の希望進路変化(参照：4大シフト)			
非4大ステイ	−2.764***	−2.776***	−2.765***
親への信頼			
親への信頼(肯定・支援)	0.070		
親への信頼(自主性を尊重)		0.436*	
親への信頼(自身を信頼)			0.288
交互作用			
非4大ステイ×親への信頼(肯定・支援)	−0.402		
非4大ステイ×親への信頼(自主性を尊重)		−0.692**	
非4大ステイ×親への信頼(自身を信頼)			−0.526*
父母学歴(参照：父母とも非4大卒)			
父母とも4大卒	0.494	0.515	0.496
父：4大卒，母：非4大卒	0.354	0.307	0.355
父：非4大卒，母：4大卒	−0.257	−0.270	−0.303
その他・無回答・不明	0.100	0.108	0.062
世帯年収(参照：400万円未満)			
600万円未満	0.125	0.117	0.110
800万円未満	0.164	0.135	0.123
800万円以上	0.489	0.510	0.501
無回答・不明・非該当	0.295	0.304	0.275
教育費(参照：1万円未満)			
2万円未満	0.409	0.484	0.385
2万円以上	0.406	0.411	0.387
性別(参照：男子)			
女子	−0.076	−0.093	−0.094
きょうだい数(参照：1人っ子)			
2人	−0.679*	−0.664*	−0.714*
3人以上	−0.846**	−0.791**	−0.858**
成績(参照：下位層)			
上位層	0.670**	0.658**	0.667**
中位層	0.386	0.416*	0.384
学校設置区分(参照：公立)			
国立・私立	0.011	−0.027	0.022
Cox-Snell R^2	0.327	0.329	0.327

注)従属変数は子の進路希望の変化(4大シフト =1，非4大ステイ =0)。$N=1,090$。***$p<.001$，
　**$p<.01$，*$p<.05$。学年(参照：高3)と切片は省略。親への信頼の3変数は中心化している。

べてで負に有意（オッズ比はいずれも 0.06）であった。子の 4 大キープの分析結果とは異なり，父母学歴と教育費は有意でないが，きょうだい数と成績は子の 4 大シフトと有意な関連がみられる。これらの影響を統制しても，親の非 4 大ステイは子の 4 大シフトを強く規定している。一方，親への信頼の主効果は，自主性の尊重に対する信頼（モデル 5）のみ正に有意であった。

　親の非 4 大ステイと親への信頼の交互作用についてみると，モデル 5 と 6 で負の有意な交互作用が示されている。すなわち，親の非 4 大ステイと子の 4 大シフトの負の関連は，親が自主性を尊重してくれること（モデル 5）や自身を信頼してくれること（モデル 6）に対する信頼によって，それぞれ有意に促進されている。これは，そのような親への信頼が強い子どもほど親の意向の影響を受けやすく，親が非 4 大希望にとどまれば子もとどまりやすく，親が 4 大希望へ上昇すれば子も上昇しやすいことを示している。逆に親への信頼が低い子どもほど親の意向の影響を受けにくく，親が非 4 大希望にとどまった場合と 4 大希望へと上昇した場合とで，子が 4 大希望へと上昇する傾向の差は小さい。

　ただし子の 4 大キープの分析結果と同様に，交互作用の係数に対して親の非 4 大ステイの主効果の係数の方がはるかに大きいことから，親への信頼の影響を考慮しても，全体として親の非 4 大ステイが子の 4 大シフトを強く規定している。

　以上の回帰分析の結果をまとめると，親の非 4 大ステイは，家庭の要因や子自身の属性要因の影響を統制したうえでも，子の 4 大キープおよび 4 大シフトをそれぞれ強く規定していた。そして記述的分析（図 9-3，9-4）でも示されたように，親への信頼は，親の非 4 大ステイと子の 4 大キープの関連を抑制する一方で，親の非 4 大ステイと子の 4 大シフトの関連を促進することが明らかとなった。

5.　子どもの自律的な進路選択における課題

　本章では，親による子どもの自律的な進路希望の制約という問題意識のもとで，親子パネル調査の 2 時点（wave 1，wave 4）のデータをもちい，とくに wave 1 時点で親が子どもに 4 大進学を期待しなかったケースに注目し，親子の進路意識の変化の関連に対して親への信頼が与える影響を検証した。その結

果，以下のことが明らかとなった。

第一に，親子の進路意識の変化には強い関連がみられた。3 年を経て親が非
4 大希望にとどまった場合，4 大希望へと上昇した場合にくらべて，子は 4 大
希望を維持しにくく，また非 4 大希望から 4 大希望へと上昇しにくかった。つ
まり，親が一貫して 4 大進学を期待しないことが，子の 4 大進学のアスピレー
ションを抑制していた。

第二に，そのような親子の進路意識の変化の関連に対し，親への信頼が影響
していた。ただし，子が 4 大希望を維持する場合と非 4 大希望から 4 大希望へ
と上昇する場合で，親への信頼は以下のように異なる作用を示した。

親の非 4 大ステイと子の 4 大キープの関連は，子が親を信頼しているほど小
さかった。つまり，そもそも 4 大進学を望まない親のもとで子が 4 大進学を希
望したケースでは，日頃から親が自分を肯定し，信頼してくれているという信
頼感が強い子どもほど，親が一貫して非 4 大希望であることの影響を受けにく
く，より自律的に 4 大希望を維持する傾向があった。反対にそのような信頼感
が低い子どもは，親が一貫して 4 大進学を期待しないことの影響を受けて，4
大進学をあきらめやすい傾向があった。この結果は 1-(2)節で述べた仮説 1 を
支持しているといえるだろう。

一方，親の非 4 大ステイと子の 4 大シフトの関連は，子が親を信頼している
ほど大きかった。つまり，そもそも親子ともに 4 大進学を望まなかったケース
では，日頃から親が自主性を尊重し，自分を信頼してくれているという信頼感
が強い子どもほど，親の変化に追従しやすく，親が一貫して 4 大進学を望まな
ければ子も一貫して望まない傾向がみられた。反対にそのような信頼感が低い
子どもは，親が一貫して非 4 大希望であることの影響を受けにくく，より自律
的に 4 大希望へと上昇する傾向がみられた。この結果は 1-(2)節で述べた仮説
2 を支持しているといえるだろう。

以上の結果から，子どもの自律的な進路選択における課題として次のような
ことがいえるだろう。親が子どもに 4 大進学を一貫して期待しない場合でも，
日頃から子どもが親を信頼している家庭では，子どもは親からのネガティブな
影響を受けにくく，あきらめずに 4 大進学の希望を維持しやすい。逆に言えば，
親が一貫して 4 大進学を期待せず，くわえて日頃から子どもが親をあまり信頼
していない家庭では，子どもが 4 大進学の夢を持ってもそれを維持することは

難しい。そのようなケースでは，子どもの自律的な進路希望にとって親は二重のハードルとなる。そのような状況にある子どもに対しては，学校や地域などに親以外で子どもを認め，肯定してあげるような大人がいることで，4大進学の夢をあきらめずにいられる可能性がある。子どもが進学の夢を持ち続けるためには，家庭の外で子どもをエンカレッジするような仕組みが必要となるだろう。

　一方で，親子でそもそも4大進学を希望していなかった場合，子どもが日頃から親を強く信頼している家庭ほど，子どもは親の意見に疑問を持たず，親の期待に沿うように自身の希望を形成しやすい。この場合，親への信頼は，必要なときに親に立ち向かう手立てとしてはたらくのではなく，親の意向に従ううえでの安心としてはたらいているのかもしれない。親を強く信頼していることで，親子間の意見の対立が起きにくいのは平和なことかもしれないが，子どもの自律的な進路選択という意味では，親への信頼はうまく機能していないようである。さらに，良好な親子関係によって，親子間で非4大希望のコンセンサスがいっそう安定するという点では，子どもの教育選択に対する親の制約はいっそう強いといえる。もともと非4大志向の家庭においては，子どもが親を過度に信頼していない方が，親の考えからいったん離れ，4大進学希望を形成するきっかけをつかみやすいのかもしれない。子どもが親を信頼できることは本来望ましいことである。しかしながら，非4大志向の家庭において子どもが成長とともに4大進学に興味を持ったとき，それが明確な4大進学希望へと現実化するためには，子どもが親の期待の影響を受け過ぎないことが必要であろう。そのためには，適度に親と距離をとらなければならないのかもしれない。

注
1）このような教育達成のプロセスにおける親から子への影響は「ウィスコンシン・モデル」として知られる。詳細については片瀬（2005）や荒牧（2016）を参照してほしい。
2）この意味でウィスコンシン・モデルは「社会化モデル」ともよばれる。こちらも詳細は片瀬（2005）を参照されたい。
3）成田（2016）にそれらの内容をあつかった研究のレビューがある。
4）親子間の信頼については，心理学分野では主に学校適応（中井，2013；酒井他，2002）や自己効力（成田・森田，2015）といった望ましい心理状態に関わる要因として検討されることが多い。また教育社会学の分野でも，香川

（2018）が学業成績に対する親子間信頼の影響を検討している。

5）親子間の信頼については，親子相互の信頼をあつかう研究もある（酒井他，2002；香川，2018）。これに対し本稿では，子の自律性に作用する信頼感の効果を検討しようとするため，子から親への一方向への信頼感のみをもちいる。

6）「4 大シフト」という用語は中村（2010）から援用した．また「4 大シフト」と逆方向の移行を「非 4 大シフト」とした。さらに 4 大希望を維持することと，非 4 大希望にとどまることを区別するため，「4 大キープ」「非 4 大ステイ」の用語をもちいた。

7）親への信頼を平均値＝0 に中心化することにより，親の非 4 大ステイの主効果を，子が親を平均的に信頼しているときの親の非 4 大ステイの効果として解釈することができる。

8）国語，数学，理科，社会，英語の 5 科目の学年内成績の自己評価（「1 下のほう」〜「5 上のほう」の 5 段階）の合計得点を下位層，中位層，上位層に 3 カテゴリ化した。

文献

荒牧草平，2016，『学歴の階層差はなぜ生まれるか』勁草書房.

香川めい，2018，「親子のかかわり方と学業成績——家庭内ソーシャル・キャピタルの教育効果」佐藤嘉倫（編）『ソーシャルキャピタルと社会——社会学における研究のフロンティア』ミネルヴァ書房，pp. 86-106.

片瀬一男，2005，『夢の行方——高校生の教育・職業アスピレーションの変容』東北大学出版会.

中井大介，2013，「中学生の親に対する信頼感と学校適応感との関連」『発達心理学研究』24 巻 4 号，pp. 539-551.

中村高康，2010，「四大シフト現象の分析」中村高康（編著）『進路選択の過程と構造——高校入学から卒業までの量的・質的アプローチ』ミネルヴァ書房，pp. 163-183.

中澤渉，2015，「進学希望意識はどこで育まれるのか——母子間における接触と意見の一致／不一致に着目して」中澤渉・藤原翔（編著）『格差社会の中の高校生——家族・学校・進路選択』勁草書房，pp. 99-114.

成田絵吏，2016，『青年期の進路選択に関する親のサポートの研究』名古屋大学教育発達科学研究科博士学位論文（13901 甲第 11439 号，http://hdl.handle.net/2237/24386）.

成田絵吏・森田美弥子，2015，「高校生の進路選択における親のサポートについて——進路選択に関する自己効力と行動との関連から」『キャリア教育研究』33 巻 2 号，pp. 47-54.

岡部悟志，2014，「高校生の大学進学希望と親の教育期待」樋田大二郎・苅谷剛彦・堀健志・大多和直樹（編著）『現代高校生の学習と進路——高校の「常識」はどう変わってきたか？』学事出版，pp. 35-44.

酒井厚・菅原ますみ・眞榮城和美・菅原健介・北村俊則, 2002, 「中学生の親および親友との信頼関係と学校適応」『教育心理学研究』50 巻 1 号, pp. 12-22.

第 10 章

思春期の子どもに保護者は何ができるのか
——学業成績への影響を手がかりに

香川めい

1. はじめに

　思春期の子どもに保護者はどのような影響を与えられるのだろうか。子育てにおける親の役割は子どもの成長とともに変化する。就学前から小学校低学年くらいまでの主要な親役割は育児である。いわゆる一次的社会化過程では，トイレトレーニングなどの生活にかかわる基本的なしつけ，ケアが中心を占める。その後，子どもが学校に通うようになると，子どもの将来に向けての教育を担う主体としての役割が追加され，その比重が増していくことになる。さらに子どもが十代になれば，自立のプロセスに向けて，ある程度は子どもの自由にさせつつ，適切にモニターし，コントロールすることが必要になってくる。

　渡辺秀樹（2014）は，思春期の子どもが直面する二次的社会化について，社会化の担い手が親に固定されない選択的，獲得的なものとなることを指摘している。また，一次的社会化では，社会化の担い手である親と子に絶対的上下関係があり，社会化のプロセスは従属的で受容的な性格を持つが，二次的社会化では，担い手との関係が対等なものとなり，時に交渉過程を経るようになるという。親子関係という点からみれば，思春期の子どもには独立心が芽生え，認知能力が高まること，また，日々の生活における家庭以外の場の比重が増していくことから（Steinberg and Silk, 2002），幼少期のように保護者の統制下に置くことが難しくなるといえる。適切なモニターとコントロールが重要になるのはこのためである。しかし，一次的社会化に比べれば，二次的社会化過程の親子関係の研究は多いとはいえず，何が適切なモニターとコントロールで，それがどのような保護者にとって可能になっているのかはそれほど明らかになって

185

はいない。

　どうすれば，子どもを適切にモニターし，コントロールすることが可能になるのだろうか。その方法はどのような状況の子どもにとっても同じなのだろうか。二次的社会化過程では社会化の担い手が複数化し，選択的になるという渡辺（2014）の指摘を鑑みると，保護者は，子どもにとって数ある社会化の担い手のうちの1つに過ぎない。とすれば，保護者の重要度や影響力は幼少期に比べれば減少すると想定される。保護者の価値観や関わり方は実態として，どの程度思春期の子どもに影響を与えうるものなのだろうか。本章は保護者の教育意識や子育て法とその変化に焦点をあて，子どもの学業成績に対する影響を検討することでこれらの問いにアプローチすることを試みる。

2. 保護者の価値観や子育て法は子どもに　どのような影響を与えうるのか？

　子育て法と学業成績の関連は主に心理学の分野で検討されてきた。多く用いられてきたのが，バーマリンド（Baumrind, D.）やその子弟によって提唱され，展開されてきた子育て法分類である（Brown and Iyengar, 2008; 山本，2019）。バーマリンドたちは，子育て法を「民主的子育て（authoritative）」「権威的子育て（authoritarian）」「自由放任子育て（permissive）」「ネグレクト子育て（neglectful）」の4つに類型化した[1]。子どもの学業成績との関連については，幅広い年齢層の子どもで「民主的子育て」とのポジティブな効果が確認されている（Steinbergほか，1989, 1992; Brown and Iyengar, 2008）。一方で，その後の研究ではで人種や文化によって，子育て分類の影響の仕方が異なることも明らかになっている。たとえば中国系などアジア系移民の場合には「権威的子育て」に類される子育て法が必ずしもマイナスの効果を持たない。つまり，その家庭が属している文化圏によって学業成績と子育て法の関連性が異なる可能性が指摘されている（山本，2019）。

　学歴取得や学力形成過程に無視できない階層差が存在していることもあり（耳塚，2014; 松岡，2019など），社会学分野では社会階層による違いに注目してきた。そこでは，とりわけ家庭の文化に大きな関心が払われてきた（平沢・古田・藤原，2013）。古典に属するものにバーンステイン（Bernstein, B.）の言語コード論（訳書，1980）やブルデュー（Bourdieu, P.）の文化資本論があり（訳

書，1990），ブルデューの文化資本論を展開して，アメリカ社会における子育ての階層差を検討したラロー（Lareau, A.）（2011）の研究もある。本田由紀（2008）は，ラローの議論をふまえ，日本の母親の教育意識や子育て法の階層差を検討し，「家庭教育」で何を重視するかには母学歴に応じたグラデーション状の差異があること，また，子育て法が社会階層を媒介して学業成績や就業状態など地位達成に影響を及ぼしていることを見出している。階層による教育意識の違いが，強弱という一元的ではない在り方で存在していることは藤原翔（2018）によっても明らかにされている。さらにこのようなカテゴリカルな教育意識の違いは子どもに対する教育期待とも関連しており，社会経済的地位を媒介する効果をもっているという。

　したがって，子どもへの影響を学業成績や教育達成に限定しても，保護者の教育意識や子育て法は何らかの影響を与える可能性があること，さらに，教育意識や子育て法には社会階層による差異があることは明らかにされてきたといえる。しかし，思春期の子どもを対象に，保護者の変化をふまえて検討したものは多くはない。日本の子どもを対象にしたものだとさらに限られる。また，教育意識や子育て法が社会階層を媒介するものであったとしても，それがどのような仕方で子どもの学業成績や教育達成に影響を及ぼすのかもさらなる検討が可能である。ここまでみてきた知見の多くは一時点の調査データをもとに導出されているので，成績の良し悪しと特定の子育て法，教育意識の前後関係を弁別できない。ある特定の子育て法を取りやすいのは成績がよいからなのかもしれない，という疑義を払拭できないのである。そこで本章では，パネルデータを用いて，以下の 2 つの課題を検討する。(1) 子どもの成長にともなう教育意識や子育て法の変化と社会階層による違い，(2) 保護者の教育意識や子育て法と子どもの学業成績の関連。(2) に関して，子どもの当初の学業成績による効果の違いも分析する。成績を上げるということを考えると，上位層と下位層に求められるアプローチは同じではない可能性があるからである。

3.　方法

(1)　データと分析手法

　分析には「子どもの生活と学びに関する調査」の 2015 年度調査（wave1）と

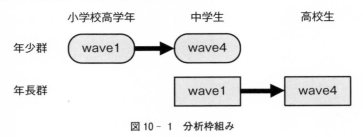

図 10 - 1　分析枠組み

2018 年度調査（wave4）のデータを使用する。すべての調査時点のデータを用いないのは，保護者の教育意識を測る指標の 1 つである「家庭教育で大切だとして伝えていること」がこれら 2 つの wave でのみ尋ねられているためである。本章の関心の中心は保護者側の教育意識や子育て法（の変化）にあるが，子どもの成績の情報は子ども票から得られる子ども自身の自己評価を使用する。子ども票に回答するのは，小学校 4 年生以上なので，分析の対象は wave1 時点で小学校高学年（小 4 以降）から中学生だった子どもとその保護者となった[2]。

　wave1 から wave4 までは時間にして 4 年の間が開いているので，wave1 で小学校高学年だった子どもは中学生に，中学生だった子どもは高校生になることになる。wave1 で小学生だった子どもを年少群，中学生だった子どもを年長群とすれば，wave1 と wave4 の変化をみることは，年少群では小学校から中学生への変化を，年長群では中学生から高校生への変化をとらえることになる（図10 - 1）。年少群と年長群は同一個体ではないので，これらの変化を小学生から高校生までの連続した変化とみなすことはできないが，変化の傾向は把握することができるだろう。

　子どもの成績の規定要因に関する分析には一階差分モデルを用いる。これは個人のデータについて観察時点（t）からそれより一期前の時点（t-1）の差をとり，それらの階差について OLS 推定を行ったものである。観察期間中に変化しない個体の属性は差をとる際に消去されるので，性別などの属性は直接モデルに投入することができない（竹内，2016）。本章の分析の場合は，データが 2 時点しかないので，結果は固定効果モデルの推定結果と一致する（有田，2013）。

(2) 変数

　保護者の教育意識や価値観については，「家庭教育のなかで伝えている大切なこと」（以下「大切なこと」）と「子どもの教育についてあてはまること」（以下「教育熱心度」）の2つの設問から以下のように指標化した。「大切なこと」に関する設問からは，「自尊心，自主性，自己効力感」[3]「ルールの順守」[4]「文化にふれる」[5]「生活習慣」[6]に関連する設問に対する回答の平均値を算出した。これらの設問の尋ね方と選択肢は「大切さを伝えているか」ではあるが，伝えようとする判断の根本には，何を伝えるに値するもの，すなわち価値のあるものとしてみなすのかという価値判断がある。このようにとらえ「大切なこと」は保護者の関わり方ではなく，教育意識の指標として解釈することとした。「大切なこと」でとらえているのは，勉強や学力に直接関係しているものではない。そこで，学業成績を上げること，よりよい教育達成をすることに親和的な教育意識として「教育熱心度」も用いる。具体的には，「できるだけいい大学に入れるように成績を上げてほしい」「多少無理をしてでも子どもの教育にはお金をかけたい」「子どもの教育・進学面では世間一般の流れに乗り遅れないようにしている」の3項目の合計得点を用いる（3～12点）。

　子どもとの関わり方については，「子どもに対するかかわりについてどの程度あてはまるか」という質問から「勉強を教える」「ほめてのばす」「抑圧・統制」に関連する3つの項目の合計点（3～12点）を算出した。これを以下では「子育て法」と呼ぶ。以上の変数はすべて保護者票の回答から情報を得た。

　従属変数となる「子どもの学業成績」，また独立変数として用いる「勉強好き」については，子ども票の情報を用いる。「子どもの学業成績」は，中高生については国語，数学，理科，社会，英語の5科目の自己申告の学年内成績（5段階）の合計を，小学生については英語を除く4科目のクラス内成績（5段階）の合計を計算し，学年ごとに偏差値に換算した。「勉強好き」は，「あなたは『勉強』がどれくらい好きですか」に対する回答（4段階）に「好き」（4点）から「まったく好きではない」（1点）とスコアを割り当てた。

4. 保護者の教育意識や子どもへの関わり方はどう変化するのか

　ここでは，学校段階の進行にともなって保護者の教育意識や子育て法がどの

表 10 - 1　教育意識，子育て法の分布

	wave1 小学校 高学年	wave4 中学生	wave1 中学生	wave4 高校生
保護者				
大切さを伝える				
自尊心，自主性，自己効力感	3.07	3.04	3.08	2.97
ルールの順守	3.30	3.12	3.23	2.97
文化にふれる	2.44	2.41	2.44	2.39
生活習慣	3.43	3.38	3.40	3.33
教育熱心度	8.07	8.15	8.37	8.26
子育て法				
勉強を教える	8.18	7.14	7.38	5.94
ほめてのばす	10.25	10.07	10.08	9.94
抑圧・統制	7.30	6.93	7.10	6.61
子ども				
勉強好き	2.76	2.35	2.40	2.22
N	2,431	2,431	2,307	2,307

ように変化するのかをみていく。

(1) 全体の傾向

　家庭教育のなかで保護者が大切にしているのは，学校段階や wave を問わず「生活習慣」が最も高く，「ルールの順守」，「自尊心，自主性，自己効力感」と続いている（表10-1）。反対に，「文化にふれること」の平均点はどの学校段階や wave でも 2.5 を下回っており，あまり大切だとはみなされていない。調査時点間の変化をみると，どの項目も学校段階の上昇に伴って減少する傾向にあり，その差は統計的に有意である。しかし変化の大きさをみると，年少群での時点間の差は「自尊心，自主性，自己効力感」で 0.03，「文化にふれる」でも 0.03，「生活習慣」では 0.05 と微々たるものである。これらの項目の年長群での差も決して大きいものではない。多少の減少傾向にあるとはいえ，これら 3 つの項目は，子どもが成長しても伝えるべき大切なこととして保護者に認識され続けてるといえる。一方，「ルールの順守」は，減少幅が相対的に大きく，子どもの年齢の上昇とともに，大切さを伝えようとしなくなる，もしくは意図的に大切さを伝える必要性や重要度が減少するととらえられる。

教育熱心度は，wave1，wave4 ともに中学生のときの値が最も高くなっている。中学卒業時にはほぼ全員が否応なく巻き込まれる高校受験があるので，それを控えた中学校段階で高まりやすいことを示しているのであろう。

では，子どもとの関わり方，子育て法はどうだろうか。3 つの子育て法の中で最も変化が少なく，また最も得点が高いのが「ほめてのばす」方法である。得点は学校段階の上昇にしたがって減少傾向にはあるものの，10 点前後の得点で安定している。つまり，保護者は，励ましたりサポートしたりするよう常に心がけているといえる。「抑圧・統制」と「勉強を教える」の得点は 6 から 8 点前後である。変化の幅がやや大きいのが「抑圧・統制」で，年少群でも年長群でも，wave4 にかけて得点が減少している。中学生段階の得点が wave1 では 7.10，wave4 では 6.93 と若干 wave1 で中学生だったグループの方が高いものの，子どもが大きくなるにつれて緩やかに減少するととらえられる。思春期をむかえ，確固とした意志や意見を持つようになった子どもに対し，保護者の意見を優先し続けたり，うるさがられるのを承知で口出しし続けたりするのは，親子ともにストレスフルな状態であろうことは想像に難くない。保護者の意図的な変化というよりも，そう変化せざるを得ない，ということなのかもしれない。

そう変化せざると得ないという点でいえば，得点の減少幅は「勉強を教える」が最も大きい。小学校高学年（wave1）で 8.18 だったものが，中学生（wave4）では 7.14 に，また中学生（wave1）で 7.38 だったものが高校生（wave4）では 5.94 になっている。得点が 6 に満たないということは，この項目を算出するために用いた 3 つの項目すべてで「あまりあてはまらない」（2 点）もしくは「まったくあてはまらない」（1 点）の回答が多勢を占めていたことになる。高校の学習内容を質問されて的確に答えられたり，おもしろさを伝えることができたりする保護者の数は相当限定されるだろう。小学校では対応できていた保護者であっても，内容の高度化とともに勉強を教えられなくなるケースが増えたことの反映であると考えられる。

(2) 階層による違い：保護者の学歴類型別の傾向

このような教育意識や関わり方の変化は保護者の階層によって異なるのだろうか。ここでは父母の学歴別の傾向をみていくことにする（図 10 - 2〜図 10 -

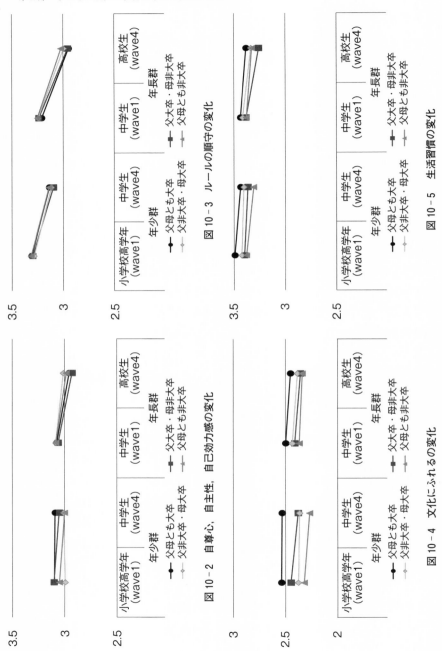

図 10 - 2　自尊心、自主性、自己効力感の変化

図 10 - 3　ルールの順守の変化

図 10 - 4　文化にふれるの変化

図 10 - 5　生活習慣の変化

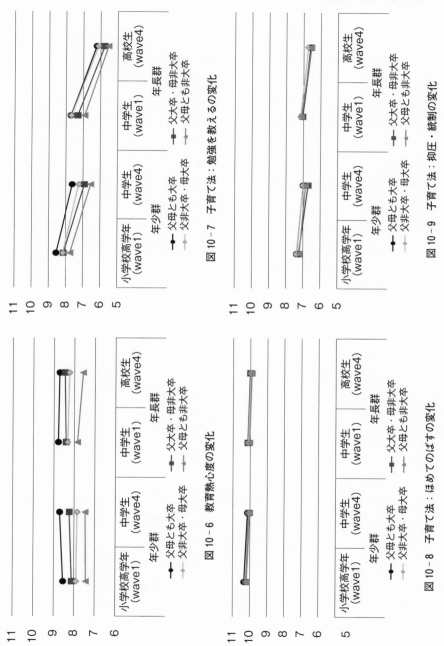

図 10 - 6　教育熱心度の変化

図 10 - 7　子育て法：勉強を教えるの変化

図 10 - 8　子育て法：ほめてのばすの変化

図 10 - 9　子育て法：抑圧・統制の変化

9）。それぞれの図の横軸には，小学校高学年（wave1），中学生（wave4），中学生（wave1），高校生（wave4）の4つの時点を取っている。この2本の線をみることで年少群，年長群での変化と，学校段階が上がることにともなう変化の傾向を把握することができる。

「大切さを伝える」ことに関して，保護者の学歴類型による違いがあるのは「文化にふれる」（図10-4）と「生活習慣」（図10-5）である。「文化にふれる」では，父母とも大卒で最も値が高く，父母とも非大卒で値が低い。保護者の学歴階層の差は，年少群で比較的明瞭であり，年長群では，父母ともに大卒以外の3つの類型の差があまりみられなくなっている。時点間の変化という点からは，年少群の父大卒・母非大卒および父母とも非大卒，そして年長群の父母大卒群で差はわずかとはいえ，有意な減少傾向が認められる。文化を重視するかには親学歴による格差があり，その基本構造を維持したまま，先んじて母非大卒の場合に重視度が下がるようである。

「生活習慣」は「文化にふれる」より親学歴別の差異は小さいものの，父母とも大卒群で重視度が高く，その差が年少群で相対的に明瞭な点は同じである。成長にともなって重視度が減少する傾向は，どの学歴類型でも大きな違いはないが，年少群での変化が有意なのは，父母大卒と父母非大卒のグループである。ただし，この変化も類型間の順位を逆転するほどのものではない。年長群の減少はどの類型でも有意になっている。したがって，「生活習慣」についてもその重視の度合いに階層間格差があり，その基本構造は子どもが成長しても維持されるということができる。

教育熱心度は子どもが中学生のときに最も高くなることをすでに確認した。図10-6からは，保護者の学歴によって熱心度そのものに温度差があること，そして，階層間格差構造がここでも維持され続けることがみて取れる。教育熱心度が最も高いのは父母ともに大卒のグループ，最も低いのは父母ともに非大卒のグループで，その間に父のみ大卒のグループと母のみ大卒のグループが位置している。両親のいずれかが大卒でない場合は父大卒群で得点が高い傾向がある。つまり高学歴層ほど，そして父親が大卒であるほど教育熱心度は高い。時点間の変化をみると，小学校から中学校にかけて有意に得点が上昇するのは，父母大卒のグループのみであり，逆に父母非大卒のグループでは中学生から高校生にかけて得点が有意に減少している。小学校高学年の時点で明確に存在し

ていた格差は，最上位層の熱心度が上がることでまず広がり，続いて，最も階層の低い層の得点が下がることで，格差が維持されると解釈できる。

　保護者の学歴によって，子育て法には違いがあるのだろうか。本章で用いる3つの子育て法の中で，階層間の違いがあるのは「勉強を教える」（図10-7）のみである。小学校高学年，中学生，高校生のすべての段階において父母ともに大卒群の得点が最も高い。高学歴者の方が一般に自身の学力も高かったと想定されるので，学力という資源の保有量の多寡が「教える」という子育て法に大きく影響するのは当然といえば当然である。子どもの成長とともに得点は減少するものの，父母大卒層が最も積極的にこの子育て法を用いており，逆に父母非大卒層で最も用いられないという構造に変化はない。ほかの2つの方法「ほめてのばす」（図10-8）と「抑圧・統制」（図10-9）には，保護者学歴による違いはほぼないといってよく，実際図の線もほぼ重なってしまっている。

　保護者の教育意識や子育て法についてまとめると，学歴や学力という資源に親和的なもの——たとえば教育熱心度の高さや勉強を教えること——には，学歴階層による違いがみられ，高階層でより積極的にそのような意識を持ったり，方法を採用したりすることが明らかになった。また，高階層では，子どもの生活習慣を維持することも大切だと認識しているようである。このような違いは子どもが成長しても基本的には維持される。一方，上記以外の意識や子育て法には，階層による違いはほぼなく，同じように変化することも明らかになった。つまり，教育意識や子育て法は高階層群と低階層群で方向性が全く異なっているわけではない。階層を問わず重視する普遍的な価値や子育て法があり，高階層群ではそれらの項目に加えて特定の価値や重視したり，子育て法を取ったりしているという姿が実態に近そうである。本田（2008）はインタビュー調査から，家庭教育には多くの母親に共通する側面と母学歴によって明瞭に異なる側面とが併存することを指摘しているが，本章の分析でもこれと類似の傾向がみられたことになる。

5.　保護者の関わり方の変化が子どもの成績変化に及ぼす影響
　　——何が成績変化をもたらすのか

　分析に先立って4年間に子どもの成績がどう変化したのかをまず確認しておこう。上位層と下位層に2分し，時点間の変化の分布を示したのが図10-10

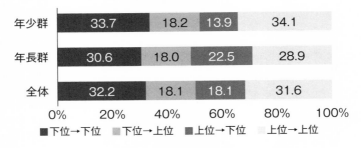

図10‑10　wave間の成績の変化（成績2区分）

である。これをみると，2区分という大雑把なくくりであっても成績に変化が
あった子どもが3分の1程度はいることがわかる。全体では成績上昇群（下位
→上位）と下降群（上位→下位）は18.1％で変わらないが，下降群は年長群で
相対的に多い。調査票では，クラスや学年の中での相対順位の自己評価を尋ね
ているので，校内の学力ランクが均一化される高校になると中学では上位層だ
った子どもでも下位への移動が生じやすいことが反映されたのかもしれない。
以下の分析で用いる偏差値換算した成績で2時点の相関係数を計算したところ，
年少群では0.506（1％水準で有意），年長群では0.271（1％水準で有意）であっ
た。年少群でやや強めの関連があるものの，4年前の状態で固定化されるとい
うほどの強さではない。

　子どもの成績は変化することを確認したうえで，その変化に影響を与える保
護者側の要因を検討していきたい。そのため子どもの成績の変化を従属変数と
する4つのモデルを用いる。モデル1には，保護者の教育意識や教育に関する
意識のみを，モデル2にはそれに子育て法を追加し，モデル3には子どもの意
識（「勉強が好き」）を投入している。モデル4には年長群とモデル3に投入し
たすべての変数との交互作用を投入した。モデル4の結果から小学校高学年か
ら中学生段階と，中学生から高校生段階で，影響を及ぼす要因の違いを検討す
ることができる。

　まず全体の傾向からみていこう（表10‑2）。保護者の価値観や教育意識のな
かで成績に影響を持っているのは，「大切さを伝える：文化にふれること」と
「教育熱心度」である。いずれの係数の符号もプラスであり，保護者が文化に
ふれる大切さを伝えようとしていたり，子どもの教育に高い関心を持っていた

表 10-2　子どもの学業成績変化の規定要因（全体）

		モデル1		モデル2		モデル3		モデル4	
		B	β	B	β	B	β	B	β
保護者									
大切さを伝える									
自尊心, 自主性,	自己効力感	0.708	0.031	0.365	0.016	0.381	0.017	0.859	0.038
	ルールの順守	0.021	0.001	0.037	0.002	0.087	0.004	−0.175	−0.008
	文化にふれる	0.772	0.039 *	0.714	0.036 *	0.513	0.026	0.155	0.008
	生活習慣	−0.139	−0.007	−0.182	−0.010	−0.233	−0.012	−0.458	−0.024
教育熱心度		0.274	0.039 **	0.248	0.036 *	0.214	0.031 *	0.307	0.044 *
子育て法									
	勉強を教える			0.239	0.045 **	0.230	0.043 **	0.015	0.003
	ほめてのばす			0.313	0.038 *	0.210	0.025	0.316	0.038
	抑圧・統制			−0.214	−0.027	−0.220	−0.028	0.010	0.001
子ども									
勉強好き						2.765	0.219 ***	2.282	0.180 ***
交互作用　年長群×									
自尊心, 自主性,	自己効力感							−1.051	−0.033
	ルールの順守							0.421	0.015
	文化にふれる							0.738	0.026
	生活習慣							0.482	0.018
	教育熱心度							−0.189	−0.019
	勉強を教える							0.404	0.058 **
	ほめてのばす							−0.177	−0.015
	抑圧・統制							−0.471	−0.044 *
	勉強好き							1.154	0.063 **
定数		−0.105	***	0.124	***	0.919	***	0.852	***
N		4,738		4,738		4,738		4,738	
F [df]		4.45 [5,4732]		5.39 [8,4729]		27.4 [9,4728]		15.28 [18,4719]	
sig		.001		.000		.000		.000	
R^2		.0055		.0095		.0569		.0626	

$*p<.05, **p<.01, ***p<.001$

りすれば，子どもの成績が上がる傾向がある。勉強や学習に直結しなくても，それを下支えするような文化に親しむことが推奨されていれば，成績がよくなる傾向があるという結果は，文化資本論と整合的である。この「文化にふれること」の係数はモデル2で子育て法を投入してもほぼ同じ大きさで有意な効果を保っており，保護者の意図的な働きかけを通さない独自の効果を持っているといえる。この独自の効果とはどのような効果なのだろうか。そのヒントはモデル3の結果から得られる。モデル3で子どもの「勉強好き」という意識を投入すると，「大切さを伝える：文化にふれること」の効果は消失してしまう。「子育て法：ほめてのばす」の効果も同じくモデル3で係数が小さくなり，有意でなくなっているので，「ほめてのばす」子育て法も同じような経路で子どもの学力に影響するのであろう。つまり，家庭の文化資本や保護者の（学習に

限らない）肯定的関与は，子どもの勉強に対する意識を前向きにすることに関連しており，これを経由して成績に影響するととらえられる。

　成績への影響力という点からみれば，当然のことながら保護者側の要因よりは，子ども側の要因の方が大きな影響を持つ。決定係数（R^2）の値はモデル3で大きく上昇しており，子どもの「勉強好き」という意識の変化だけで成績の変化の5％近く説明する。モデル4の「勉強好き」との交互作用も有意なことから，子ども側が勉強好きになることは中学から高校段階においてより大きな影響力を持つと考えられる。

　モデル4の交互作用でほかに有意なのは，「子育て法：勉強を教える」と「子育て法：抑圧・統制」の2つである。「勉強を教える」の効果はプラス，「抑圧・統制」の効果はマイナスなので，とりわけ年長群で，保護者が勉強を教えることが有効に作用し，また，子どもに保護者の意見を押しつけたり，高圧的に振る舞ったりすることに成績を下げる効果があるということになる。

　次に分析の対象をwave1時点で成績が下位だった子どものみにした結果をみていこう（表10-3）。保護者の教育意識で有意なのは教育熱心度だけであり，モデル1からモデル3を通して有意な効果を保っている。係数の符号はプラスなので，保護者の教育熱心度が上昇すると子どもの成績も上昇しやすいという関係があることになる。モデル3で，子ども「勉強好き」を投入すると係数の値が小さくなることをふまえると，教育熱心度は子どもの勉強に対する意識を経由して子どもの成績を変化させるのだと解釈される。また，子育て法では，「抑圧・統制」に有意な負の効果がある。つまり「抑圧・統制」的な子育て法を用いるようになれば，それだけで，子どもの成績を下げてしまうことになる。交互作用を投入したモデル4の結果から，「抑圧・統制」のマイナスの影響は，中学から高校段階で大きいことも示唆される。先に全体の結果で確認した年長群での負の効果は，成績下位層の場合により顕著にみられることになるだろう。仮に子どもが保護者の意志に反した行動を取ったとしても，高圧的な態度で親の意思を押しつけるのはやめた方がいい。また，「教育熱心度」の交互作用は負で有意となっている。主効果の係数の値は0.685，交互作用の値は-0.614なので，交互作用によってプラスの効果はほぼ打ち消されてしまう（0.685$-$0.614＝0.071）。保護者の教育熱心度が上昇することで，子どもの成績にプラスの影響をもたらす作用があったとしても，それは小学校高学年から中学生の間

表 10‑3　子どもの学業成績の規定要因（wave1 成績下位層のみ）

		モデル1		モデル2		モデル3		モデル4	
		B	β	B	β	B	β	B	β
保護者									
大切さを伝える									
自尊心, 自主性,	自己効力感	−0.325	−0.016	−0.491	−0.024	−0.523	−0.026	−0.687	−0.034
	ルールの順守	−0.161	−0.009	−0.129	−0.007	−0.005	−0.000	0.638	0.034
	文化にふれる	0.479	0.026	0.501	0.027	0.326	0.018	0.277	0.015
	生活習慣	0.256	0.015	0.229	0.014	0.147	0.009	−0.556	−0.034
教育熱心度		0.438	0.071 **	0.443	0.072 **	0.389	0.063 **	0.685	0.111 ***
子育て法									
	勉強を教える			0.123	0.025	0.104	0.021	0.137	0.028
	ほめてのばす			0.182	0.024	0.117	0.016	0.241	0.032
	抑圧・統制			−0.368	−0.052 *	−0.381	−0.054 **	−0.102	−0.014 ***
子ども									
勉強好き						2.716	0.234 ***	2.159	0.186 ***
交互作用　年長群×									
自尊心, 自主性,	自己効力感							0.443	0.015
	ルールの順守							−1.173	−0.047
	文化にふれる							0.012	0.000
	生活習慣							1.389	0.059
	教育熱心度							−0.614	−0.069 *
	勉強を教える							−0.071	−0.011
	ほめてのばす							−0.325	−0.030
	抑圧・統制							−0.589	−0.060 *
	勉強好き							1.179	0.069 *
定数		4.901	***	4.901	***	5.472	***	5.352	***
N		2,385		2,385		2,385		2,385	
F [df]		2.85 [5,2379]		2.99 [8,2376]		15.92 [9,2375]		9.40 [18,2366]	
sig		.014		.002		.000		.000	
R^2		.006		.0097		.0643		.0734	

$*p<.05,$　$**p<.01,$　$***p<.001$

までで，高校になったときに急に教育熱に目覚めたとしても手遅れである可能性が高い。また，子どもについては「勉強好き」の変化は主効果も交互作用も有意なので，中学から高校にかけてはさらに，子ども側の意識の変化が重要になるということもできる。

　成績下位層の子どもが成績を上げるためには，発展的な内容でなく，まずは基礎や基本を確実にすることが求められる。であれば，保護者側の介入の余地がありそう，たとえば「勉強を教える」といった直接的な子育て法が影響を持ちそうなものである。しかし，少なくとも本分析の結果で「勉強を教える」の効果は有意ではないので，子どもの成績を変化させる可能性は低いことがわかる。また教育的な価値観の影響もあまりないといってよく，どのような観点で大切さを伝えようと考えていようが，いまいが，子どもの成績には関係しない。

表 10 - 4　子どもの学業成績の規定要因（wave1 成績上位層のみ）

		モデル1 B	モデル1 β	モデル2 B	モデル2 β	モデル3 B	モデル3 β	モデル4 B	モデル4 β
保護者									
大切さを伝える									
自尊心, 自主性,	自己効力感	1.322	0.068 **	1.118	0.057 *	1.166	0.060 *	1.965	0.100 **
	ルールの順守	-0.222	-0.012	-0.208	-0.012	-0.214	-0.012	-0.748	-0.041
	文化にふれる	0.345	0.020	0.320	0.019	0.188	0.011	-0.494	-0.029
	生活習慣	-0.482	-0.029	-0.498	-0.030	-0.518	-0.031	-0.477	-0.029
教育熱心度		0.309	0.050 *	0.295	0.048 *	0.281	0.046 *	0.023	0.004
子育て法									
	勉強を教える			0.295	0.021	0.101	0.022	-0.232	-0.051
	ほめてのばす			0.094	0.028	0.116	0.016	0.153	0.021
	抑圧・統制			0.204	-0.011	-0.075	-0.011	0.050	0.007
子ども									
勉強好き						1.814	0.167 ***	1.548	0.142 ***
交互作用　年長群×									
自尊心, 自主性,	自己効力感							-1.841	-0.068
	ルールの順守							0.913	0.039
	文化にふれる							1.384	0.059
	生活習慣							-0.006	0.000
	教育熱心度							0.545	0.063 *
	勉強を教える							0.638	0.111 ***
	ほめてのばす							-0.017	-0.002
	抑圧・統制							-0.243	-0.026
	勉強好き							0.811	0.053
定数		-5.291	***	-5.171	***	-4.496	***	-4.457	***
N		2,353		2,353		2,353		2,353	
F [df]		3.53 [5,2347]		2.70 [8,2344]		8.82 [9,2343]		6.85 [18,2334]	
sig		.004		.006		.000		.000	
R^2		.0086		.0099		.0374		.0521	

$*p<.05$, $**p<.01$, $***p<.001$

成績下位層の子どもの成績を伸ばすために保護者が直接できそうなことは子どもの教育に関する自身の関心を高めること，具体的には，子どもの進学先や教育費，教育や進学に関する世間の流れに関心を持つようにすることであり，あとは，高圧的に子どもに接しないことを心がけるくらいである。子どもの成績が芳しくないからといって，無理やり勉強させてもあまりよい成果は得られそうにはない。

　成績上位層の子どもではどうだろうか。表10-4をみると，モデル1からモデル3で，教育熱心度がプラスで有意な効果を持っている。成績下位層の子どもと同じく，上位層でも保護者の教育熱心度が高まると子どもの成績も上昇する関係にある。また，子どもが「勉強好き」に変化すれば成績が上がるという関係も下位層と変わらない。下位層と異なるのは「大切さを教える」の「自尊

心，自主性，自己効力感」に正の有意な効果が認められることである。自己肯定感や自己効力感を持つことやチャレンジ精神を持つことを大切な価値だとみなすように変化すれば，成績上位層の子どもの成績をさらに伸ばすことにつながることを示している。

　交互作用を投入したモデル4では，「教育熱心度」と「勉強を教える」が有意になっている。いずれの符号もプラスなので，年長群で保護者の熱心度が上がったり，勉強を教える子育て法を取ったりすることで，さらに成績を上昇させやすくなる。成績下位層では。「教育熱心度」との交互作用項は負で有意だったので，同じ年齢層の子どもであっても，保護者の教育熱心度が与える影響が子ども側の状況によって異なることになる。また，成績下層の子どもでは，「勉強を教える」には有意な効果はなかったので，年長群での「勉強を教える」の効果は，成績上位層の場合により特徴的にみられるということになるだろう。

　保護者の子育て法の主効果は，モデル1からモデル3のどのモデルでも有意にならなかった。つまり，成績上位層の子ども全体を対象にしたときには，どのような子育て法を取ろうとも子どもの成績は変化しないということを意味する。ただし，年長群で「勉強を教える」との交互作用のみが有意であったので，子育て法と子どもの成績の変化に全く関係がないわけでもない。ここで成績上位層，しかも中学生以降の子どもに保護者が「勉強を教える」ことの意味を考えてみたい。成績下位層の子どもと異なり，成績上位層の子どもが，さらに成績を上げるためには基礎や基本だけでなく，難易度の高い問題，発展的な内容や応用的な内容を十分に理解することが必要となるだろう。この傾向は学校段階が上がるほどより顕著になる。であれば，年長群で「勉強を教える」の効果がみられるようになるのは，保護者の勉強面での直接的なサポートがこのような局面でこそ有益に働くということなのかもしれない。また，すでに指摘したように中学や高校の，しかもある程度発展的な内容について対応できる保護者自身の学力も相当程度高いことが予想され，直接的な学力面でのサポート以外の保護者の資源の効果を拾っている可能性も否定できない。

6.　まとめと考察

　思春期の子どもを持つ保護者の子どもへの関わり方や教育意識はどのように変化するのか。また，保護者の関わり方や教育意識は子どもの学業成績に影響を及ぼしうるのか。本章はこれら2つの問いを検討してきた。

　保護者の教育意識や関わり方という点には，子どもの成長とともに変化する面と変化しない面があった。変化がみられるのは子育て法の「勉強を教える」と「抑圧・統制」で，「大切さを教える：ルールの順守」や教育熱心度も比較的変化が大きい。また，学歴獲得や教育達成に直結するような教育意識や子育て法，具体的には教育熱心度と勉強を教えること，また，「大切さを伝える：文化にふれる」には父母大卒層が高く，非大卒層で低いという階層間の違いがあった。これらについて成長に伴う変化の方向には学歴階層間の大きな違いはなく，初期の差が維持されたままで推移する。それ以外の教育意識や子育て法には階層間の違いはほぼないといってよく，変化の仕方も同じであった。

　さらに，影響の大きさは小さいかもしれないが，保護者の教育意識や子育て法は，思春期の子どもの学業成績に関連していることも明らかになった。本章の分析から得られた知見をふまえると，保護者側の変化が子どもの成績に影響を及ぼす経路には2通りのものがあると考えられる。1つは，成績や勉強に直接関連するような意識や意図的な働きかけであり，もう1つは，直結しないかもしれないが環境での変化をもたらしうる間接的，非意図的な意識や働きかけである。前者には，教育熱心度や勉強を教えることがあり，後者には文化にふれることや自尊心，自主性，自己効力感を持つことに価値を置くこと，抑圧・統制的な子育てをすることが含まれる。総じてどのような子どもの学業成績にも影響を持つのが，前者に属する教育熱心度である。年長群の成績下位層の子どもを除いて，保護者の教育熱心度が高まれば，成績が上がる可能性が高い。より直接的な関与である勉強を教えることの効果は部分的にしかみられないので，おそらく，成績や勉強に直接関わるサポートであっても，保護者が関心を持ったり，適切に情報を収集したりくらいの距離が，思春期の子どもにとっては適切なのかもしれない。

　一方，間接的，非意図的な意識や働きかけの作用の仕方は，子どもの成績に

よって異なっていた。成績下位層では，保護者の教育意識（＝大切さを伝える）のどの項目も有意な効果を持たず，抑圧・統制的な子育て法の一貫したマイナスの効果が確認された。成績上位層では，逆に年長群での勉強を教えることを除いて子育て法の効果がみられず，自尊心，自主性や自己効力感を育むこと価値を置くことのプラスの効果がみられた。「民主的子育て」の学力への効果を検討したスタインバーグ（Steinberg, L.）ほか（1989）は，子どもの自主性，自己肯定感の向上がやる気につながり，子育て法のプラスの効果を媒介するという知見を得ている。本章の分析結果でみられる効果も類似のものだと考えられる。

　ここで指摘しておきたいのは，間接的，非意図的な意識や働きかけと保護者の学歴階層の関連がほぼなかったことである。どのような学歴階層の保護者であっても成績変化に影響を持つ意識持ったり，関与を取ったりする（正確には取らない）ことは可能である。思春期の子どもを持つ保護者の立場になってみれば，容易に変更しえない自身の学歴による格差について知らされるよりは，このような情報の方が有益かもしれない。少なくとも，適切なモニターとコントロールの方法についてのヒントは与えてくれるだろう。

　思春期の子どもに対する保護者の影響はそれほど大きくないかもしれないが，無視できない程度にはある。今後，この時期の子どもに保護者がどのように影響するのかの知見を積み重ねていくことで二次的社会化の理解を深めることができるだろう。

注
1 ）訳語は山本洋子（2019）のものを用いた。
2 ）分析に用いる変数すべてに有効な情報がある親子ペアを用いることとした。結果，年少群のケース数は 2,431，年長群のケース数は 2,307 の合計 4,738 ケースとなった。
3 ）「自分の考えを持つこと」「一度決めたことは最後までやりとげること」「周りのことを考えて自分の気持ちを表現すること」「人の役に立つこと」「自分に自信をもつこと」「失敗したら何が悪かったのかを考えること」「困ったときには人に助けを求めること」「難しいことや新しいことに挑戦すること」「将来の目標を持つこと」の 9 項目。「よく伝えている」（4 点）から「まったく伝えていない」（1 点）として平均値を計算した。
4 ）「友だちを大切にすること」「親や親戚を大切にすること」「学校の先生が言

ったことを守ること」「礼儀やマナーを身につけること」の4項目。「よく伝えている」（4点）から「まったく伝えていない」（1点）として平均値を計算した。

5）「芸術や音楽にふれること」「本や新聞を読むこと」「日本の文化や伝統にふれること」「外国の文化にふれること」の4項目。「よく伝えている」（4点）から「まったく伝えていない」（1点）として平均値を計算した。

6）「生活習慣を身につけること」「バランスのよい食事をとること」の2項目。「よく伝えている」（4点）から「まったく伝えていない」（1点）として平均値を計算した。

文献

有田伸，2013,「変化の向き・経路と非変化状態を区別したパネルデータ分析——従業上の地位変化がもたらす所得変化を事例として」『理論と方法』28巻1号，pp. 69-85.

Brown, L. and Iyengar, S., 2008, "Parenting Styles: The Impact on Student Achievement," *Marriage and Family Review*, 43(1-2), pp. 14-38.

Bernstein, B., 1977, "Social Class, Language and Socialisation," Karabel, J. and Halsey, A. H., eds., *Power and Ideology in Education*, Oxford University Press（＝佐藤智美（訳），1980,「社会階級・言語・社会化」潮木守一・天野郁夫・藤田英典（編訳）『教育と社会変動　下』東京大学出版会）

Bourdieu, P., 1979, *La Distinction: Critique sociale du jugement*, Éditions de Minuit.（＝石井洋二郎（訳），1990,『ディスタンクシオンⅠ・Ⅱ』藤原書店）

藤原翔，2018,「親の教育意識の類型と子どもに対する教育期待——潜在クラスモデルによるアプローチ」中村高康・平沢和司・荒牧草平・中澤渉（編）『教育と社会階層——ESSM（全国調査）からみた学歴・学校・格差』，pp. 149-167.

平沢和司・古田和久・藤原翔，2013,「社会階層と教育研究の動向と課題——高学歴化社会における格差の構造」『教育社会学研究』93集，pp. 151-191.

本田由紀，2008,『「家庭教育」の隘路——子育てに強迫される母親たち』勁草書房.

Lareau, A., 2011, *Unequal Childhood 2nd edition*, University of California Press.

松岡亮二，2019,『教育格差——階層・地域・学歴』筑摩書房.

耳塚寛明，2014,「学力格差の社会学」耳塚寛明（編）『教育格差の社会学』有斐閣，pp. 1-24.

Steinberg, L., Elman, J. D. and Mounts, N.S., 1989, "Authoritative Parenting, Psychosocial Maturity, and Academic Success among Adolescents," *Child Development*, 60(6), pp. 1424-1436.

Steinberg, L., Lamborn S.F., Dornbusch, S.M. and Darling, N., 1992, "Impact of Parenting Practices on Adolescent Achievement: Authoritative Parenting,

School Involvement, and Encouragement to Succeed," *Child Development*, 63(5), pp. 1266-1281.

Steinberg, L. and Silk, J.S., 2002, "Parenting Adolescents," Bornstein, M.H. ed. *Handbook of Parenting vol. 1*, Lawrence Erlbaum Associates, pp. 103-133.

竹内麻貴，2016,「定年による家事分担の変化」筒井淳也・水落正明・保田時男（編）『パネルデータの調査と分析・入門』ナカニシヤ出版，pp. 95-104.

山本洋子，2019,「子育てに格差はあるのか――アメリカの子育て・教育研究の視点から」志水宏吉（監修）・伊佐夏実（編著）『学力を支える家族と子育て戦略――就学前後における大都市圏での追跡調査』明石書店，pp. 323-339.

渡辺秀樹，2014,「一次的社会化から二次的社会化へ――家族を越えて」渡辺秀樹・竹ノ下弘久（編著）『越境する家族社会学』学文社，pp. 87-104.

第 11 章

「大学全入時代」における高校生の進路選択
―― 高校の学力ランクと学科の影響に着目して

1.　本章の目的

　日本では 1970 年代に高校進学率が 90％ を超え，以後 50 年近くにわたって，中学校を卒業したら高校へ進学する，ということが一般的な状況が続いてきた。そして 1990 年代に入ってからは，長期不況の中での高卒就職の厳しさも相まって，大学進学率が上昇し，2019 年現在の大学（学部）進学率は 49.8％ となっている[1]。この数値からは，高校卒業後の進路として就職や専門学校への進学よりも大学への進学が一般的になっている様子がうかがえる[2]。

　このように日本社会全体で見れば大学まで進学することが一般的となるなかで，高卒後の進路として就職が主に想定されてきた，工業高校や商業高校などの専門高校や，卒業生の進路が多様であるがゆえにその名前がつけられた進路多様校においても，大学進学という選択が大きく拡がっていることが指摘されている（中村，2010a; 2010b）。

　戦後日本では，偏差値などを基準とした高校の階層構造が存在し，そのような高校の学力ランクと種別（普通科／職業科）に基づいて，学校間に大きな進路格差が存在することが，数多くの研究によって示されてきた（たとえば藤田，1980；樋田他編著，2000；片瀬，2005；尾嶋・荒牧編，2018；荒川，2009；粒来，1997 など）。これらの研究によれば，普通科で学力レベルの高い，いわゆる進学校では主に想定される卒業後進路が大学進学であるのに対し，普通科で学力レベルが相対的に低い非進学校（進路多様校とも呼ばれる）では，大学進学は決して多数を占めるものではなく，就職や進路未定のままでの卒業，あるいは専門学校への進学が選択肢として大きく考慮されてきた。また，専門高校はその

カリキュラムの専門性と, 企業との強い結びつきの下で, 高卒後すぐに就職することが主なキャリアとして想定されてきた（苅谷, 1991）。

だが, 中村高康（2010a）によれば, 専門高校を含む進路多様校では, 高卒労働需要の減衰に伴い, 従来からの企業との結びつきが変化したこともあって, 大学進学という選択をする生徒が増加しているという。そして中村（2010b）は, 進路多様校に在学している間に, 四年制大学への進路希望を定めるようになる層が一定数存在することを指摘している。

このような状況を受けて, 本章で検討したいのは, 高卒後進路として大学への進学がもっとも一般的なものとなりつつあるなかで, 在籍する高校がいわゆる進学校である場合と, 非 – 進学校（専門高校を含む進路多様校）である場合で, 大学進学という進路選択のメカニズムにいかなる違いが見られるのか, ということである。

最終的に大学進学を選択することに違いはないとしても, 高校の階層構造についての先行研究を踏まえると, 在籍する高校の学力レベルや学科が違えば, 進学先の特徴や進路選択のタイミング, そして大学進学を選択させる属性的な要因（出身家庭や性別, 学力など）が大きく異なる可能性がある。

たとえば耳塚寛明・苅谷剛彦・樋田大二郎（1982）は, 高校が生徒を差異化させる過程を丁寧に整理し, 学校が置かれる文脈（学校の組織的文脈や生徒の学力水準, 地域社会的背景, 歴史）, 学習の組織構造や学習の非組織レベルでの処遇などが個々の学校で異なり, それらが生徒の進路分化（ひいては進路格差）をもたらすと議論する。また, 荒川葉（2009）は進路多様校におけるケーススタディから, 進路多様校では生徒にやや非現実的な夢を追わせるような進路指導を行う場合があり, それが進学校との進路選択の差異を生み出す可能性があることを論じている。これらの議論を踏まえると, 高校の学力ランクや学科によって, カリキュラムや進路指導の在り方が違い, そもそも目標に設定する大学のレベルや学部が変わってくることが考えられる。また, 高校側の進路指導や生徒自身の進路希望において, 属性要因をどの程度考慮するのかが異なることが想定できる。

また, 中村（2010b）の指摘を踏まえれば, 進路選択のタイミングが在籍高校によって違うことも十分に考えられる。実際に粒来香（1997）や中村（2010b）を見ると, 進路多様校では高校入学後, 比較的遅いタイミングで進路

選択がおこなわれている様子がうかがえる。一方で進学校では大学進学を想定して高校入学直後から模擬試験を受けることも多く，進路決定の時期が高校の学力ランクや学科によって異なることが考えられる。

　これまで，社会階層論の分野を中心に，出身家庭（とくに経済状況や親の学歴）が教育期待や進路選択に与える影響の検討は多くなされてきた。けれども，高校の学力ランク・学科毎にそれらの影響をみる研究は少なく，まして大学進学者における違いを分析するものはほぼ見当たらない。

　さらに，中村（2010a）も述べるように，高校生の進路選択を過程として分析対象とする研究は少なく，高校生がどのようなタイミングで高卒後進路のどの選択肢を選び取っているのかは実証的に把握されているとは言いがたい。数少ない実証研究においても，特定の学力ランク・学科の高校や特定の地域のケースに限定して議論するものが大半である。

　そこで本章では，高校生の在籍高校を学力ランク・学科に基づいて，学力上位の普通高校（以下，普通高校上位）・学力下位の普通高校（普通高校下位）・専門高校の３種類に分類し，それぞれにおける大学進学者の特徴を確認してゆく。上述の用語法でいえば，普通高校上位が進学校，普通高校下位が進路多様校（専門高校を除く）に概ね一致する。

　具体的には，①進学先の特徴，②進路決定のプロセス，③「大学進学」選択の規定要因の３点の検討を通じて，「大学全入時代」における進路選択への高校の影響を明らかにしてゆく。

2.　データと変数

(1)　使用するデータ

　分析には，「子どもの生活と学びに関する親子調査（JLSCP）」のうち，2015年度に高校１年生だった学年の高１から高３までの３時点の調査データ（Wave1〜3），および彼ら／彼女らに対して高３の３月に行った「高校生活と進路に関する調査」（卒業時サーベイ）のデータを用いる。

　なお，第１章において説明があったように，このデータは，サンプルが教育への関心の高い家庭にやや偏っており，それもあって決定進路や教育期待がやや高学歴の方向に偏っている可能性があることに注意が必要である。

(2) 変数の設定

分析に用いる各変数は，以下の通り作成した。

高卒後の進路（以下，決定進路）については，卒業時サーベイにおいて尋ねた高校卒業直後の進路を用いた。3-(1)項において分布を見る場合には，「大学・短大」[3)]，「専門・各種学校」「就職」の３つに分類し，浪人，その他，未定の場合は分析から除外した[4)]。3-(2)項と3-(3)項では，これらのうちの「大学・短大」のケースに限定して分析をおこなった。3-(4)項では，大学・短大への進学を規定する要因の検討を行うため，「大学・短大」を"1"，「それ以外（浪人，その他，未定を含む）」を"0"とするダミー変数を作成して使用した。

高校生の各学年時点における本人の教育期待としては，高１～高３の３学年それぞれ（調査時期：7～8月）において尋ねたものを用いた。教育期待の各選択肢については，上述の決定進路に合わせて，「高等教育」（大学・短大＋大学院），「専門・各種学校」，「高校まで」の３つにまとめて使用した。

高校の学力ランク・学科に基づく類型（以下，高校ランク・学科）については，以下の通り設定した。まず，高校の在籍学科の情報をもとに，普通高校・学科，専門高校・学科の２種類に分類した。その上で普通高校・学科については，在籍高校名をもとに割り当てた偏差値を使用し，偏差値が50以上の場合を普通高校上位，50未満の場合を普通高校下位と設定した（煩雑さを避けて，表記上は「学科」を省略した）。ただし，高校名が無回答の場合や，偏差値が不明である場合が本章の分析対象となるケースでも約1/4を占めている。これらは高校ランク・学科と進路選択の関連の検討に直接的には使用できないが，特定の高校ランク・学科に偏って偏差値が不明である場合に，これらのケースを除外するとバイアスを生みかねない[5)]。そこでこれらのケースについては，「普通高校不明」というカテゴリを割り当てて，「普通高校上位」，「普通高校下位」，「専門高校」に加えて分析に含め，その特徴を比較検討することとした。

3-(2)項で用いる，進学先の特徴に関する変数群（設置者，偏差値，専攻，志望順位，入試形態）については，「卒業時サーベイ」で尋ねたものを使用した。

また，3-(4)項で用いる変数のうち，性別は「高３時子ども調査」，世帯年収（対数値，高３）と高校設置者は「高３時保護者調査」，模試成績（高３）は「卒業時サーベイ」で得られた情報を使用した。居住地域と親学歴については，各時点の調査で得られた情報を総合して作成された変数である。

209

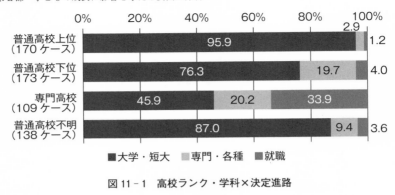

図 11-1　高校ランク・学科×決定進路

3. 高校ランク・学科別に見た大学進学選択メカニズムの違い

　以下では，高校ランク・学科別に決定進路の状況を確認した上で（3-(1)項），決定進路が「大学・短大」であるケースに限定して，高校ランク・学科による進路選択の違いを記述的に分析する。具体的には，進学先の特徴が高校ランク・学科によってどのように違うのか（3-(2)項），また，高校ランク・学科によって進路選択のタイミングがどう違うのかを示す（3-(3)項）。その上で，「大学・短大」進学を選択させる要因が高校ランク・学科によってどう違うのか，あるいは同じであるのかを多変量分析によって明らかにする（3-(4)項）。

(1) 決定進路の状況

　高校ランク・学科別に決定進路の分布を示したのが図 11-1 である。普通高校上位では，95.9％ が大学・短大進学となっており，専門・各種学校，就職は合計しても 4.1％ しかない。普通高校下位では，専門・各種学校，就職が普通高校上位に比べてやや多いが，そうはいっても，76.3％ と大半の生徒が大学・短大へと進学していることが分かる。専門高校では大学・短大進学者の割合が 45.9％ で，半数は下回るものの，就職者の 33.9％，専門・各種学校進学者の 20.2％ と比べて大きく，高卒後進路のなかでは最大である。「普通高校不明」は前述の通り，偏差値情報を得られなかった普通高校の生徒であるが，この類型では 87.0％ が大学・短大進学者であり，普通高校上位に次ぐ水準で

表 11 - 1　高校ランク・学科×進学先大学の設置者・偏差値

	設置者			偏差値				N
	国公立	私立	その他・無回答	55 以上	55 未満	分からない	無回答	
普通高校上位	38.0%	45.4%	16.6%	44.8%	31.3%	7.4%	16.6%	163
普通高校下位	18.2%	72.0%	9.8%	24.2%	47.7%	13.6%	14.4%	132
専門高校	18.0%	70.0%	12.0%	30.0%	28.0%	30.0%	12.0%	50
普通高校不明	28.3%	65.8%	5.8%	54.2%	28.3%	7.5%	10.0%	120

注)【設置者】$p<0.000$（$\chi^2=31.084$, df=6），【偏差値】$p<0.000$（$\chi^2=43.738$, df=9）

ある。一方で，就職者の割合は普通高校下位に近い。偏差値の高い普通高校に在籍しているが高校名を回答しなかった層や，偏差値が低い普通高校で高校名を無回答の層，大学進学者が少ないために模試等の偏差値が付与されていない高校に在籍している層が入り混じっている可能性が考えられる[6]。

　このような結果からは，普通高校下位や専門高校のような進路多様校と呼ばれる高校群においても，近年では大学進学が一般的になっていることがうかがえる。

　そこで，3-(2)項と3-(3)項では，決定進路が「大学・短大」であるケースに限定して，同じ大学進学者において，在籍する高校の学力ランク・学科が違うことがどのような影響を及ぼしているのかを確認してゆく。

(2)　進学先の特徴

　決定進路が「大学・短大」であるケースに限定して，高校ランク・学科ごとに進学先の特徴を確認する。なお，以下で確認する進学先の特徴5変数については，回答がないことも「答えられない」「答えたくない」というような情報を持つケースだと考え，無回答も含めた分布を示している。

　表11－1には，大学・短大の設置者および偏差値を示した。これを見ると，普通高校上位では，普通高校下位や専門高校のケースに比べて，国公立への進学者割合が大きく，偏差値も55以上の割合が大きい。普通高校下位や専門高校では，進学先の偏差値が分からないという場合も多い。これらは，その他や無回答を除いたとしても確認される傾向である。これらの結果から，同じ大学・短大への進学であっても，普通高校上位のケースではやはり他2者に比べて，より進学が難しい学校に進学している傾向にあることが分かる。

表 11-2　高校ランク・学科×進学先の専攻

	専攻				N
	文系	理系	医療・福祉	その他・無回答	
普通高校上位	44.8%	29.4%	17.2%	8.6%	163
普通高校下位	51.5%	24.2%	12.1%	12.1%	132
専門高校	48.0%	22.0%	6.0%	24.0%	50
普通高校不明	39.2%	37.5%	15.0%	8.3%	120

注）$p<0.05$（$\chi^2=20.201$, df=9）

表 11-3　高校ランク・学科×進学先の志望順位・入試方式

	志望順位			入試方式				N
	第一志望	それ以外	無回答	一般	推薦	AO	その他・無回答	
普通高校上位	54.6%	42.9%	2.5%	73.6%	16.0%	3.7%	6.7%	163
普通高校下位	52.3%	45.5%	2.3%	47.7%	38.6%	7.6%	6.1%	132
専門高校	66.0%	32.0%	2.0%	26.0%	48.0%	10.0%	16.0%	50
普通高校不明	61.7%	35.8%	2.5%	60.0%	20.0%	9.2%	10.0%	120

注）【志望順位】$p=0.614$（$\chi^2=4.465$, df=6），【入試方式】$p<0.000$（$\chi^2=52.366$, df=9）

　表11-2には，進学先の専攻を示した。いずれの高校ランク・学科でも文系の割合がもっとも大きいが，普通高校上位では理系と医療・福祉で約47%を占める一方で，普通高校下位では両者合わせて約36%，専門高校では約28%にとどまっている。

　表11-3には，志望順位・入試方式の分布をそれぞれ示している。志望順位については，進学先が第一志望である割合に，高校ランク・学科による大きな違いは確認できない。これは大学入試に先立って，自身の学力等に合わせて志望を調整しているためだと推察される。

　一方で，入試方式については，高校ランク・学科による違いが明確に確認できる。普通高校上位では一般入試による入学が73.6%と全体の4分の3近くを占めている。普通高校下位では，一般入試の割合がもっとも大きいものの，推薦の割合も大きく，4割近くを占めている。専門高校に至っては，一般入試の割合より推薦の割合のほうが大きく，約半数が推薦による入学であることが分かる。

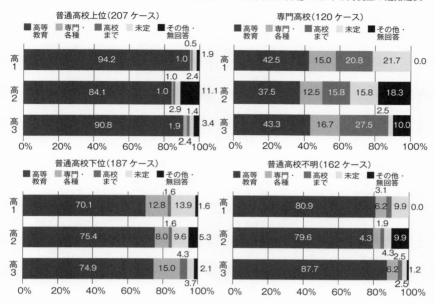

図 11 - 2　高校ランク・学科×教育期待の変遷（全体）

　以上の結果より，同じ「大学・短大」への進学であっても，高校ランク・学科によって，進学先には違いが見られることが分かった。ただし，その進学先が第一志望であるかどうかには，10％水準でも統計的に有意な違いがなく，自身の学力などに合わせて入試前に進路希望を調整している様子がうかがえた。

(3) 高校生の間の教育期待の変遷

　次に，同じ決定進路が「大学・短大」のケースにおいて，高校ランク・学科の違いによる進路決定タイミングの違いは見られるのかどうかを確認したい。

　まず，それぞれの高校ランク・学科における進路選択過程の一般的な傾向を確認するために，決定進路が「大学・短大」以外のケースも含めた高校生の間の教育期待の変遷を図11－2に示した。ここからまず分かるのは，普通高校上位では高1の時点で，ほとんどの生徒が高等教育（大学・短大・大学院）を目指しているということである。入学高校のレベルや学力に基づく予期的社会化もあってか（苅谷 1986），高校への入学時点ですでに大学や短大に進学することを前提としていることがうかがえ，高等教育への教育期待は，高校生の間，

213

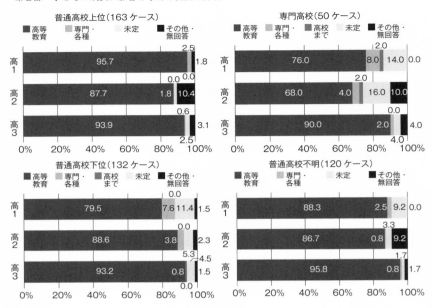

図 11 - 3　高校ランク・学科×教育期待の変遷（決定進路「大学・短大」の場合）

90％に近い水準を維持し続けている。一方で，普通高校下位や専門高校では，教育期待が未定の場合も含めて高等教育以外の選択肢がそれなりの割合で選択されており，高校在学中に教育期待が多少変動している様子がうかがえる。

　では，決定進路が「大学・短大」であるケースに絞った場合は，どのような傾向が確認できるだろうか。図 11 - 3 に決定進路が「大学・短大」の場合の教育期待の変遷を示した。これをみると，やはり普通高校上位では高 1 の時点でほとんどの生徒が大学・短大への進学を希望しており，高校入学時点で進路選択が概ね完了していることが分かる。

　一方で，普通高校下位や専門高校では，高 1 時点の教育期待が「高等教育」である割合は約 8 割と，普通高校上位に比べて低い。もちろん，大半の生徒が高 1 時点ですでに大学・短大への進学を前提としていることは疑いないが，それでも一定の割合が教育期待が未定であったり専門・各種学校への進学を希望したりしている状態から，大学・短大進学に進路を変更していることが確認できる。教育期待が「高等教育」である割合が 9 割を超えるのは，普通高校下位・専門高校ともに高 3 の時点である。普通高校下位では高 2 時点で 9 割近く

が大学・短大進学を考えている一方で，専門高校では約68％と，やや時期の
ずれが確認できるが，高3の夏になってようやく，ほとんどの生徒が大学・短
大への進学希望を定めて，進学準備をおこなっている様子がうかがえる。

(4) 決定進路の規定要因分析

　ここまでの分析によって，普通高校上位はもちろん，普通高校下位や専門高
校の生徒もかなりの割合で大学・短大へ進学することになるものの，進学先や
進路選択のタイミングにはやや違いがみられることが分かった。

　最後に検討したいのは，大学・短大進学を規定する要因に，高校ランク・学
科による違いが見られるのか，ということである。そこで，決定進路が「大
学・短大」であるか，それ以外であるかを従属変数として，二項ロジスティッ
ク回帰分析をおこない，そのなかで，性別，学力の代理指標としての模試成績，
親学歴，世帯収入の4変数と高校ランク・学科の交互作用を検討した。

　表11-4はその推定結果を示したものである。Model 1では交互作用項を含
めず各説明変数の影響力を検討した。投入されている他の変数が一定である場
合には，性別が女性であること[8]，学力が高いこと，模試を受験するほど大学
進学を希望していること，親が高学歴であること，家庭が経済的に豊かである
ことが，大学・短大進学の確率を高めていることが分かる。

　続けて，性別・模試成績・親学歴・世帯年収と高校ランク・学科の交互作用
の検討をおこなったが，世帯年収を除いてすべて統計的に意味のある違いだと
いえなかったため，世帯年収と高校ランク・学科の交互作用項のみをModel 1
に加えた推定結果をModel 2として示した。これを見ると，普通高校下位，
専門高校の双方と世帯年収の交互作用項が5％水準で統計的に有意な正の影響
力を示している。世帯年収の主効果項の係数が−0.081で10％水準でも有意
でないため，普通高校上位では世帯年収の違いは，決定進路が大学・短大であ
るかどうかに影響しているとはいえない。しかし，普通高校下位や専門高校で
は，世帯年収が高いほど，つまり出身家庭が経済的に豊かであるほど，大学・
短大進学に進学しやすいことが分かった。

表 11-4　決定進路を従属変数とした二項ロジットモデルの推定結果[7]

	Model 1			Model 2		
	B	Exp(B)	S. E.	B	Exp(B)	S. E.
性別 ref. 女性						
男性	−0.606***	0.545	0.166	−0.618***	0.539	0.169
模試成績(高3) ref. 下位						
上位	0.664**	1.943	0.245	0.710**	2.033	0.248
中位	0.246	1.279	0.228	0.236	1.267	0.231
受験なし	−1.347***	0.260	0.244	−1.368***	0.255	0.249
居住地域 ref. 町村部						
大都市	0.136	1.146	0.344	0.107	1.113	0.352
市部	0.318	1.375	0.324	0.259	1.295	0.333
親学歴 ref. ともに非-大卒						
いずれかは大卒	0.406*	1.501	0.190	0.373†	1.452	0.192
世帯年収(対数値, 高3)	0.522**	1.686	0.168	−0.081	0.922	0.281
高校設置者 ref. 公立						
国立・私立	0.196	1.217	0.191	0.208	1.232	0.191
高校ランク学科 ref. 普通高校上位						
普通高校下位	0.338	1.402	0.236	0.360	1.433	0.244
専門高校	−0.459	0.632	0.300	−0.446	0.640	0.308
〈交互作用項〉						
世帯年収(対数値, 高3)×高校ランク・学科						
普通高校下位				1.039*		0.414
専門高校				0.975*		0.476
切片	0.535		0.421	0.638		0.428

注1) N=882, ***p<0.000, **p<0.01, *p<0.05, †p<0.10
注2) 世帯年収（対数値，高3）については，中心化処理をおこなったものを使用した

4. 「大学全入時代」における大学進学の学校間格差

　この章では，普通高校の中でも学力的には下位に位置するような高校や，従来は就職者を多く輩出してきた専門高校においても，大学への進学が一般的になるなかで，在籍する高校のランク・学科によって大学進学という進路選択のメカニズムがどのように違うのかを検討してきた。

　3節における分析で明らかになったのは，以下の4点である。①学力では下位に位置する普通高校や専門高校においても，やはり大学・短大への進学は高卒後進路の主な選択肢となっている。②ただし，大学・短大への進学という点は同じでも，進学先の学校や専攻，選択する入試方式には違いがみられる。③また，学力上位の普通高校よりも学力下位の普通高校や専門高校で大学・短大への進学という進路決定がやや遅れる傾向にある。④大学・短大への進学とい

う進路選択に対して，性別や成績，親の学歴が作用することには高校ランク・学科による違いが確認できないが，世帯年収の効果にのみ違いがあり，専門高校や学力レベルで下位に位置する普通高校では，世帯年収が高いほど大学・短大に進学しやすい。

　これらの結果から示唆されるのは，大学・短大進学という選択肢の捉え方の違いである。進学校と呼ばれるような，学力レベルの高い普通高校では，大学・短大進学は当たり前の選択肢であり，高校入学時点でそこを目標に定めて，生徒自身や親も，また学校側もそこに向けた進学準備を進めることになる。もちろん，成績や親の大学に対する知識や価値観は，実際に進学できるかどうかに影響しうる。だが，家庭の経済状況は進路選択に対して大きな影響力を持っている訳ではなく，経済的に厳しい家庭であっても多少無理をして子どもを大学や短大に進学させようとしている様子がうかがえる。学力上位の高校の生徒たちは，もともと学力や教育期待が高いのに加えて，早くから準備を進めているために，偏差値の高い，私立よりは国公立の大学・短大に進学していることが想像される。

　一方で，進路多様校と呼ばれてきたような，学力レベルが高いとはいえない普通高校や，専門高校ではやや様相が異なる。確かに大学・短大への進学は主な選択肢となりつつある。しかし，専門・各種学校への進学や就職といったそれ以外の選択肢も依然として一定の重みを持っており，複数の有力な選択肢のなかから高校卒業後の進路を選択する構図となっている。3-(3)項で示したように，大学・短大へ進学する生徒の大半は，高 1 の時点ですでに大学・短大への進学を目指しているが，生徒自身にとっても親にとっても，学力や家庭の経済状況次第では，就職や専門・各種学校への進学に切り替えることを念頭に置きながらの進路選択となっていると考えられる。また，学校側にとっては，専門・各種学校への進学や就職を目指す生徒に対しても進路指導や授業をおこなう必要があり，大学・短大進学のみに焦点を当てたカリキュラムを組んで指導することは難しい。結果として，進学校に比べると，大学・短大進学者への対応が後手にならざるをえない状況がうかがえる。

　大学への進学が一般的になり，「大学全入の時代」を迎えても，やはり在籍する高校によって進路選択への後押しや制約が変わってくることは否定できない。幼少期の早期教育の重要性が大きく取り上げられる昨今ではあるが，高校

教育が持つ地位達成への影響についても引き続き注目していくことが求められるだろう。

注

1）文部科学省『学校基本調査』（令和元年度）より。短期大学への進学者を除いた，いわゆる「四年制大学」の学部進学者の割合である。

2）同調査によると，就職者の割合は 17.7%，専修学校（専門課程）進学率は16.4% となっている。なお，地域によって高卒後進路の各選択肢が占める割合に大きな違いがあることには注意が必要である。たとえば，同調査によると東京都では，大学（学部）進学率が 63.0%，就職者割合は 6.3% である一方，もっとも就職者の割合が大きい佐賀県では，それぞれ 38.8%，32.1% となっている。ただし，いずれの都道府県においても，大学（学部）進学者の割合が，就職者の割合を上回っており，大学への進学がもっとも一般的な選択肢となっている。

3）短期大学への進学を，（四年制）大学進学と同じ選択肢に含めるか，それ以外の選択肢に含めるかは議論の余地がある。たとえば，中村（2010b）では，大学への進学希望と短大への進学希望には，進路選択過程でやや異なる傾向が見られることを踏まえてか，それぞれを別の選択肢に分類している。本章では，短大進学者には，進路選択タイミングや規定要因といった点で大学進学者と似た傾向が見られること，短大進学者のケース数は少なく，分析に大きく影響するとは考えにくいことから，大学進学と同じ選択肢に含めて以降の分析をおこなった。

4）浪人・その他・未定は，普通高校上位で 37 ケース（うち 35 ケースが浪人），普通高校下位で 14 ケース，専門高校で 11 ケースであった。

5）たとえば，学力ランクが低く大学進学者が少ない高校においては，模試等の受験者が少ないため，学校に偏差値が付与されないことが考えられる。これによって，偏差値が付与されていないケースには，学力ランクが低い高校の在籍者がより多く含まれている可能性がある。

6）文部科学省「学校基本調査」（令和元年度）によれば，日本全体での大学等進学率は 54.7% であり，2-(1)項で述べたようなデータの偏りが確認できる。そのため，本章の分析結果は，教育期待や実際の高卒後進路が高学歴側にやや偏ったデータをもとに得られたものであることには注意が必要である。

7）すべての変数に回答したケースのみを分析に用いるリストワイズ法を使用した場合，ケース数が大きく減り，推定がうまくいかなかったり，誤差が大きくなることで第二種の過誤（本来は意味のある違いを意味のないものとして統計的に棄却してしまうこと）を起こしてしまったりする懸念がある。また，このような処理をおこなった場合，ケースの脱落による一定のバイアスが生じる可能性が指摘されている（Rubin, 1987）。そのため，ここでは説明変数のうち，

高校ランク・学科，模試成績（高 3），世帯年収（対数値，高 3），高校設置者
について多重代入法による代入を行った（Rubin, 1987，高橋・渡辺，2017）。
代入回数は 50 回，予測に用いる変数は性別，居住地域，決定進路，代入は連
鎖方程式に基づいた。

8）従属変数が，大学・短大進学者／それ以外というダミー変数であり，短大進
学が前者に含まれているために，男性ダミーが負で有意となっているのだと考
えられる。実際に，文部科学省『学校基本調査』（令和元年度）によれば，大
学（学部）進学率では男性と女性がほぼ同じであるのに対し（男性：50.6%，
女性：49.0%），短大も含めた大学等進学率では，男性が 51.6%，女性が 57.8
% と，女性が 6 ポイント以上高い。

引用文献

荒川葉，2009，『「夢追い」型進路形成の功罪——高校改革の社会学』東信堂.

藤田英典，1980，「進路選択のメカニズム」山村健・天野郁夫編『青年期の進路
選択——高学歴時代の自立の条件』有斐閣，pp. 105-129.

樋田大二郎・耳塚寛明・岩木秀夫・苅谷剛彦（編著），2000，『高校生文化と進路
形成の変容』学事出版.

苅谷剛彦，1986，「閉ざされた将来像——教育選抜の可視性と中学生の『自己選
抜』」『教育社会学研究』41 集，pp. 95-109.

苅谷剛彦，1991，『学校・職業・選抜の社会学——高卒就職の日本的メカニズ
ム』東京大学出版会.

片瀬一男，2005，『夢の行方——高校生の教育・職業アスピレーションの変容』
東北大学出版会.

耳塚寛明・苅谷剛彦・樋田大二郎，1982，「高等学校における学習活動の組織と
生徒の進路意識——高校生の生徒文化と学校経営(2)」『東京大学教育学部紀
要』21 巻，pp. 29-52.

中村高康，2010a，「高校生の進路選択を見る視点」中村高康（編著）『進路選択
の過程と構造——高校入学から卒業までの量的・質的アプローチ』ミネルヴ
ァ書房，pp. 1-18.

中村高康，2010b，「四大シフト現象の分析」中村高康（編著）『進路選択の過程
と構造——高校入学から卒業までの量的・質的アプローチ』ミネルヴァ書房，
pp. 163-183.

尾嶋史章・荒牧草平（編），2018，『高校生たちのゆくえ——学校パネル調査から
みた進路と生活の 30 年』世界思想社.

Rubin, Donald B., 1987, *Multiple Imputation for Nonresponse in Surveys*, John
Wiley & Sons.

高橋将宜・渡辺美智子，2017，『欠測データ処理——R による単一代入法と多重
代入法』

粒来香，1997，「高卒無業者層の研究」『教育社会学研究』61 集，pp. 185-209.

第 12 章

学習方略の使用は勉強への動機づけに
どのような影響を与えるか

小野田亮介

1. 本章の目的——学習の方法と動機づけの関連を探る

　本章では，「子どもの生活と学びに関する親子調査」のうち，子どもにたずねた「勉強への動機づけ」と「学習方略」に関する質問項目を対象とし，2016年度調査（Wave 2）から2018年度調査（Wave 4）までの3年分の縦断データ解析を通して，両変数の関連について検討する。

　子どもの動機づけを高めることは，教育関係者にとって大きな関心事の一つである。教育心理学の領域では，動機づけに関するいくつかのモデルや理論が提唱されており，それらを基盤とした動機づけの促進方法について多くの研究が進められてきた。しかし，知見が蓄積されていてもなお，子どもを動機づけることの難しさは昔とさほど変わっていないのが現状ではないだろうか。本章のねらいは，主要な動機づけ理論の一つである自己決定理論（Self-determination theory; Deci & Ryan 2002）の枠組みから子どもの動機づけを捉え，動機づけの継時的な変化に影響を与える要因として，学習方略に注目した検討を行うことである。学習方略を動機づけの先行要因として捉えることで，動機づけ支援の具体的方法を検討するための基礎的知見を得ることが本章の目的となる。

(1) 自己決定理論の枠組みからみた動機づけ

　従来，動機づけに関する研究では，内発的動機づけ（課題そのものへの興味や楽しさに基づく動機づけ）と外発的動機づけ（報酬や罰など外的に与えられる刺激に基づく動機づけ）を分けて捉え，内発的な動機づけを至高の動機づけ状態とみなしてきた。しかし，上淵（2019）が指摘するように，日本の教育界にし

ばしばみられる「内発的動機づけは善で外発的動機づけは悪」という偏った考え方は，動機づけの捉え方を狭小なものとする危険性がある。あらゆる学習活動に内発的に動機づけられた学習者は，教育上，目標とすべき子どもの姿とされることもあるが，その達成は困難であるように思われる。現実的には，内発的動機づけを善として掲げるだけでなく，外発的動機づけの中にも積極的な価値をみいだし，子どもの動機づけを高めるための方策を探ることが親や教師にとって必要なのではないだろうか。

　そこで参考になるのが，デシとライアン（Deci & Ryan, 2002）によって提唱された自己決定理論である。この理論では，ある活動（例：学習）に対する自律性の程度から，価値の内在化の程度（例：子どもが自分の中で学習を価値づけている程度）を評価し，内発的動機づけと外発的動機づけを連続的に捉えることを試みている。外発的動機づけについては，「活動の理由に相当する動機づけの概念」（西村，2019，p. 54）とされる調整スタイル（regulatory styles）により，外的調整，取り入れ的調整，同一化的調整，統合的調整，内的調整の各段階が想定されている。外的調整の段階では活動に対する価値の内在化が進んでおらず外発的動機づけの様相が強いが，段階を経て価値の内在化が進むと，より自律的な外発的動機づけとなる。そのプロセスを通して楽しんで学習するようになれば，それは内的調整の段階へと進んだといえるだろう。なお，西村・河村・櫻井（2011）により，統合的調整と同一化的調整は統計的に弁別することが難しいと指摘されていることから，本章でも統合的調整は分析の対象としていない。

　自己決定理論の枠組みで動機づけを捉えると，外発的動機づけとして一括りにされてきた様々な活動の理由を，価値の内在化の程度によって分けて検討することが可能となる。たとえば，「先生や親にしかられたくないから勉強する」と，「自分の希望する高校や大学に進みたいから勉強する」は，共に外発的な理由による動機づけだといえるが，後者の方がより自分の中に勉強の価値が内在化していることがみてとれる。学習活動はスポーツやゲームなどと比べて内発的には動機づけられにくい活動であるため，外発的動機づけを教育現場に沿った形で適切に扱うことのできる自己決定理論の枠組みは，勉強への動機づけを多面的に捉えるうえで有用だといえる。そこで本章では，自己決定理論の枠組みに基づき，自律的動機づけとされる（1）内的調整と（2）同一化的調

整，および統制的動機づけとされる（3）取り入れ的調整と（4）外的調整の4
観点から動機づけを捉えることとした。

(2) 学習方略

　学習方略（learning strategy）とは，学習の効果を高めることを目指して意図
的に行う心的操作あるいは活動（辰野，1997）のことであり，一般的に用いら
れる学習方法とほぼ同義だといえる。学習の効果を高める上で，活動に適した
学習方略を選択し，実行することは重要な工夫となる。

　学習方略について，本調査では国際的にも頻繁に引用されている MSLQ
（motivated strategies for learning questionnaire）（Pintrich, Smith, Garcia, & McK-
eachie, 1993）の枠組みを参考としながら，ベネッセによる「小中学生の学びに
関する実態調査（2014）」の各項目，伊藤（2009），および伊藤・神藤（2003）
をもとに項目を作成している。本章では，その中でも学業成績や動機づけと正
の関連にあることが指摘されてきた（1）意味理解方略，（2）メタ認知的方略，
（3）社会的方略の3つの学習方略に焦点を当てる。以下に概要を述べる。

　（1）意味理解方略とは，学習において知識のつながりを理解するための方略
である。問題を解いた後にさらに別の解き方を考えてみたり，他の問題との共
通性や応用できる部分を考えたりする方略がこれにあたる。漢字や英単語を何
度もくり返して覚えようとする（リハーサル方略）など，既有知識と新しい知
識の関連性を考慮せずに学習しようとする「浅い処理の方略」は学習成績との
関連が認められなかったり，負の関連が認められることもある（e.g., Green &
Miller, 1996; Howell & Watson, 2007）。一方，意味理解方略のように，学習内容
の理解を定着させるために行われる「深い処理の方略」は学業成績と正の関連
にあることが示されている（e.g., Green & Miller, 1996）。

　（2）メタ認知的方略とは，自分の認知的活動をモニタリングし，コントロー
ルする方略である。目標を設定してその達成状況を確認したり，上手くいって
いないときに目標や活動を調整するといった方略が含まれる。メタ認知的方略
も学業成績と正の関連にあることが指摘されており（e.g., Muis & Franco, 2009），
自己調整的な学習を進める上で重要な方略となる。

　（3）社会的方略とは，友人と一緒に勉強するなど人的リソースを活用して勉
強に取り組む方略である。ピア・ラーニングや協同学習と呼ばれる活動がこれ

にあたる。他者との学習において質の高い相互作用（例：分からないところを明確化するための質問をしたり，相手の理解を考慮した説明を行う）が生起する場合，学習効果は高まると考えられる（e.g., Brown, 1997）。ただし，ただ複数で学習すれば学習効果が高まるというわけではない。たとえば，分かっている子が分かっていない子に対して問題の答えだけを教えるといったやり取りでは，分からない側の理解が深まらず，類似した問題を出されても解答できないなど，十分な学習効果を得にくいことが指摘されている（e.g., Webb & Mastergeorge, 2003）。本章では，友人と学習する程度から社会的方略を捉えているが，そこではこうした相互作用の質についてはたずねていない。したがって，回答者間で想定される相互作用の質に差があることには留意が必要である。

　なお，学習方略には，学習全般を対象とした方略と，教科に特有の方略がある。本章では，教科横断的な勉強への動機づけと学習方略との関連を検討するため，学習全般を対象とした方略に焦点を当て，動機づけとの関連について分析する。

(3) 動機づけと学習方略の関連

　教育心理学研究の多くは動機づけを学習方略の先行要因とみなし，動機づけの高低によって学習方略の使用が規定されるという影響関係のもとで両者の関連を論じてきた（岡田，2007）。たとえば，英語学習における動機づけと学習方略の関連を検証した堀野・市川（1997）は，学習内容に対する価値づけが高い（内発的動機づけの状態に近い）学習者ほど，効果的な学習方略を用いる傾向にあることを示している。これらの「動機づけ→学習方略」の関係性に注目する研究は，効果的な学習方略を用いる学習者の特徴を動機づけの観点から明らかにしたり，動機づけに対する介入の効果を（従属変数としての）学習方略の変化から論じたりすることを通して，動機づけと学習行動の関連を解明してきたといえるだろう。

　しかし，教育実践を考える上で，「動機づけが高いほど，効果的な学習方略を用いる」といった知見を耳にすると，筆者は隔靴掻痒の感を覚えることもある。たとえば，親や教員との間で上述したような知見を共有しても「そもそも，子どもの動機づけを高められないことが問題ですよね」といった反応が予想され，実践的な話題として提供しにくいことがある。無論，動機づけの高さがど

のような学習行動に結びつくのかは重要な検討課題ではあるが，今まさに教育実践に関わっている人からすれば，「動機づけ→学習方略」の関係性だけを提示されても，具体的な見通しはたてにくいのではないだろうか。

　こうした問題意識からは「学習方略→動機づけ」という，従来とは逆の関係性に注目する必要性が浮かび上がってくる。岡田（2007）はこうした関係性を仮定し，学習方略を動機づけの先行要因としてみなしたユニークな研究を行っている。この研究では，高校生の英単語学習を対象として，英単語学習に適した学習方略（論文内では「体制化方略」を教授している。学習方略の詳細については岡田（2007）や伊藤（2009）などを参照されたい）を教授することで，学習者の動機づけが向上することを示している。しかも，こうした学習方略教授の効果は，方略志向性（自分に適した勉強方法を工夫したり，色々と試してみようとしたりする傾向）や，英単語学習の重要性の認知にかかわらず確認された。この知見は，「学習方略→動機づけ」の関係性が存在する可能性を実証的に示した点で重要な意義を有するといえるだろう。

　本章の主たる目的は，介入研究からも示唆される「学習方略→動機づけ」の関係性が，小学生から高校生を対象とした3年分の縦断データからも確認されるかどうかを明らかにすることである。仮に，本章の分析においても「学習方略→動機づけ」の関係性が認められるとすれば，学習方略を先行要因として動機づけの促進方法を検討することに一定の意義があることを示すことになる。それは，学習方略を軸とした動機づけ支援の可能性を示唆する点で，教授学習に関わる実践，研究領域において価値のある知見となるだろう。

2.　データと変数

(1)　対象者

　調査全体の対象者数，回答者数等の基本情報については第1章を参照されたい。本章で分析対象とする変数は2016年度調査（Wave 2）から測定しているため，Wave 2が分析上の初年度となる。そこで，Wave 2の段階で回答者が所属していた校種に基づき，「小学校段階」「中学校段階」「高校段階」に集団を分けることとした。この分類は回答者の所属校種を正確に把握するものではないが，厳密に校種を絞ると分析対象者数が大幅に減少するため，なるべく多

くの情報を用いてデータの特徴を示すことを優先し，大まかに学校段階を分けることとした。

　Wave 2〜4 に参加した回答者のうち，分析対象者は小学生（2,208 名），中学生（2,034 名），高校生（670 名）となった。高校生で分析対象者数が減少しているのは卒業による脱落によるものと考えられる。

(2) 分析に用いる変数

動機づけ　自己決定理論における各調整スタイルを測定する尺度として，西村ら（2011）の自律的学習動機尺度を参考として項目を作成した。「あなたが勉強する理由について，次のことはどれくらいあてはまりますか」と問い，下記の項目について「1：とてもあてはまる〜4：まったくあてはまらない」の 4件法で回答を求めた。分析には逆転処理後の値を用いることとした。

〈自律的動機づけ〉
- 内的調整：「新しいことを知るのがうれしいから」
- 同一化的調整：「自分の希望する（高校や）大学に進みたいから」
※小学生と中学生に対しては「高校や」という文言を含めてたずねた。
〈統制的動機づけ〉
- 取り入れ的調整：「友だちに負けたくないから」
- 外的調整：「先生や親にしかられたくないから」

学習方略　ベネッセによる「小中学生の学びに関する実態調査（2014）」の各項目，伊藤（2009），および伊藤・神藤（2003）を参考として作成した項目のうち 4 項目を分析に用いた。「あなたは，勉強するときに，次のことをどれくらいしますか」と問い，下記の項目について「1：よくする〜4：まったくしない」の 4 件法で回答を求めた。分析には逆転処理後の値を用いることとした。

〈意味理解方略〉
- 「問題を解いた後，ほかの解き方がないかを考える」
〈メタ認知的方略〉
- モニタリング：「何が分かっていないか確かめながら勉強する」

- コントロール：「テストで間違えた問題をやり直す」

〈社会的方略〉

- 「友だちと勉強を教えあう」

その他の変数　回答者の性別や，家庭の社会経済的背景といった，ある程度の時間不変性を有する変数の影響について考慮するため，以下の変数についても分析に組み込むこととした。

〈性別〉

Wave 4 での性別に対する子どもの回答データを用いた。

〈両親の学歴〉

父親と母親両方の学歴について，それぞれ「1＝中学，2＝高校，3＝専門，4＝短大，5＝大学，6＝大学院，7＝その他，8＝分からない」のいずれかについて選択を求め，学歴を年数に変換して分析に用いた。

〈世帯収入〉

Wave 1 での世帯収入の回答データを用いた。

(3) 分析に用いるモデル

時間的に安定した（time-invariant）個人差を特性因子（trait factor）によって統制した交差遅延モデルである，RI-CLPM（random intercept cross-lagged panel model; Hamaker, Kuiper, & Grasman, 2015）を採用した。交差遅延モデルにおいて，動機づけと学習方略の時点間での関連を検証する場合，現在の2変数間の関連には，過去の2変数の情報だけでは説明できない部分が残されている。そこで，RI-CLPM では時間的に安定した個人差を，因子負荷を1に固定した特性因子によって統制し，個人内関係としてのクロスラグ係数を推定することを目的とする（Usami, Murayama, & Hamaker 2019）。本章の分析では，回答者の性別，両親の学歴，世帯年収を時間不変的な特性因子として扱うこととした。

3.　結果

以降のすべての分析は，オープンソースのソフトウェア環境である R 3.5.3

（R Core Team, 2019）を用いて行った。

(1) 予備的分析

　動機づけや学習方略の得点を尺度ごとに合算することが妥当であるかを検討するため，2 項目で構成される尺度の相関係数を算出した。自律的動機づけと統制的動機づけの項目間相関行列を表 12 - 1〜表 12 - 3 に示す。

　同一時点での自律的動機づけの項目間の相関係数は，Wave2，Wave 3，Wave 4 の順に小学校（$r=$ .32, .30, .32），中学校（$r=$ .32, .33, .33），高校（$r=$ .26, .27, .32）であり，弱〜中程度の正の相関関係にあることが示された。一方，統制的動機づけの項目間の相関係数は，Wave 2 から順に小学校（$r=$ .24, .23, .22），中学校（$r=$ .18, .22, .21），高校（$r=$ .18, .16, .19）であり，全体的に弱い正の相関関係にあることが示された。また，自律的動機づけの項目である同一化的調整と，統制的動機づけの項目である取り入れ的調整の間では，すべての学校段階で弱〜中程度の正の相関係数（$r=$ .37 - .46）が認められていることから，本章では自律的動機づけと統制的動機づけの項目を合成せず，内的調整，同一化的調整，取り入れ的調整，外的調整の各変数について分析することとした。

　メタ認知的方略の項目間の相関係数は Wave 2 から順に，小学校（$r=$ .42, .46, .51），中学校（$r=$ .47, .47, .45），高校（$r=$ .43, .46, .50）であり，いずれも中程度の相関関係が認められた。そこで，メタ認知的方略については加算平均値を尺度得点として用いることとした。

(2) 記述統計量

　調査時点ごとにみた学校段階別の各変数の平均値ならびに標準偏差を表 12 - 4 に示す。

(3) RI-CLPM による分析

　モデルの概要　Wave 2〜Wave 4 における動機づけと学習方略使用の関連を検討するため，構造方程式モデリングの枠組みで RI-CLPM のモデルを構成して分析を行った。母数の推定には lavaan パッケージの関数 cfa() を用いた。分析モデルの概要を図 12 - 1 に示す。

表 12 - 1　自律的動機づけと統制的動機づけの項目間相関係数（小学校）

| | 自律的動機づけ | | | | | | 統制的動機づけ | | | | | |
| | Wave 2 | | Wave 3 | | Wave 4 | | Wave 2 | | Wave 3 | | Wave 4 | |
	内的	同一化	内的	同一化	内的	同一化	取り入れ	外的	取り入れ	外的	取り入れ	外的
自律的動機づけ												
W2 内的調整												
W2 同一化的調整	.32											
W3 内的調整	.41	.22										
W3 同一化的調整	.18	.43	.30									
W4 内的調整	.36	.17	.47	.19								
W4 同一化的調整	.18	.37	.23	.50	.32							
統制的動機づけ												
W2 取り入れ的調整	.26	.40	.18	.25	.14	.26						
W2 外的調整	-.01	.09	-.02	.05	-.03	.05	.24					
W3 取り入れ的調整	.15	.24	.30	.41	.16	.28	.39	.12				
W3 外的調整	-.04	.03	-.05	.08	-.10	.04	.08	.37	.23			
W4 取り入れ的調整	.20	.25	.21	.30	.37	.45	.35	.09	.48	.09		
W4 外的調整	.01	.03	-.02	.05	-.04	.12	.10	.27	.14	.37	.22	

表 12 - 2　自律的動機づけと統制的動機づけの項目間相関係数（中学校）

| | 自律的動機づけ | | | | | | 統制的動機づけ | | | | | |
| | Wave 2 | | Wave 3 | | Wave 4 | | Wave 2 | | Wave 3 | | Wave 4 | |
	内的	同一化	内的	同一化	内的	同一化	取り入れ	外的	取り入れ	外的	取り入れ	外的
自律的動機づけ												
W2 内的調整												
W2 同一化的調整	.32											
W3 内的調整	.46	.20										
W3 同一化的調整	.25	.40	.33									
W4 内的調整	.41	.17	.51	.22								
W4 同一化的調整	.23	.34	.24	.46	.33							
統制的動機づけ												
W2 取り入れ的調整	.38	.46	.25	.31	.20	.27						
W2 外的調整	.04	.12	.00	.04	-.01	.04	.18					
W3 取り入れ的調整	.27	.30	.44	.46	.27	.30	.47	.10				
W3 外的調整	.01	.07	.09	.12	.00	.07	.13	.40	.22			
W4 取り入れ的調整	.25	.25	.28	.31	.42	.43	.39	.06	.51	.09		
W4 外的調整	.02	.07	.02	.10	.05	.18	.13	.35	.13	.43	.21	

表 12 - 3　自律的動機づけと統制的動機づけの項目間相関係数（高校）

| | 自律的動機づけ | | | | | | 統制的動機づけ | | | | | |
| | Wave 2 | | Wave 3 | | Wave 4 | | Wave 2 | | Wave 3 | | Wave 4 | |
	内的	同一化	内的	同一化	内的	同一化	取り入れ	外的	取り入れ	外的	取り入れ	外的
自律的動機づけ												
W2 内的調整												
W2 同一化的調整	.26											
W3 内的調整	.46	.24										
W3 同一化的調整	.20	.58	.27									
W4 内的調整	.41	.20	.51	.22								
W4 同一化的調整	.14	.49	.23	.65	.32							
統制的動機づけ												
W2 取り入れ的調整	.32	.40	.23	.29	.22	.25						
W2 外的調整	.05	.07	.02	.04	-.03	.09	.18					
W3 取り入れ的調整	.23	.32	.39	.37	.26	.33	.51	.12				
W3 外的調整	.02	.05	.05	.07	.03	.05	.09	.42	.16			
W4 取り入れ的調整	.15	.23	.25	.28	.41	.39	.44	.06	.55	.08		
W4 外的調整	.02	.07	.01	.06	.09	.13	.12	.38	.10	.42	.19	

注 1）「小学校」「中学校」「高校」は回答者が Wave 2 の調査時点で所属していた学校段階を示す。

注 2）5％水準で有意な相関係数は太字で表現している。

表 12 - 4　調査時点ごとにみた各得点の平均値（標準偏差）

	Wave 2	Wave 3	Wave 4
小学校			
内的調整	2.95(0.82)	2.82(0.85)	2.82(0.85)
同一化的調整	2.73(1.03)	2.89(0.99)	2.89(0.99)
取り入れ的調整	2.77(1.01)	2.74(0.98)	2.74(0.98)
外的調整	2.42(1.01)	2.42(0.97)	2.42(0.97)
意味理解方略	2.34(0.91)	2.32(0.91)	2.32(0.91)
メタ認知的方略	2.87(0.76)	2.84(0.79)	2.84(0.79)
社会的方略	2.69(0.99)	2.72(0.99)	2.72(0.99)
中学校			
内的調整	2.66(0.85)	2.55(0.87)	2.55(0.87)
同一化的調整	3.18(0.86)	3.16(0.85)	3.16(0.85)
取り入れ的調整	2.82(0.95)	2.73(0.92)	2.73(0.92)
外的調整	2.44(0.93)	2.44(0.92)	2.44(0.92)
意味理解方略	2.21(0.87)	2.15(0.84)	2.15(0.84)
メタ認知的方略	2.83(0.78)	2.72(0.77)	2.72(0.77)
社会的方略	2.70(0.94)	2.71(0.94)	2.71(0.94)
高校			
内的調整	2.57(0.83)	2.54(0.82)	2.54(0.82)
同一化的調整	3.10(0.92)	3.13(0.92)	3.13(0.92)
取り入れ的調整	2.68(0.89)	2.61(0.89)	2.61(0.89)
外的調整	2.20(0.87)	2.24(0.87)	2.24(0.87)
意味理解方略	2.15(0.84)	2.13(0.83)	2.13(0.83)
メタ認知的方略	2.74(0.74)	2.66(0.76)	2.66(0.76)
社会的方略	2.84(0.86)	2.76(0.90)	2.76(0.90)

注）「小学校」「中学校」「高校」は回答者が Wave 2 の調査時点で所属していた学校段階を示す。

　このモデルでは，各時点で各変数に回帰する潜在変数を仮定し，そのパスを1に固定している。また，前の測定時点の潜在変数（例：動機づけ（W2））によって，後の潜在変数（例：動機づけ（W3））を説明する自己回帰と，動機づけと学習方略それぞれの潜在変数間に交差するパスを仮定し，Wave 2 の潜在変数間と Wave 3，Wave 4 の潜在変数の残差間に共分散を仮定した。さらに，性別，両親の学歴，世帯年収により測定される2つの潜在変数を仮定（動機づけ／被験者間，学習方略／被験者間）し，動機づけと学習方略の各時点の測定値に対する因子負荷を1に固定したパスをひいた。この潜在変数がランダム切片（random intercept）として個人差を説明する変数となり，クロスラグ係数を個人内の関係（within-person）として推定することができる。

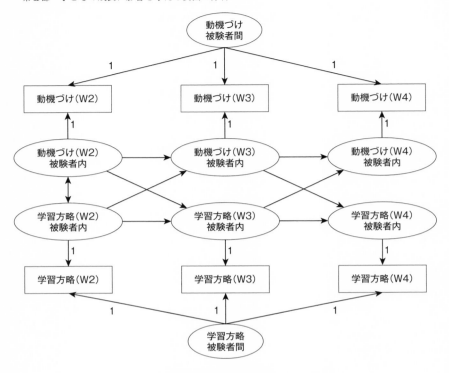

図 12 - 1　動機づけと学習方略の RI-CLPM

注 1) 残差変数と残差間共分散は図から省略している
注 2) W2, W3, W4 はそれぞれ Wave 2, Wave 3, Wave 4 を示す

　本章では動機づけと学習方略の関係が学校段階によって異なるかどうかを検討するため，Wave 2 での学校段階に基づく 3 つの母集団（小学校，中学校，高校）に対する多母集団同時分析を行うこととした。分析には最尤法を用い，欠測値の推定には完全情報最尤推定法（full information maximum likelihood method; FIML）を用いた。また，変数間の関係を解釈しやすくするため，自己回帰のパス係数やクロスラグ係数，残差分散，残差間共分散について時点間の等値制約を仮定したモデル（等値制約ありモデル）による分析を行うこととした。紙幅の都合上，結果を記載していないが，全ての母数を自由推定するモデル（等値制約なしモデル）と，等値制約ありモデルのデータに対する当てはまりの良さを比較した結果，情報量規準である AIC と BIC に大きな違いはなく，概

表 12 - 5　構造方程式モデリングにおける分析結果
（自律的動機づけと各学習方略の関連）

		小学校(n=2208)			中学校(n=2034)			高校(n=670)		
		β	β_{se}	p	β	β_{se}	p	β	β_{se}	p
内的調整と意味理解方略(CFI=1.00, TLI=1.00, RMSEA=.00, SRMR=.01)										
内的調整	→ 内的調整	**.18**	.04	.000	**.12**	.04	.001	**.24**	.07	.000
意味理解方略	→ 意味理解方略	**.09**	.03	.007	**.12**	.03	.001	**.12**	.06	.046
内的調整	→ 意味理解方略	**.10**	.03	.002	**.07**	.03	.025	.08	.05	.146
意味理解方略	→ 内的調整	**.06**	.03	.022	**.06**	.03	.023	.02	.05	.712
内的調整とメタ認知的方略(CFI=0.99, TLI=0.99, RMSEA=.01, SRMR=.01)										
内的調整	→ 内的調整	**.19**	.04	.000	**.13**	.04	.001	**.24**	.07	.000
メタ認知的方略	→ メタ認知的方略	**.21**	.04	.000	**.13**	.04	.000	**.17**	.07	.019
内的調整	→ メタ認知的方略	**.09**	.03	.007	.03	.03	.297	.03	.05	.522
メタ認知的方略	→ 内的調整	**.09**	.03	.007	**.07**	.04	.033	.01	.06	.901
内的調整と社会的方略(CFI=1.00, TLI=1.00, RMSEA=.00, SRMR=.01)										
内的調整	→ 内的調整	**.19**	.04	.000	**.13**	.04	.000	**.24**	.07	.000
社会的方略	→ 社会的方略	**.10**	.03	.002	**.16**	.04	.000	**.14**	.06	.022
内的調整	→ 社会的方略	.07	.03	.058	**.09**	.03	.006	.05	.06	.338
社会的方略	→ 内的調整	.03	.02	.121	**.07**	.03	.009	.02	.05	.694
同一化的調整と意味理解方略(CFI=0.99, TLI=0.99, RMSEA=.01, SRMR=.01)										
同一化的調整	→ 同一化的調整	**.10**	.03	.003	**.20**	.04	.000	**.43**	.07	.000
意味理解方略	→ 意味理解方略	**.10**	.03	.002	**.12**	.03	.001	**.13**	.06	.031
同一化的調整	→ 意味理解方略	−.01	.03	.723	**.06**	.03	.031	.03	.06	.559
意味理解方略	→ 同一化的調整	.04	.03	.146	.01	.03	.655	−.07	.05	.214
同一化的調整とメタ認知的方略(CFI=0.99, TLI=0.99, RMSEA=.02, SRMR=.01)										
同一化的調整	→ 同一化的調整	**.11**	.03	.001	**.19**	.04	.000	**.43**	.07	.000
メタ認知的方略	→ メタ認知的方略	**.22**	.04	.000	**.14**	.04	.000	**.14**	.07	.035
同一化的調整	→ メタ認知的方略	.04	.03	.082	**.05**	.02	.025	**.10**	.05	.028
メタ認知的方略	→ 同一化的調整	.01	.04	.729	.05	.04	.148	−.11	.07	.129
同一化的調整と社会的方略(CFI=0.99, TLI=0.99, RMSEA=.02, SRMR=.01)										
同一化的調整	→ 同一化的調整	**.11**	.03	.001	**.20**	.04	.000	**.43**	.08	.000
社会的方略	→ 社会的方略	**.11**	.03	.001	**.16**	.04	.000	**.14**	.06	.018
同一化的調整	→ 社会的方略	−.04	.03	.221	.01	.03	.768	.05	.06	.428
社会的方略	→ 同一化的調整	.01	.03	.727	.00	.03	.883	−.01	.05	.820

注 1) 「小学校」「中学校」「高校」は回答者が Wave 2 の調査時点で所属していた学校段階を示す。
注 2) β は標準化推定値を示す。
注 2) 5% 水準で有意な推定値は太字で表現している。

ね等値制約ありモデルの方がデータに対する当てはまりが良いことが確認された。

自律的動機づけと学習方略　自律的動機づけの 2 項目と各学習方略の関連について，等値制約を課したモデルによる分析を行った。結果を表 12 - 5 に示す。以下では，主にクロスラグ係数（動機づけ→学習方略／学習方略→動機づけ）の結果に注目しながら，学校段階ごとの特徴を記す。

小学校段階で「自律的動機づけ→学習方略」のクロスラグ係数が有意であったのは「内的調整→意味理解方略・メタ認知的方略」であり，正の推定値が認められた。また，「学習方略→自律的動機づけ」のクロスラグ係数が有意であ

ったのは，「意味理解方略・メタ認知的方略→内的調整」であり，正の推定値が認められた。

　中学校段階で「自律的動機づけ→学習方略」のクロスラグ係数が有意であったのは「内的調整→意味理解方略・社会的方略／同一化的調整→意味理解方略・メタ認知的方略」であり，正の推定値が認められた。また，「学習方略→自律的動機づけ」のクロスラグ係数が有意であったのは「意味理解方略・メタ認知的方略・社会的方略→内的調整」であり，正の推定値が認められた。

　高校段階では，「同一化的調整→メタ認知的方略」のクロスラグ係数でのみ有意な正の推定値が得られた。

　学校段階間の違いに注目すると，高校段階に比べて，小学校段階と中学校段階で有意な正のクロスラグ係数が認められる傾向にあることがわかる。また，小学校段階と中学校段階を比べると，小学校段階では「同一化的調整→学習方略」の関連が認められないのに対し，中学校段階ではこれらの関連が認められる点に顕著な違いがあるといえるだろう。

　一方，学校段階間の共通点としては，「学習方略→同一化的調整」の間に有意な関連が認められない点があげられる。また，小学校段階と中学校段階の共通点として，内的調整と意味理解方略の間に相互的な正の関連が認められること，および「メタ認知的方略→内的調整」の正の関連が認められることが示された。

　統制的動機づけと学習方略　統制的動機づけと各学習方略の関連について，等値制約を課したモデルによる分析の結果を表12-6に示す。

　小学校段階で「統制的動機づけ→学習方略」のクロスラグ係数が有意であったのは，「取り入れ的調整→メタ認知的方略」であり，正の推定値が認められた。また，「学習方略→統制的動機づけ」のクロスラグ係数が有意であったのは，「メタ認知的方略→取り入れ的調整」であり，正の推定値が認められた。

　中学校段階では，いずれのクロスラグ係数も有意ではなかった。

　高校段階で「統制的動機づけ→学習方略」のクロスラグ係数が有意であったのは，「外的調整→意味理解方略」であり，正の推定値が認められた。また，「学習方略→統制的動機づけ」のクロスラグ係数が有意であったのは，「意味理解方略→取り入れ的調整・外的調整」であり，正の推定値が認められた。

　自律的動機づけと学習方略の関連に比べてみると，統制的動機づけと学習方

表 12-6　構造方程式モデリングにおける分析結果（統制的動機づけと各学習方略の関連）

			小学校(n=2208)			中学校(n=2034)			高校(n=670)		
			β	β_{se}	p	β	β_{se}	p	β	β_{se}	p
取り入れ的調整と意味理解方略(CFI=0.99, TLI=0.99, RMSEA=.01, SRMR=.01)											
取り入れ的調整	→	取り入れ的調整	**.11**	.04	.001	**.20**	.04	.000	**.16**	.06	.012
意味理解方略	→	意味理解方略	**.10**	.03	.002	**.12**	.03	.000	**.12**	.06	.043
取り入れ的調整	→	意味理解方略	.01	.03	.742	.03	.03	.358	.08	.05	.139
意味理解方略	→	取り入れ的調整	.04	.03	.140	.02	.03	.475	**.10**	.05	.036
取り入れ的調整とメタ認知的方略(CFI=0.99, TLI=0.99, RMSEA=.02, SRMR=.01)											
取り入れ的調整	→	取り入れ的調整	**.12**	.04	.001	**.19**	.04	.000	**.17**	.06	.009
メタ認知的方略	→	メタ認知的方略	**.22**	.04	.000	**.15**	.04	.000	**.18**	.07	.010
取り入れ的調整	→	メタ認知的方略	**.06**	.02	.006	.02	.02	.396	.00	.05	.973
メタ認知的方略	→	取り入れ的調整	**.09**	.04	.022	.04	.04	.344	.11	.06	.102
取り入れ的調整と社会的方略(CFI=0.99, TLI=0.99, RMSEA=.01, SRMR=.01))											
取り入れ的調整	→	取り入れ的調整	**.11**	.03	.002	**.21**	.04	.000	**.18**	.07	.005
社会的方略	→	社会的方略	**.11**	.03	.001	**.16**	.04	.000	**.14**	.06	.020
取り入れ的調整	→	社会的方略	.04	.03	.195	.03	.03	.357	.03	.06	.601
社会的方略	→	取り入れ的調整	.03	.03	.217	.00	.03	.930	.03	.05	.476
外的調整と意味理解方略(CFI=0.99, TLI=0.99, RMSEA=.01, SRMR=.01)											
外的調整	→	外的調整	**.11**	.03	.001	**.15**	.04	.000	.10	.06	.109
意味理解方略	→	意味理解方略	**.10**	.03	.003	**.13**	.04	.000	**.14**	.06	.023
外的調整	→	意味理解方略	−.01	.03	.588	.01	.03	.613	**.10**	.05	.026
意味理解方略	→	外的調整	.01	.03	.857	.01	.03	.678	**.20**	.05	.000
外的調整とメタ認知的方略(CFI=0.99, TLI=0.98, RMSEA=.02, SRMR=.02)											
外的調整	→	外的調整	**.10**	.03	.001	**.16**	.04	.000	.10	.06	.091
メタ認知的方略	→	メタ認知的方略	**.23**	.04	.000	**.14**	.04	.000	**.16**	.07	.022
外的調整	→	メタ認知的方略	.01	.02	.822	.04	.02	.087	.03	.04	.500
メタ認知的方略	→	外的調整	.00	.04	.942	.03	.04	.523	.07	.07	.272
外的調整と社会的方略(CFI=0.99, TLI=0.99, RMSEA=.02, SRMR=.01)											
外的調整	→	外的調整	**.11**	.03	.001	**.16**	.04	.000	.10	.06	.096
社会的方略	→	社会的方略	**.10**	.03	.002	**.16**	.04	.000	**.15**	.06	.011
外的調整	→	社会的方略	.01	.03	.744	.04	.03	.135	−.00	.05	.968
社会的方略	→	外的調整	.04	.03	.132	.02	.03	.515	.03	.05	.586

注 1)「小学校」「中学校」「高校」は回答者が Wave 2 の調査時点で所属していた学校段階を示す。
注 2) β は標準化推定値を示す。
注 2) 5% 水準で有意な推定値は太字で表現している。

略の関連は全体的に弱い傾向にあることが示唆される。中学校段階で有意なク
ロスラグ係数が認められなかったことは，その顕著な例といえるだろう。また，
学校段階間の差異としては，小学校段階では取り入れ的調整とメタ認知的方略
の間に相互的な正の関連が認められるのに対し，高校段階では意味理解方略と
外的調整の間に相互的な正の関連が認められることが示された。

4. 結論——学習方略指導を起点とした動機づけ支援の可能性

(1) 自律的動機づけと統制的動機づけの関連

　各調査時点での自律的動機づけと統制的動機づけの項目間の相関係数を算出した結果，小学校段階において内的調整と外的調整の間に無相関，あるいは有意な負の相関関係が認められたものの，その他の変数間では概ね有意な正の相関関係が認められた。試験や受験といった具体的な目標が存在し，それらの成果に応じて必然的に周囲との比較が生じる子どもたちにとって，勉強への動機づけは自律的，統制的と割り切れるものではなく，ある程度の関連性を有しているのだと考えられる。たとえば，学校段階や調査時点にかかわらず，同一化的調整（自分の希望する高校や大学に進みたいから）と，取り入れ的調整（友だちに負けたくないから）の間に中程度の正の相関関係が認められたことは，自分の希望する進路に進もうとする動機づけと，周囲に比べて有能でありたいという動機づけが両立していた可能性を示している。こうした結果は，学校教育段階での勉強への動機づけを内発的，外発的と明確に区分して捉えることの難しさを示唆するものといえるだろう。

(2) 自律的動機づけと学習方略の関連

　本章では，学習方略の使用が動機づけに与える影響について検討するため，3時点間（Wave 2〜Wave 4）の2変数の関連について，RI-CLPM による分析を行った。以下では，主にクロスラグ係数（動機づけ→学習方略／学習方略→動機づけ）の結果に焦点を当てながら考察を行う。クロスラグ係数の結果について，再度簡易的にまとめておく（表12-7）。

　自律的動機づけ→学習方略　小学校段階では勉強に対する自律的動機づけ（内的調整）が高いほど，その後の意味理解方略やメタ認知的方略の使用が向上する傾向が示され，中学校段階においても自律的動機づけ（内的調整・同一化的調整）が高いほど，その後の各学習方略の使用が向上する傾向が示された。同一化的調整の影響が小学校段階で認められなかったのは，項目で示されている進路（高校・大学）を理由とする動機づけが，小学校段階の回答者にとって具体的に想定しにくかったためではないかと推察される。

表 12-7　学校段階ごとにみたクロスラグ係数のまとめ

			小学校	中学校	高校
自律的動機づけ→学習方略					
内的調整	→	意味理解方略	+	+	
内的調整	→	メタ認知的方略	+		
内的調整	→	社会的方略		+	
同一化的調整	→	意味理解方略		+	
同一化的調整	→	メタ認知的方略		+	+
同一化的調整	→	社会的方略			
学習方略→自律的動機づけ					
意味理解方略	→	内的調整	+	+	
メタ認知的方略	→	内的調整	+	+	
社会的方略	→	内的調整		+	
意味理解方略	→	同一化的調整			
メタ認知的方略	→	同一化的調整			
社会的方略	→	同一化的調整			
統制的動機づけ→学習方略					
取り入れ的調整	→	意味理解方略			
取り入れ的調整	→	メタ認知的方略	+		
取り入れ的調整	→	社会的方略			
外的調整	→	意味理解方略			+
外的調整	→	メタ認知的方略			
外的調整	→	社会的方略			
学習方略→統制的動機づけ					
意味理解方略	→	取り入れ的調整			+
メタ認知的方略	→	取り入れ的調整	+		
社会的方略	→	取り入れ的調整			
意味理解方略	→	外的調整			+
メタ認知的方略	→	外的調整			
社会的方略	→	外的調整			

注1）「小学校」「中学校」「高校」は回答者が Wave 2 の調査時点で所属していた学校段階を示す。
注2）5% 水準で有意な推定値が得られたセルに符号を示し，有意でない推定値のセルは空白としている。

　一方，高校段階では同一化的調整とメタ認知的方略の間の正の関連のみが示された。学校段階間で差はあるものの，全体的傾向としては，自律的動機づけの学習方略に対する説明力は小学校・中学校段階で高く，高校段階では低下している可能性が示唆された。

　学習方略→自律的動機づけ　小学校段階と中学校段階で類似した特徴が認められ，意味理解方略とメタ認知的方略を使用するほど，その後の自律的動機づけ（内的調整）が向上する傾向が示された。また，自律的動機づけ（内的調

整）と社会的方略の相互的な正の関連は中学校段階でのみ認められた。自律的動機づけと社会的方略の関連は中学校段階で顕著に認められるのかもしれない。なお，学習方略の使用と同一化的調整の間には，いずれの学校段階でも関連は認められなかった。本章では，同一化的調整を1項目（自分の希望する高校や大学に進みたいから）で捉えたが，こうした進路に関わる価値づけは学習方略の使用によって変化しにくいものであったのだと考えられる。

　岡田（2007）では，学習方略を教授する介入研究によって「学習方略→動機づけ」という因果関係の可能性が指摘された。そして，本章の分析結果も同様の関係が存在する可能性を示唆するものとなった。ただし，岡田（2007）では高校生を対象とした研究により，「学習方略→動機づけ」の関係が認められたのに対し，本章の自律的動機づけに関する分析では，こうした関係が小学校段階と中学校段階で顕著に認められ，高校段階では認められなかった。本章の学校段階の分け方では，高校段階の回答者は高校1年時に Wave 2 に回答し，高校3年時に Wave 4 に回答したことになる。すなわち，高校段階の回答者は，調査時点が進むにつれ大学受験が近づくという状況で調査に回答していたといえる。このように，大学受験という外的かつ重大な目標が存在し，それに向けて高度な学習内容に取り組む必要性が高まることで，自律的動機づけと学習方略使用の関連が見いだされにくくなっていた可能性はあるだろう。

(2) 統制的動機づけと学習方略の関連

　統制的動機づけ→学習方略　小学校段階では統制的動機づけ（取り入れ的調整）が高いほど，メタ認知的方略を用いる傾向にあり，高校段階では統制的動機づけ（外的調整）が高いほど意味理解方略を用いる傾向にあることが示された。一方，中学校段階では有意なクロスラグ係数は認められなかった。

　統制的動機づけはしばしば「悪い動機づけ」と意味づけられることもあるが，それが質の高い学習方略の使用を促す場合には（さらには，その方略使用が次の自律的動機づけを高めうることを考慮すると），必ずしも負の効果を有するものとはいえないだろう。ただし，そうだとしても自律的動機づけと学習方略使用との関連に比べ，統制的動機づけと学習方略使用との関連は弱く，中学校段階では一切有意な関連が認められないなど，統制的動機づけが質の高い学習方略の使用を促す効果は低いと考えられる。

　学習方略→統制的動機づけ　小学校段階ではメタ認知的方略を用いるほど統制的動機づけ（取り入れ的調整）が促進され，高校段階では意味理解方略を用いるほど統制的動機づけ（取り入れ的調整・外的調整）が促進される傾向が示された。また，中学校段階では有意なクロスラグ係数は認められなかった。

　ここで興味深いのは，高校段階では「学習方略→自律的動機づけ」の関連が認められなかったのに対し，「意味理解方略→統制的動機づけ」の関連は認められた点である。上述したように，高校段階の回答者は大学受験という外的な目標が近づく状況で調査に回答していた。それゆえに，意味理解方略のように様々な観点から問題を解いて理解を深めようとすることと，周囲よりも優位に立とうとすることや，先生や親にしかられないようにしようとする統制的動機づけの間に関連が認められたのかもしれない。

　受験は子どもにとって重要な動機づけ要因になると考えられるが，本章ではその影響について詳細に踏み込んだ分析はできていない。今後，パネル調査の継続によるデータの充実に伴い，小学生，中学生，高校生に限定した分析や，受験期をまたいだ回答者に焦点を当てた分析を行うことで，受験の存在が学習方略と動機づけの関連にどのような影響を与えているかについて明らかにする必要があるといえるだろう。

（3）教育実践への示唆

　本章では，動機づけと学習方略の関連について，特に「学習方略→動機づけ」の影響に焦点を当てて検討してきた。その結果，小学校段階と中学校段階では，質が高いとされる学習方略を用いることがその後の自律的動機づけを高める可能性が示された。これは，家庭や学校での教育支援方法を考える上で重要な知見だといえる。なぜなら，学習方略を動機づけの先行要因とみなすことで，「問題を解いた後，ほかの解き方がないかを考える（意味理解方略）」，「何が分かっていないか確かめながら勉強する（メタ認知的方略）」といった具体的な方略教授によって，自律的動機づけを高められる可能性が示されたためである。学習方略を起点とする動機づけへのアプローチは，小学校段階や中学校段階で有効性が高いと考えられるため，学校教育の早期に質の高い学習方略使用を促すことは，子どもの動機づけを高める上でも重要な指導になるといえるだろう。

　ただし，学習方略指導においては，効果が高いとされる方略を伝えるだけでは十分な指導とならない可能性に留意する必要がある。たとえば，子どもが学習方略に対する有効性の認知（その学習方略を用いることの効果や有用性に対する認知）をもっていなかったり，コスト感（その学習方略を用いることに対する負担感）を強く感じる場合には，有効な学習方略であっても積極的に用いられることはないと考えられる。とりわけ，意味理解方略のような「深い処理の方略」は実行に高い負荷がかかる可能性があるため，学習方略を教えるだけでなく，それが効果的に使用できる場面や課題を教えたり，具体的な方略使用例を見せるといった工夫により，学習方略を使えるように支援する必要がある。本章の知見をふまえれば，それは効果的な学習の促進のみならず，勉強に対する自律的な動機づけを促進する可能性があると考えられる。

(4)　今後の展望

　本章では，3年分の縦断データ解析により「学習方略→動機づけ」の影響が存在する可能性を示した。この結果は，従来の教授学習に関する心理学研究からみれば「逆の因果関係」（岡田，2007）の存在を示唆するものであり，実践的にも理論的にも意義のある知見だといえる。

　一方，学習方略を用いることがなぜその後の動機づけに関連していたのかという影響プロセスについては検討の余地が残されている。上淵（2019）は，動機づけプロセスが先行要因，動機，表出，結果といった要素の直線的関係ではなく，結果が先行要因にフィードバックされてループする循環的な関係によって構成される可能性を指摘している。そうだとすれば，学習方略と動機づけの関係についても，学習方略を用いることで有効性の理解が深まり，その結果が次の学習における動機づけに影響を与えるといった循環的な関係を想定することが自然なのかもしれない。そして，その循環の形成には，親からの働きかけのように長期的な影響を与えうる要因や，受験のようにある時点で特にその影響が強調される要因が関わっている可能性もある。

　本章では，両親の学歴や世帯収入といった社会経済的背景の影響を考慮した分析を行ったが，親の子どもへの働きかけ（例：子どもが失敗したときにはげます）や，それらに対する子どもの認知（例：親は失敗したときにはげましてくれる）については分析に組み込んでいない。また，3時点のデータのみを用いて

いることもあり，受験の影響についても十分な検討はできていない。これらの検討を進め，学習方略と動機づけの関連について詳細を明らかにすることが本章に残された課題だといえるだろう。

　幸いにして，「子どもの生活と学びに関する親子調査」では，子どもとその動機づけを支える親のデータが同時に蓄積されている。今後，親からの働きかけと子どもの学習方略使用の関連や，それらが動機づけに与える影響について検討を進め，学習に対する子どもの動機づけ支援の方法について，実践に資する知見がみいだされることを期待したい。

参考文献

Brown, A., 1997, Transforming schools into communities of thinking and learning about serious matters. *American Psychologist*, 52, pp. 399-413.

Deci, E. L., & Ryan, R. M.（Eds.）, 2002, *Handbook of self-determination research*. Rochester, NY: University of Rochester Press.

Green, B. A., & Miller, R. B., 1996, Influences on achievement: Goals, perceived ability, and cognitive engagement. *Contemporary Educational Psychology*, 21, pp. 181-192.

Hamaker, E. L., Kuiper, R. M., & Grasman, R. P. P. P., 2015, A critique of the cross-lagged panel model. *Psychological Methods*, 20, pp. 102-116.

堀野緑・市川伸一，1997,「高校生の英語学習における学習動機と学習方略」『教育心理学研究』45 巻, pp. 140-147.

Howell, A. J., & Watson, D. C., 2007, Procrastination: Associations with achievement goal orientation and learning strategies. *Personality and Individual Differences*, 43, pp. 167-178.

伊藤崇達，2009,『自己調整学習の成立過程——学習方略と動機づけの役割』北大路書房.

伊藤崇達・神藤貴昭，2003,「中学生用自己動機づけ方略尺度の作成」『心理学研究』74 巻, pp. 209-217.

Muis, K. R., & Franco, G. M., 2009, Epistemic beliefs: Setting the standards for self-regulated learning. *Contemporary Educational Psychology*, 34, pp. 306-318.

西村多久磨，2019,「自己決定理論」上淵寿・大芦治（編著）『新・動機づけ研究の最前線』北大路書房, pp. 45-73.

西村多久磨・河村茂雄・櫻井茂男，2011,「自律的な学習動機づけとメタ認知的方略が学業成績を予測するプロセス——内発的な学習動機づけは学業成績を予測することができるのか？」『教育心理学研究』59 巻, pp. 77-87.

岡田いずみ，2007,「学習方略の教授と学習意欲——高校生を対象にした英単語学習において」『教育心理学研究』55 巻, pp. 287-299.

Pintrich, P. R., Smith, D. A. F., Garcia, T., & McKeachie, W. J., 1993, Reliability and predictive validity of the motivated strategies for learning questionnaire (MSLQ). *Educational and Psychological Measurement*, 53, pp. 801-813.

R Core Team (2019). R: A language and environment for statistical computing. R Foundation for Statistical Computing, Vienna, Austria. URL https://www.R-project.org/.

辰野千壽，1997,『学習方略の心理学——賢い学習者の育て方』図書文化.

上淵寿，2019,「動機づけ研究の省察——動機づけ・再入門」上淵寿・大芦治（編著）『新・動機づけ研究の最前線』北大路書房, pp. 1-19.

Usami, S., Murayama, K., & Hamaker, E. L., 2019, A unified framework of longitudinal models to examine reciprocal relations. *Psychological Methods*, 24, pp. 637-657.

Webb, N. M., & Mastergeorge, A. M., 2003, The development of students' helping behavior and learning in peer-directed small groups. *Cognition and Instruction*, 21, pp. 361-428.

第 13 章

将来の夢と出身階層

藤原　翔

1.　子どもの職業希望を追跡する

　子どもの将来の夢やなりたい職業の調査は，様々な企業や研究所によって行われており，そのランキングは度々ニュースやワイドショーなどで取り上げ，注目を集めている。近年のランキングでは，YouTuber などのネット配信者を将来の職業として希望する小学生が増えており，職業や働き方についての時代の変化をみる上での興味深いデータとなっている。日本の教育社会学的な研究においても，希望する仕事や職業についての幅広い研究が行われており，職業希望の時代的変化および職業希望と学校・カリキュラム，進路意識や態度，出身背景などとの関連について分析が行われてきた（荒川，2009；荒牧，2001；元治・片瀬，2008；片瀬，2005；多喜，2015，2018；寺崎・中島，2005 など多数）。

　このような職業希望の研究は，社会移動のメカニズムに関する研究として位置づけることができる（片瀬，2005）。社会移動[1]とは出身階層（例えば子が 15 歳の頃の親の職業）と到達階層（例えば子の現在の職業）の間での移動のことであり，社会の開放性（社会移動が多い）や閉鎖性（社会移動が少ない）の指標として用いられてきた。つまり，出身階層と到達階層の移動が多く，関連が弱ければ，社会は開放的であり，出身階層と到達階層の移動が少なく，関連が強ければ，社会は閉鎖的であると考えられている。もちろん出身階層と到達階層の関連がないということは考えにくく，社会階層研究はこのような関連がどのように変化してきたのか（時点間比較），制度的状況によってどのように異なるのか（制度間比較），そして関連が生じるメカニズムに関心をもってきた。

　古典的な階層研究であるブラウとダンカン（Blau and Duncan, 1967）の *The*

American Occupational Structure（アメリカの職業構造）では，出身階層（父親の職業）と到達階層（息子の職業）が関連するプロセス（階層化のプロセス）が，父親の学歴や息子の学歴，そして息子の初職などの変数を追加することによって描き出された。さらにメカニズムを明らかにする上で，シーウェルらのウィスコンシン・モデルは社会心理学的な要因に注目した（Sewell, et al., 1969）。そして，教育達成や職業達成に対する出身背景の影響を媒介する要因として，知能，学業成績，および重要な他者の影響に加え，教育アスピレーションおよび職業アスピレーションを用いた分析を行った。このような分析は，出身階層が到達階層に与える影響がどのような要因によって，どの程度媒介されているのかだけではなく，教育達成や到達階層がどのような要因によって予測されるのかを明らかにする上で重要であった。分析の結果，教育アスピレーションだけではなく，職業アスピレーションが職業的地位達成において重要な役割を果たしていることが明らかにされた。つまり親の職業が社会経済的に有利であると，子どもは社会経済的に高い職業を希望しやすくなり，そしてそれが社会経済的に高い職業の達成につながる。その影響のメカニズムとしては，親の職業によって有利な職業達成に必要な資源が異なることや，親と同じような職業につきたい，あるいは親の職業的地位を下回らないような職業につきたいという心理的メカニズムまで考えることができる（Breen and Goldthorpe, 1997）。

　このような研究は，職業アスピレーションと教育アスピレーションがどのような関係にあるのかについて（Duncan, et al., 1968; Xie and Goyette, 2003），また近年では，期待する職業があるかどうか，また期待する職業に必要とされる学歴についての信念やその正確さが，実際の教育達成とどのように結びつくのかといった分析にも発展し，詳細なメカニズムが検討されている（Morgan et al., 2013）。

　なお近年では，STEM の視点から教育選択のプロセスを扱った研究がある（Xie, et al., 2015）。STEM とは Science, Technology, Engineering, and Mathematics（科学・技術・工学・数学）の頭文字をとったものであり，これらの領域における人材確保・育成が社会の経済的な発展や安定に結びつくと考えられている（Xie, et. al., 2015）。STEM 領域の職業は非 STEM 領域の職業にくらべ，メリクラティックであり，一般的に高い収入が得られるため，社会的に不利な層の上昇移動のための手段として考えられている。しかし一方で，STEM

教育自体は既存の教育システムに埋め込まれており，通常の教育達成と同様に学校での成績や出身背景も含めた様々な特徴の影響を受けるものとも考えられている。社会移動だけではなく，性別職域分類の分野においても，職業希望の研究は重要とされており，例えば大学の専攻におけるジェンダー差を考える上でも，STEM 領域の職業を期待するか否かが重要であることが指摘されている（Morgan, et al., 2013）。

　以上のように，生徒の希望する職業の実態やそれを規定する要因を明らかにすることは，教育機会の不平等，大学の専攻のジェンダー差，社会移動のメカニズムの探求につながってくる。本章ではこのような生徒の職業希望が，出身背景とどのように関連しているのかという視点を中心に明らかにする。

2.　分析の枠組み

　子どもの職業希望やその変化を把握する上での分析枠組みを示したい。「子どもの生活と学びに関する親子調査」では，調査対象者である子どもに「あなたには，将来なりたい職業（やりたい仕事）はありますか」に「ある」か「ない」で回答してもらった上で，「ある」と答えた場合には，さらに「あなたが一番なりたい職業（やりたい仕事）を，具体的に書いてください」という質問をたずね，職業名を記入してもらっている。本調査は，このような子どもの職業を小学校 4 年生から高校 3 年生という幅広い学年にたずねているだけではなく，その変化を追跡している点で特徴のあるデータである。なお，このような質問から得られた回答が，予定や期待なのか，あるいは願望やアスピレーションなのかを判別することは難しい（Kerckhoff, 1976）。例えば，小学生の頃は願望やアスピレーションであるかもしれないが，高校生の頃はより予定や期待に近い可能性が考えられる。本稿では職業アスピレーションや職業期待という用語ではなく，単に職業希望という用語を用いる。

　このような職業希望に関するデータを用い，まず（1）職業希望を持っているかどうかとその変化について分析を行う。そして，（2）期待する職業のランキングとその学年による変化を示す。さらに職業希望から（3）専門職希望（専門的・技術的職業），（4）STEM 職業希望と非 STEM 専門職希望，（5）希望する職業の社会経済的地位といった変数を作成し，それぞれについての分析を

行い，出身階層との関係を明らかにする。

　説明変数としては学年（小学校4年生から高校3年生），父学歴（中学・高校，専門，短大，大学・院，その他・不明），母学歴（中学・高校，専門，短大，大学・院，その他・不明），親職業の社会経済的地位[2]，世帯年収（収入の回答カテゴリの範囲の中間値を対数変換）を主に用いる。

3.　職業希望を誰が持つのか

　まず，職業希望の有無を分析する。「あなたには，将来なりたい職業（やりたい仕事）はありますか」という質問に対して「ある」と回答した確率（職業希望がある確率）を学年別に確認したい。図13-1の全体をみると，小学4年生や5年生の時期には男子では約60%が，女子では約70%が将来なりたい職業があると答えている。しかし，その後は将来なりたい職業があると答えるものは中学3年まで減少し，中学3年生では男子では約30%だけ，女子では約50%だけしか将来なりたい職業があると答えていない。しかし，高校からは将来なりたい職業があると答えるものは増えてゆき，高校3年生では，男子の約50%が，そして女子の約60%が将来なりたい職業があると答えている。男女ともに学年による変化はほぼ同様のパターンであるが，女子のほうが男子よりも将来なりたい職業がある確率は高くなっている。

　それでは職業希望があるかどうかは子どもの出身階層によって異なるのだろうか。図13-1には，全体に加えて，出身階層の重要な要素のひとつである母学歴別に，職業希望のある確率を学年ごとに示している。図13-1より，特に小学校や中学校（男子のみ）の段階で，母学歴が中学・高校であると，子どもは職業希望を持ちにくい傾向がある。また，中学3年という最も職業希望を持ちにくい時期でも，女子については母親が専門学校卒であると職業希望を持ちやすい傾向がみられる。このような階層差はみられるものの，学年による差のほうが大きいといえる。

　様々な出身階層についての変数を独立変数として用い，職業希望がある場合に1，ない場合に0となるダミー変数を従属変数としたロジスティック回帰モデルによる分析を行った。推定の結果は表13-1に示されている。値は係数ではなく限界効果を表示した。これは，独立変数が1単位あるいは基準カテゴリ

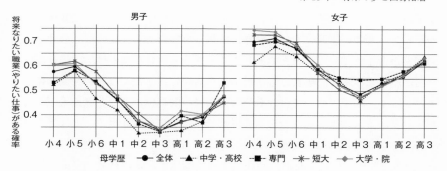

図 13-1　職業希望がある確率（全体と母学歴別）

表 13-1　職業希望の有無についてのロジスティック回帰モデルの分析結果

	男子		女子	
	限界効果	標準誤差	限界効果	標準誤差
父学歴				
中学・高校	0.000	—	0.000	—
専門	−0.015	0.017	0.011	0.017
短大	0.007	0.039	0.061 †	0.033
大学・院	−0.006	0.014	−0.006	0.013
その他	0.028	0.020	0.067**	0.019
母学歴				
中学・高校	0.000	—	0.000	—
専門	0.015	0.016	0.030 †	0.016
短大	0.040**	0.014	0.021	0.014
大学・院	0.033*	0.015	0.040**	0.015
その他	0.001	0.023	−0.026	0.024
親職社会経済的地位	0.002**	0.001	0.001	0.001
世帯年収(対数変換)	0.003	0.011	−0.015	0.010
N(観察数)	17,319		17,958	
N(サンプルサイズ)	7,728		7,793	
疑似 R2 乗	0.026		0.021	

注）ロジスティック回帰モデルによる推定。値は限界効果。クラスタロバスト標準誤差を使用。
　　学年，調査年，切片については省略。
　　†$p<0.10$,　*$p<0.05$,　**$p<0.01$,　***$p<0.001$.

からあるカテゴリに変化したとき，職業希望をもつ確率がどの程度変化するのかを示し，変数の影響について容易に解釈が可能である。なお複数の同一個人の回答が含まれているデータであるため，クラスタロバスト標準誤差を用いている。結果をみると，男女ともに母学歴が高いほど子どもは職業希望を持ちやすいことや，男子については親職業の社会経済的地位が高いと職業希望を持ちやすいという傾向がみられた。親の学歴では最大で約4％ポイント確率が異なってくる。また親の社会経済的地位では最大5.3％ポイント確率が異なってくる（筆者の計算による）。なお，時間によって変化する親の社会経済的地位や世帯収入の影響については，固定効果モデルによって観察されない異質性を考慮した分析を行うことができる。このような方法は様々な仮定や限界があるものの，パネル調査データを活用した因果分析の方法として重要である（Allison, 2009; Imai and Kim, 2019; Vaisey and Miles, 2017）。ここでは従属変数がダミー変数であることから固定効果ロジスティック回帰モデルを用いたが，統計的に有意な影響を示した変数はなかった（結果は省略）。このことから，親職業の社会経済的地位や世帯収入の変化が生じても，それによって職業希望を持つようになったり，持たなくなったりする可能性は低いと考えられる。

4.　どのような職業を希望しているのか

　では，どのような職業を希望しているのかについて学年別に確認したい。自由回答の記述をもとに希望職業を「平成22年国勢調査に用いる職業分類」の232の職業に分類した。これは日本標準職業分類に基づき作成された分類である。ただし，回答数が多くかつ単独の職業として取り出したほうがよいと考えられる回答について，新たに職業分類を作成している。新たに作成した職業分類は，「YouTuber」，「サラリーマン，会社員」，「ものづくり，製造業など」，「教員」（学校の先生），「スポーツ関係，運動・体を動かす仕事」，「公務員」，分類されない「研究職・技術職・開発職・技術者」，「機械関係，電気・電子関係」などである。結果は表13-2に示した。

　男子では，小学生のときには，野球，サッカー，テニス，水泳などの「職業スポーツ従事者」が最も希望されている。ついで「医師」や「自然科学系研究者」，「ゲーム制作・ゲーム関係」（ゲームプログラマー，ゲームクリエイター等）

などの人気も高い。中学になると，全体として希望する職業を持つ確率が低く
なるのだが，「職業スポーツ従事者」，「医師」の順位は高く，また「教員」の
人気も高くなっている。なお，具体的に「中学校教員」や「小学校教員」と回
答した場合をあわせると，さらに順位は高くなる。高校では，「教員」や「公
務員」，「医師」，「ソフトウェア作成者」（プログラマ，SE），「薬剤師」といっ
た職業の人気が高い。女子では，「パティシエ」が小学生や中学生には人気の
職業であるが，高校3年時にはトップ20には入ってこない。一方，「医師」，
「保育士」，「看護師」，「教員」，「薬剤師」などはどの学年でも上位にある。他
にも，「デザイナー」，「舞踊家，俳優，演出家」（ダンサー）などの人気が高い
ことがわかる。

　それではどのような職業が希望されやすいのかについて，個々の職業ではな
く日本標準職業分類（日本の公的統計で用いられる一般的な職業の分類）の大分
類に基づき確認したい。結果は表13-3に示した。男女ともに専門的・技術的
職業がどの学年でも最も希望されやすい。次に希望されやすい職業は，男子で
は保安，サービス，建設・採掘などであり，特に小学生の人気が高い。しかし
保安職を除いては学年が進むと希望されにくくなるようである。女子では，生
産工程（その多くが「155 食料品製造従事者」でありパティシエである[3]），サービ
ス，販売が，特に小学生の時には人気が高い。中学時や高校時はサービスのみ
が高い水準であり，高校2年時，3年時に事務の人気が若干高まる一方で，生
産工程や販売を希望する確率は低くなっている。

　以下では，このような職業希望から3つの職業希望についての変数（専門職
希望，STEM 職業希望，社会経済的地位）を作成し，分析を行う。

5. 専門職と STEM 職業の希望についての分析

　まず，専門職か否かに注目する。専門職は「6 自然科学系研究者」から「68
他に分類されない専門的職業従事者」までが含まれる。さらに専門職の中でも
それが STEM 職業か否かに注目する。STEM 職業か否かについては，米国労
働省雇用訓練局の O*NET[4]を参考にした。これによれば，232 の職業のうちの
「6 自然科学系研究者」から「35 その他の保健医療従事者」を STEM 職業と
される。Morgan らはそこから，看護師・医療技術者などを除いた分類を作成

表13-2　学年別の希望職業

	職業名	小4	職業名	小5	職業名	小6	職業名	中1	職業名	中2
男子										
1	職業スポーツ従事者	15.4	職業スポーツ従事者	15.0	職業スポーツ従事者	11.7	職業スポーツ従事者	7.6	職業スポーツ従事者	3.7
2	医師	2.3	医師	2.7	医師	3.1	医師	2.4	医師	1.4
3	大工	1.8	ゲーム制作・ゲーム関	1.9	ゲーム制作・ゲーム関	1.8	ゲーム制作・ゲーム関	1.9	ゲーム制作・ゲーム関	1.4
4	自然科学系研究者	1.6	自然科学系研究者	1.8	自然科学系研究者	1.3	教員	1.3	教員	1.2
5	調理人	1.4	大工	1.7	建築技術者	1.2			スポーツ関係、運動	1.1
6	警察官、海上保安官	1.4	調理人	1.3	大工	1.0	建築技術者	1.1	分類不能の職業	1.1
7	ゲーム制作・ゲーム関	1.4	警察官、海上保安官	1.2	教員	1.0	公務員	1.0	公務員	1.1
8	彫刻家、画家、工芸美	1.0	建築技術者	1.0	公務員	0.9	サラリーマン、会社員	0.8	サラリーマン、会社員	0.7
9	鉄道運転従事者	1.0	研究職・技術職・開発	0.9	サラリーマン、会社員	0.9	大工	0.8	ソフトウェア作成者	0.7
10	YouTuber	0.9	YouTuber	0.9	警察官、海上保安官	0.9	分類不能の職業	0.8	自然科学系研究者	0.6
11	消防員	0.8	サラリーマン、会社員	0.8	調理人	0.9	薬剤師	0.7	警察官、海上保安官	0.6
12	分類不能の職業	0.8	彫刻家、画家、工芸美	0.8	研究職・技術職・開発	0.8	警察官、海上保安官	0.7	調理人	0.6
13	舞踊家、俳優、演出家	0.8	舞踊家、俳優、演出家	0.7	分類不能の職業	0.8	消防員	0.7	薬剤師	0.5
14	研究職・技術職・開発	0.7	他に分類されない専門	0.7	YouTuber	0.8	鉄道運転従事者	0.6	建築技術者	0.5
15	サラリーマン、会社員	0.7	分類不能の職業	0.7	鉄道運転従事者	0.8	YouTuber	0.6	消防員	0.5
16	建築技術者	0.6	教員	0.7	スポーツ関係、運動・	0.7	調理人	0.5	機械関係、電気・電子	0.5
17	教員	0.6	鉄道運転従事者	0.7	ロボット関係	0.7	スポーツ関係、運動・	0.5	裁判官、検察官、弁護	0.5
18	航空機操縦士	0.6	消防員	0.6	裁判官、検察官、弁護	0.6	機械関係、電気・電子	0.5	中学校教員	0.4
19	ロボット関係	0.5	ものづくり、製造業な	0.5	彫刻家、画家、工芸美	0.6	研究職・技術職・開発	0.5	音楽家	0.4
20	宇宙関係、宇宙飛行士	0.4	自衛官	0.5	舞踊家、俳優、演出家	0.6	彫刻家、画家、工芸美	0.4	ロボット関係	0.4
女子										
1	パティシエ	6.3	パティシエ	5.1	パティシエ	3.7	保育士	3.6	保育士	3.7
2	医師	3.4	看護師	3.8	看護師	3.7	看護師	2.8	看護師	3.2
3	保育士	3.2	保育士	3.5	保育士	3.5	医師	2.7	医師	2.3
4	看護師	3.1	医師	3.0	医師	3.0	舞踊家、俳優、演出家	2.5	舞踊家、俳優、演出家	2.2
5	デザイナー	3.0	デザイナー	2.7	舞踊家、俳優、演出家	2.6	薬剤師	2.6	薬剤師	1.8
6	舞踊家、俳優、演出家	2.8	舞踊家、俳優、演出家	2.5	薬剤師	2.5	パティシエ	2.3	彫刻家、画家、工芸美	1.7
7	職業スポーツ従事者	2.5	彫刻家、画家、工芸美	2.5	デザイナー	2.5	彫刻家、画家、工芸美	2.3	教員	1.6
8	彫刻家、画家、工芸美	2.3	薬剤師	2.5	教員	1.9	小学校教員	1.5	幼稚園教員	1.3
9	教員	2.0	職業スポーツ従事者	2.1	彫刻家、画家、工芸美	1.8	デザイナー	1.4	美容師	1.1
10	販売店員	1.7	教員	1.6	他に分類されない専門	1.7	幼稚園教員	1.3	パティシエ	1.1
11	薬剤師	1.5	美容師	1.5	職業スポーツ従事者	1.5	他に分類されない専門	1.3	小学校教員	1.0
12	美容師	1.4	獣医師	1.4	美容師	1.4	教員	1.2	他に分類されない専門	0.9
13	幼稚園教員	1.3	販売店員	1.4	獣医師	1.2	獣医師	0.9	デザイナー	0.8
14	獣医師	1.2	幼稚園教員	1.3	小学校教員	1.2	美容師	0.8	音楽家	0.7
15	警察官、海上保安官	1.1	小学校教員	1.2	幼稚園教員	1.1	職業スポーツ従事者	0.8	公務員	0.7
16	音楽家	1.1	音楽家	1.0	動物関係	1.1	服飾関係・スタイリ	0.8	分類不能の職業	0.6
17	動物関係	1.0	他に分類されない専門	1.0	販売店員	1.0	音楽家	0.7	獣医師	0.7
18	他に分類されない専門	0.9	パン屋	0.9	美容サービス従事者	0.9	公務員	0.7	動物関係	0.6
19	パン屋	0.9	他に分類されないサー	0.9	音楽家	0.8	著述家	0.7	助産師	0.5
20	小学校教員	0.8	動物関係	0.9	著述家	0.8	テーマパークのスタッフ	0.7	図書館司書、学芸員	0.5

トップ20（値はパーセント）

職業名	中3	職業名	高1	職業名	高2	職業名	高3
職業スポーツ従事者	1.9	教員	2.3	教員	2.6	教員	3.2
教員	1.7	公務員	1.8	公務員	1.8	公務員	2.5
公務員	1.5	医師	1.6	医師	1.7	研究職・技術職・開発	2.0
医師	1.2	ソフトウェア作成者	1.0	研究職・技術職・開発	1.0	医師	1.9
分類不能の職業	1.2	中学校教員	0.9	建築技術者	0.9	ソフトウェア作成者	1.2
スポーツ関係，運動	1.0	機械関係，電気・電子	0.9	ソフトウェア作成者	0.9	分類不能の職業	1.1
サラリーマン，会社員	0.9	職業スポーツ従事者	0.8	消防員	0.8	スポーツ関係，運動	1.0
ソフトウェア作成者	0.8	分類不能の職業	0.8	機械関係，電気・電子	0.8	建築技術者	0.9
中学校教員	0.7	スポーツ関係，運動	0.8	分類不能の職業	0.7	薬剤師	0.8
警察官，海上保安官	0.7	消防員	0.7	中学校教員	0.7	理学療法士，作業療法	0.8
ゲーム制作・ゲーム関	0.7	研究職・技術職・開発	0.7	ゲーム制作・ゲーム関	0.7	サラリーマン，会社員	0.7
建築技術者	0.7	建築技術者	0.6	薬剤師	0.7	自然科学系研究者	0.7
自然科学系研究者	0.6	警察官，海上保安官	0.6	スポーツ関係，運動・	0.6	機械関係，電気・電子	0.7
機械関係，電気・電子	0.6	薬剤師	0.5	裁判官，検察官，弁護	0.5	中学校教員	0.6
薬剤師	0.5	裁判官，検察官，弁護	0.5	警察官，海上保安官	0.5	警察官，海上保安官	0.6
研究職・技術職・開発	0.5	サラリーマン，会社員	0.4	理学療法士，作業療法	0.5	消防員	0.6
裁判官，検察官，弁護	0.4	ゲーム制作・ゲーム関	0.4	職業スポーツ従事者	0.5	ものづくり，製造業な	0.6
調理人	0.4	舞踊家，俳優，演出家	0.4	建築関係・建築家，住	0.5	看護師（准看護師を含	0.5
消防員	0.4	調理人	0.4	高等学校教員	0.4	自動車整備・修理従事	0.5
音楽家	0.3	建築関係・建築家，住	0.3	鉄道関係，輸送機械	0.3	小学校教員	0.4
看護師	3.7	看護師	4.4	看護師	4.8	看護師	5.5
保育士	3.2	保育士	2.8	保育士	2.6	教員	3.2
薬剤師	2.2	教員	2.1	教員	2.5	教員	3.2
医師	2.0	薬剤師	1.9	薬剤師	1.7	栄養士	1.8
教員	1.9	医師	1.7	公務員	1.5	公務員	1.8
舞踊家，俳優，演出家	1.9	舞踊家，俳優，演出家	1.6	栄養士	1.5	医師	1.5
公務員	1.2	公務員	1.4	医師	1.5	薬剤師	1.2
パティシエ	0.9	小学校教員	0.9	舞踊家，俳優，演出家	1.2	幼稚園教員	1.1
幼稚園教員	0.8	栄養士	0.8	医療関係，看護関係，	0.8	舞踊家，俳優，演出家	1.0
彫刻家，画家，工芸美	0.8	CA　客室乗務員	0.8	分類不能の職業	0.8	理学療法士，作業療法	1.0
小学校教員	0.8	他に分類されない専門	0.8	幼稚園教員	0.7	小学校教員	0.9
図書館司書，学芸員	0.8	国際関係，海外での仕	0.7	小学校教員	0.6	空港，航空関係	0.9
デザイナー	0.7	分類不能の職業	0.7	デザイナー	0.6	デザイナー	0.8
分類不能の職業	0.7	彫刻家，画家，工芸美	0.7	建築技術者	0.5	研究職・技術職・開発	0.8
医療関係，看護関係，	0.7	図書館司書，学芸員	0.6	図書館司書，学芸員	0.5	国際関係，海外での仕	0.7
CA　客室乗務員	0.6	医療関係，看護関係，	0.6	パティシエ	0.5	サラリーマン，会社員	0.7
中学校教員	0.5	幼稚園教員	0.6	理学療法士，作業療法	0.5	CA　客室乗務員	0.6
国際関係，海外での仕	0.5	パティシエ	0.6	記者，編集者	0.5	分類不能の職業	0.6
栄養士	0.5	音楽家	0.6	彫刻家，画家，工芸美	0.5	臨床検査技師	0.6
音楽家	0.5	研究職・技術職・開発	0.6	警察官，海上保安官	0.5	美容師	0.6

表 13-3　学年別の希望職業（日本標準職業分類大分類，値はパーセント）

性別	職業大分類	小4	小5	小6	中1	中2	中3	高1	高2	高3	全体
男性	管理的職業	0.6	0.4	0.4	0.6	0.4	0.4	0.3	0.4	0.6	0.5
	専門的・技術的職業	39.6	42.3	38.6	31.9	23.3	20.1	22.7	24.8	30.4	30.8
	事務	0.0	0.2	0.2	0.1	0.3	0.1	0.2	0.3	0.5	0.2
	販売	0.6	0.5	0.3	0.3	0.3	0.2	0.1	0.1	0.4	0.3
	サービス	2.5	2.4	1.5	1.2	1.2	1.2	0.9	0.9	1.3	1.5
	保安	3.1	3.1	2.2	2.0	1.9	1.8	2.4	2.5	2.1	2.4
	農林漁業	1.4	2.1	1.4	1.2	1.1	0.9	1.0	0.8	0.3	1.2
	生産工程	1.2	1.3	0.8	1.1	1.2	0.7	0.9	0.9	1.3	1.1
	輸送・機械運転	2.3	1.7	1.9	1.4	0.6	0.4	0.6	0.7	0.6	1.2
	建設・採掘	2.5	2.2	1.4	1.2	0.3	0.2	0.2	0.2	0.7	1.0
	運搬・清掃・包装等	0.2	0.2	0.2	0.1	0.1	0.1	0.0	0.0	0.1	0.1
	分類不能の職業	1.0	0.9	1.0	1.1	1.5	1.6	1.3	1.1	1.5	1.2
	希望なし	45.0	42.8	50.2	57.9	67.8	72.3	69.5	67.3	60.3	58.7
	全体	100.0	100.0	100.0	100.0	100.0	100.0	100.0	100.0	100.0	100.0
女性	管理的職業	0.2	0.3	0.0	0.1	0.0	0.0	0.1	0.1	0.2	0.1
	専門的・技術的職業	44.6	47.3	46.3	41.6	37.7	34.4	37.4	39.8	45.1	41.7
	事務	0.3	0.1	0.3	0.3	0.3	0.5	0.7	1.3	2.1	0.6
	販売	3.0	2.6	1.5	0.7	0.5	0.4	0.4	0.6	0.2	1.1
	サービス	6.1	7.6	7.9	6.6	5.6	4.3	4.9	3.5	4.6	5.8
	保安	1.6	1.0	0.7	0.7	0.9	0.5	0.8	0.9	0.9	0.9
	農林漁業	1.5	1.3	1.0	1.0	1.0	0.7	0.6	0.5	0.6	0.9
	生産工程	9.5	8.2	5.8	3.3	2.1	1.5	1.2	1.1	1.1	4.0
	輸送・機械運転	0.1	0.1	0.1	0.0	0.0	0.1	0.1	0.0	0.2	0.1
	建設・採掘	0.2	0.1	0.1	0.2	0.2	0.1	0.1	0.0	0.0	0.1
	運搬・清掃・包装等	0.0	0.0	0.0	0.0	0.0	0.0	0.0	0.0	0.0	0.0
	分類不能の職業	0.8	0.8	0.9	0.9	0.9	0.9	0.7	0.9	0.9	0.9
	希望なし	32.0	30.6	35.3	44.7	50.9	56.8	52.7	51.0	44.1	43.7
	全体	100.0	100.0	100.0	100.0	100.0	100.0	100.0	100.0	100.0	100.0

している（Morgan, et al., 2013）。本章でも同様に，「24 保健師」から「35 その他の保健医療従事者」までを除いたものを STEM 職業とした。つまり，「6 自然科学系研究者」から「23 薬剤師」までが STEM 職業となる。専門職のうち STEM 職業でないものを非 STEM 専門職とした。

　図 13-2 は専門職希望，STEM 職業希望，非 STEM 専門職希望の確率を学年別に示したものである。なお，集計は「職業希望なしを含む」と「職業希望なしを含まない」場合に分けて行うことが可能であるが，その後の多変量解析との関連を考え，ここでは職業希望がある場合に限定した集計を示す。図 13-2 より，専門職を希望しているもののうち，男子については中学から高校では STEM 職業と非 STEM 専門職が同程度であるが，女子については非 STEM 専門職が多くなっている。男子について，専門職希望は小学生から中

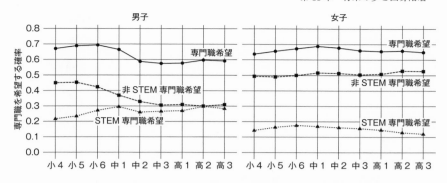

図 13 - 2　専門職希望，STEM 職業希望，非 STEM 専門職希望の変化

注）職業希望なしを含まない

学 2 年生まで減少する傾向がみられるが，これは主に非 STEM 専門職希望が
減ったためであるといえる。STEM 職業希望については横ばいか，やや増加
の傾向もみられている。中学 2 年以降では，専門職希望に大きな変化はみられ
ないといえる。女子については，全体では中学 3 年まで専門職希望はほぼ横ば
いであるが，中学 1 年以降は若干の減少傾向がみられる。男子の場合とは異な
り，非 STEM 専門職は安定的であるが，STEM 職業希望について若干減少傾
向がみられる。

　表 13 - 4 は，専門職希望か否かについて，出身階層がどのように影響してい
るのかをロジスティック回帰モデルによって分析した結果である。なお，ここ
では，親の社会経済的地位だけではなく，親が専門職であるかを示したダミー
変数を分析に投入している。男子については，父学歴が大学・院であると，母
学歴が短大や大学・院であると（ただし非有意），また，親が専門職であると約
3% ポイントより専門職を希望しやすい。女子については，母学歴が大学・院
であると約 6% ポイントより専門職を希望しやすく，親が専門職であると約
3% ポイントより専門職を希望しやすい。男女あわせてみると，女子のほうが
専門職を希望しやすく，父学歴，母学歴，親が専門職かどうか，そして世帯年
収が子どもの専門職希望と関連していた（結果は省略）。

　表 13 - 5 は，同様の回帰モデルから STEM 職業を希望しているかどうかに
ついて分析した結果である。男子では，父親が大学・院卒であること，親が専
門職であること，そして世帯収入が高いことが STEM 職業希望と有意な関連

表 13 - 4　専門職希望についてのロジスティック回帰モデルの分析結果

	男子		女子	
	限界効果	標準誤差	限界効果	標準誤差
父学歴				
中学・高校	0.000	—	0.000	—
専門	0.030	0.024	0.026	0.020
短大	−0.026	0.056	0.037	0.043
大学・院	0.032 †	0.019	0.024	0.016
その他	−0.014	0.028	0.042 †	0.023
母学歴				
中学・高校	0.000	—	0.000	—
専門	−0.008	0.023	0.027	0.020
短大	0.030	0.020	0.027	0.017
大学・院	0.033	0.022	0.060 **	0.019
その他	0.021	0.034	−0.024	0.030
親職社会経済的地位	0.002	0.001	0.000	0.001
親専門職ダミー	0.030 *	0.015	0.033 *	0.013
世帯年収（対数変換）	0.019	0.015	0.023 †	0.013
N（観察数）	7887		10776	
N（サンプルサイズ）	4683		5840	
疑似 R2 乗	0.0152		0.0067	

注）ロジスティック回帰モデルによる推定。値は限界効果。クラスタロバスト標準誤差を使用。
　　学年，調査年，切片については省略。
　　† $p<0.10$，* $p<0.05$，** $p<0.01$，*** $p<0.001$.

を持っていた。女子では，父親が大学・院卒であること，母学歴が専門，短大，大学・院であること，親の社会経済的地位が高いこと，そして世帯収入が高いことがSTEM 職業希望と有意な関連を持っていた。男女全体では，女子のほうがSTEM 職業を希望しにくく，父学歴，母学歴，親の社会経済的地位や親が専門職であること，そして世帯年収が子どもの STEM 職業希望と関連していた。専門職希望と STEM 職業希望で異なっているのは，父学歴と世帯収入との関連が男女ともに明確にみられることである。

　STEM 職業を希望するかどうかについては，出身階層だけではなく，自分自身が文系か理系のどちらであると認識しているのかが影響している可能性がある。そこで，「自分のことを「文系」だと思うか「理系」だと思うか」という問いの「はっきり文系」「どちらかといえば文系」「どちらともいえない」「どちらかといえば理系」「はっきり理系」という選択肢への回答に順に 0～4

表 13 - 5　STEM 職希望についてのロジスティック回帰モデルの分析結果

	男子		女子	
	限界効果	標準誤差	限界効果	標準誤差
父学歴				
中学・高校	0.000	—	0.000	—
専門	0.036	0.022	0.025	0.016
短大	0.010	0.044	0.059	0.039
大学・院	0.072**	0.018	0.047**	0.012
その他	0.045†	0.027	0.065**	0.022
母学歴				
中学・高校	0.000	—	0.000	—
専門	−0.022	0.021	0.049**	0.015
短大	0.010	0.020	0.049**	0.013
大学・院	0.023	0.021	0.077**	0.014
その他	−0.034	0.031	0.006	0.021
親職社会経済的地位	0.001	0.001	0.001*	0.001
親専門職ダミー	0.041**	0.014	0.017†	0.010
世帯年収(対数変換)	0.030*	0.014	0.055**	0.011
N(観察数)	7887		10776	
N(サンプルサイズ)	4683		5840	
疑似 R2 乗	0.020		0.039	

注) ロジスティック回帰モデルによる推定。値は限界効果。クラスタロバスト標準誤差を使用。
　　学年，調査年，切片については省略。
　　†$p<0.10$，*$p<0.05$，**$p<0.01$，***$p<0.001$.

ポイントを与え，理系認識尺度（理系と認識していると得点が高い）とした。そして，STEM 職業と理系認識尺度の関連について，STEM 職業を希望しているのか否かを従属変数とし，理系認識尺度を独立変数としたロジスティック回帰モデルとさらに観察された異質性を考慮した固定効果ロジスティック回帰モデルによる分析を行ったところ，男子についてのみ両モデルで理系認識の係数は正であり，統計的に有意であった。表 13 - 6 には固定効果ロジスティック回帰モデルによる分析結果を示している（ただし係数は限界効果ではないことに注意）。これは，男子では単に理系認識と STEM 職業を希望が関連しているだけではなく，理系認識が高くなると STEM 職業を希望しやすくなるということを示している。もちろん，理系認識がどのような要因によって形成されるのかという問題が残ってはいるものの[5]，理系認識が STEM 職業希望に対して因果的な影響を与えている可能性が示唆された。なお，女子については，通常の

表13-6　STEM 職希望についての固定効果ロジスティック回帰モデルの分析結果

	男子		女子	
	係数	標準誤差	係数	標準誤差
理系認識	0.409***	0.081	0.079	0.075
N（観察数）	1058		1131	
N（サンプルサイズ）	391		425	
R2乗（Within/Between）	0.032	0.071	0.015	0.040

注）固定効果ロジスティック回帰モデルによる推定。値は回帰係数。クラスタロバスト標準誤差を使
用。他の変数については省略。
†$p<0.10$,　*$p<0.05$,　**$p<0.01$,　***$p<0.001$.

表13-7　理系認識についての固定効果モデルの分析結果

	男子		女子	
	係数	標準誤差	係数	標準誤差
STEM 専門職	0.282***	0.059	0.080	0.056
非 STEM 専門職	−0.074	0.055	0.042	0.037
N（観察数）	7794		10658	
N（サンプルサイズ）	4639		5796	
R2乗（Within/Between）	0.032	0.071	0.015	0.040

注）固定効果回帰モデルによる推定。値は回帰係数。クラスタロバスト標準誤差を使用。他の変数に
ついては省略。
†$p<0.10$,　*$p<0.05$,　**$p<0.01$,　***$p<0.001$.

ロジスティック回帰モデルの場合でのみ正で有意で，固定効果ロジスティック
回帰モデルでは有意ではないことから，理系認識と STEM 職業希望との間に
因果関係があると考えることが難しい。

　同様の分析を今度は理系認識を従属変数とした固定効果モデルによって行っ
た（表13-7）。因果の方向が定まっていないという問題はあるものの，この方
法は STEM 職業だけではなく，非 STEM 専門職と理系認識の関連を同時に検
討できるという利点がある。固定効果モデルによる結果は先程のものとほぼ対
応しており，男子についてのみ STEM 職業希望が理系認識に対して影響を与
えていた。また，非 STEM 専門職希望は理系認識に対して影響を与えていな
かった。つまり，STEM 職業と理系認識には因果関係があるものの，非
STEM 専門職と理系認識にはそのような関係はないことが示唆される。なお，
算数や数学が好きかという問いに対する回答（「まったく好きではない」から

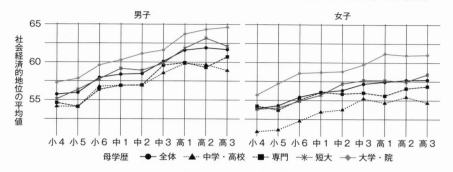

図 13 - 3　学年別にみた希望職業の社会経済的地位および母学歴との関連

「とても好き」までの 0〜3 点）や算数や数学の成績の自己評価（「下のほう」から「上のほう」までの 0〜4 点）を用いて，固定効果モデルによる同様の分析を行ったが（分析結果は省略），男女ともに STEM 職業希望と算数・数学好きや算数や数学の成績の自己評価には関連はみられなかった。

6.　希望職業の社会経済的地位についての分析

最後に職業の社会経済的地位に注目する（Fujihara 2020）。社会経済的地位はその職業の所得水準と教育水準に基づき測定され，その職業の一般的な有利さ／不利さを示すものとして考えることができる。たとえば，「管理的公務員」は 68.5，「医者」は 77.5，「中学校教員」は 69.2，「総合事務」は 50.4，「農業」は 36.5 といったようにスコアが与えられている。

子どもの希望職業の社会経済的地位が学年によってどのように変化するのか，またそれが出身階層によってどのように異なるのかをみたのが図 13 - 3 である。出身階層としては，ここでは母学歴を用いている。まず，全体についてみていくと，男女ともに，学年が進むにしたがってより社会経済的地位が高い職業を希望する傾向がある。

このような変化を，母学歴別に確認してみたい。まず，どの学年についても母学歴が大学・院であると子どもが希望する職業の社会経済的地位が高い。そして，短大，専門，そして中学・高校の順に子どもが希望する職業の社会経済的地位は高くなっている。男子については中学・高校卒と専門卒の差はほとん

表 13 - 8　職業希望の社会経済的地位についての線形回帰モデルの分析結果

	男子		女子	
	係数	標準誤差	係数	標準誤差
女子ダミー				
父学歴				
中学・高校	0.000	―	0.000	
専門	0.467	0.562	0.824 †	0.459
短大	−0.413	1.21	3.524***	1.047
大学・院	1.101*	0.433	2.293***	0.379
その他	−0.408	0.667	2.064***	0.556
母学歴				
中学・高校	0.000	―	0.000	―
専門	−0.756	0.507	1.386**	0.443
短大	0.770	0.474	1.422***	0.389
大学・院	1.589**	0.523	3.206***	0.437
その他	1.556 †	0.808	0.546	0.693
親社会経済的地位	0.084***	0.022	0.054**	0.019
世帯年収(対数変換)	2.401***	0.372	2.254***	0.315
N(観察数)	6505		9293	
N(サンプルサイズ)	4015		5299	
疑似 R2 乗	0.099		0.081	

注）重回帰モデルによる推定。値は回帰係数。クラスタロバスト標準誤差を使用。他の変数については省略。
†$p<0.10$，*$p<0.05$，**$p<0.01$，***$p<0.001$.

どないが，女子については母親が中学・高校卒よりも専門卒のほうが希望職業の社会経済的地位が高くなっている。

　中学・高校と大学・院の差の推移をみると，高校時に男子ではやや差が広がり，小学 6 年時では 2.9 ポイントであった差が，高校 3 年時には 5.6 ポイントとなる。女子では男子よりも差が大きく，小学 4 年時の差は 6.3 ポイント，高校 3 年時の差は 6.3 ポイントと，差はほぼ一定で推移している

　次に，どのような社会階層的要因が職業希望の社会経済的地位と関連しているのかどうかを回帰分析から明らかにする。分析にはまず通常の重回帰モデルを用いた分析を行い，全学年の一般的な関連の有無を明らかにしたい。結果は表 13 - 8 に示した。父学歴，母学歴，親の社会経済的地位，そして世帯収入が子どもの職業希望の社会経済的地位と関連していることが明らかになった。男子では，父学歴が中学・高校と比較して，大学・院だと，職業希望の社会経済的地位は平均して 1.1 ポイント高くなる。また，母学歴が中学・高校と比較し

表13-9　職業希望の社会経済的地位についての固定効果モデルの分析
結果

	男子		女子	
	係数	標準誤差	係数	標準誤差
教育希望				
中学・高校	0.000	―	0.000	―
専門	−0.907	0.733	0.134	0.558
短大・高専	0.062	0.622	0.875	0.565
大学・院	1.127*	0.538	1.761**	0.593
未定	0.174	0.531	0.806	0.613
その他・不明	−1.088	0.803	−0.700	0.710
N(観察数)	6505		9293	
N(サンプルサイズ)	4015		5299	
R2乗(Within / Between)	0.027	0.023	0.023	0.055

注)　固定効果回帰モデルによる推定。標準誤差はクラスタロバスト標準誤差。他の変数
については省略。
†$p<0.10$,　*$p<0.05$,　**$p<0.01$,　***$p<0.001$.

て，大学・院であると職業希望の社会経済的地位は平均して1.59ポイント高
くなる。親の社会経済的地位については最大で2.26ポイント程度の違いがあ
り，世帯年収では最大6.49ポイント異なってくる（独立変数の最大値と最小値
をもとに計算）。女子では，父学歴が中学・高校と比較して，短大や大学・院だ
と，また母学歴が中学・高校と比較して，専門，短大，大学・院だと職業希望
の社会経済的地位が高くなる。親の社会経済的地位では最大1.47ポイント，
世帯年収では最大6.11ポイント異なってくる。

　観察されない異質性を考慮した固定効果モデルによって，世帯収入や親の社
会経済的地位のような時間とともに変化する変数が職業希望の社会経済的地位
に対して与える影響を分析した（結果は省略）。分析の結果，世帯収入や親の社
会経済的地位の影響は有意ではなかった。さらに，この固定効果モデルに理系
認識を独立変数として加えると，男子について正の効果がみられた。つまり，
理系認識が高くなれば，職業希望の社会経済的地位が高くなるという因果的な
関係が，男子についてはあることが示唆された。

　また，職業希望の社会経済的地位と教育希望は当然関連してくる。もちろん，
職業希望と教育希望との因果関係は双方向的であると考えられる。つまり，職
業希望は教育希望に影響を与え（Duncan, et al., 1968; Xie and Goyette, 2003），教

育希望は職業希望に影響を与える。ここでは，職業希望の社会経済的地位を従属変数とし，教育希望を独立変数とした固定効果モデルによる分析を行った（表13-9）。分析の結果，男女ともに大学や大学院を希望すると職業希望の社会経済的地位が高くなる傾向があることがわかった。つまり，教育希望と職業希望には因果的な関係があることが示唆される。

7.　職業希望の分析からみえてきたもの

　本稿は子どもの職業希望と出身階層との関連についての分析を行った。明らかになった結果をまとめると次のようになる。

　(1)　職業希望がある確率は，小学6年から中学3年までは大きく低下するが，そこから高校3年までは上昇する。このような学年による変化にくらべて，社会階層による違いは大きくない。

　(2)　どのような職業を希望するのかについては，男子では「職業スポーツ選手」から「教員」，「公務員」，「医師」へ，女子では「パティシエ」から「看護師」「保育士」「教員」などへと順位が変化する。どの学年でも専門職に対する希望が高いが，男子ではSTEM職業と非STEM専門職を希望するものが同程度である一方で，女子では，非STEM専門職を希望するものが多い。

　(3)　専門職希望についてもSTEM職業希望についても社会階層が関連してくるが，STEM職業希望について，父学歴と世帯収入の影響が明確にみられた。またSTEM職業希望に対しては，自分を理系と認識しているかどうかが，因果的な影響を与えている可能性が示された。

　(4)　希望職業の社会経済的地位に対しては，父学歴，母学歴，親の社会経済的地位，そして世帯収入という社会階層の中心的な変数がそれぞれ関連していた。また，自分を理系と認識しているかどうかやどの程度の教育を希望しているのかが，希望職業の社会経済的地位に対して因果的な影響を与えていることが示唆された。

　子どもたちは様々な夢を持つ。その夢は様々であり，人それぞれだと考えられるかもしれないが，その子どもの出身階層によって傾向は変わってくる。希望する職業があるかどうかに出身階層は大きくは関連しないものの，どのような職業を希望するのかは出身階層によって異なってくる。基本的には有利な出

身階層であれば専門職，特に STEM 職業や社会経済的地位の高い職業を希望しやすくなる。また，希望職業の社会経済的地位の分析にみられるように，このような出身階層による差は中学や高校で突如現れてくるのではなく，小学校段階から存在している。

　このような基礎的な分析を踏まえていくつか課題を提示しておきたい。まず，本章は職業希望のパネルデータの基礎的な分析であり，その関連をみたものは出身階層の一部や理系かどうかの認識および教育達成に限られている。また，分析の制約上，固定効果モデルを用いた因果分析よりも，通常の回帰分析による一般的な関連を明らかにすることを重視している。しかし，パネルデータの一番のうまみは因果関係の解明に接近できるということであり，因果関係を明らかにするという視点からの分析も行っていく必要がある。また，全学年のデータをあわせて分析を行っており，学年や学校段階によって異なる様々な影響について詳細に検討してはいない。しかし，職業希望に対しては，成績などの影響，学校での生活などの影響，地域的な要因，あるいは受験の準備やその結果の影響など様々考えることができるし，その影響も学年で異なってくるかもしれない。こうした視点からのジェンダーによる違いについても，今後検討する必要がある。また，職業希望にどのような変化のパターンがあるのか，それがどのような要因と関連しているのかを明らかにすることも可能である。パネルデータの情報を活かし，職業希望と教育希望の双方向因果関係（Allison, 2009; Vaisey and Miles, 2017）についてもアプローチ可能である。

　本データには基礎的な社会経済的背景だけではなく意識や学校生活の様子など様々な変数が含まれている。さらに，中学進学や高校進学前後での情報もとれている貴重なデータである。今後卒業段階でのデータが蓄積されれば，高等教育における学部・学科選択の違いを説明する上で職業希望がどの程度重要かを検討可能である。このようなデータの特徴を十分に活かし，職業希望がどのように形成され，そしてその後の様々な選択や達成に関わってくるのかを明らかにする必要がある。

注
1）ここでは世代間の移動を念頭に説明している（世代間社会移動）。個人内での移動である世代内社会移動もある。

2）カテゴリに対して社会経済的地位を与えたもの。事務・営業は 53.2，販売・サービスは 47.05，技能・労務・作業は 44.5，保安は 53.2，運輸は 43.9，農林は 37.4，専門・技術は 60.5，管理は 64.4 である。父親の職業の情報がない場合は母親のものを使用した。

3）なお，パティシエについて，日本標準職業分類のコードを直接与えられるわけではない。「第 4 回改訂厚生労働省編職業分類 職業名索引」ではパティシエは，「調理人」の「西洋料理調理人」としての「パティシエ（飲食店）」と「パン・菓子製造工」の「洋生菓子製造工」としての「パティシエ（洋生菓子製造）」の 2 つの場合がある。本研究では，「155 食料品製造従事者」としたが，「110 調理人」に分類するという方法も考えられ，その場合は生産工程希望が少なくなり，サービス職業希望が多くなる。

4）https://www.onetonline.org/find/stem?t=0（2020 年 1 月 1 日取得）。日本版 O-NET については次を参照（https://shigoto.mhlw.go.jp/User/）（2020 年 3 月 21 日取得）。

5）回帰分析の結果から，男子については親が専門職であること，女子については世帯収入が理系認識と関連しており，出身階層といくらか関連があることがわかった。なお，親の学歴との関連はみられなかった。

参考文献

Allison, Paul D., 2009, *Fixed Effects Regression Models*. Sage.

荒川葉，2009.『「夢追い」型進路形成の功罪——高校改革の社会学』東信堂.

荒牧草平，2001,「高校生にとっての職業希望」尾嶋史章（編）『現代高校生の計量社会学——進路・生活・世代』ミネルヴァ書房，pp. 81-106.

Blau, Peter M., and Otis Dudley Duncan. 1967. *The American Occupational Structure*. Wiley.

Breen, Richard, and John H. Goldthorpe. 1997. "Explaining Educational Differentials: Towards a Formal Rational Action Theory." *Rationality and Society* 9 (3), pp. 275-305.

Duncan, Otis Dudley, Archibald O. Haller, and Alejandro Portes. 1968. "Peer Influences on Aspirations: A Reinterpretation." *American Journal of Sociology* 74 (2), pp. 119-137.

Fujihara, Sho. 2020. "Socio-Economic Standing and Social Status in Contemporary Japan: Scale Constructions and Their Applications." *European Sociological Review*, jcaa010.

元治恵子・片瀬一男，2008,「進路意識はどのように変容したのか——ジェンダー・トラックの弛緩？」『〈失われた時代〉の高校生の意識』有斐閣，pp. 93-118.

Imai, Kosuke, and In Song Kim, 2019, "When Should We Use Unit Fixed Effects Regression Models for Causal Inference with Longitudinal Data?" *Ameri-*

can Journal of Political Science 63(2), pp. 467-490.

片瀬一男，2005，『夢の行方——高校生の教育・職業アスピレーションの変容』
東北大学出版会.

Kerckhoff, Alan C., 1976, "The Status Attainment Process: Socialization or Allocation?" *Social Forces* 55(2), pp. 368-381.

Morgan, Stephen L., Dafna Gelbgiser, and Kim A. Weeden, 2013, "Feeding the Pipeline: Gender, Occupational Plans, and College Major Selection." *Social Science Research* 42(4), pp. 989-1005.

Morgan, Stephen L., Theodore S. Leenman, Jennifer J. Todd, and Kim A. Weeden, 2013, "Occupational Plans, Beliefs about Educational Requirements, and Patterns of College Entry." *Sociology of Education* 86(3), pp. 197-217.

Sewell, William H., Archibald O. Haller, and Alejandro Portes, 1969, "The Educational and Early Occupational Attainment Process." *American Sociological Review* 34(1), pp. 82-92.

多喜弘文，2015，「高校生の職業希望における多次元性——職業志向性の規定要因に着目して」中澤渉・藤原翔編『格差社会の中の高校生——家族・学校・進路選択』勁草書房，pp. 81-95.

多喜弘文，2018，「職業希望の変容とその制度的基盤」尾嶋史章・荒牧草平編『高校生たちのゆくえ——学校パネル調査からみた進路と生活の 30 年』世界思想社，pp. 64-85.

寺崎里水・中島ゆり，2005，「小・中学生の『やりたいしごと』」『青少年から成人期への以降についての追跡的研究 JELS 第 4 集細分析論文集 (1)』お茶の水女子大学 21 世紀 COE プログラム「誕生から死までの人間発達科学」，pp. 43-74.

Vaisey, Stephen, and Andrew Miles, 2017, "What You Can — and Can't — Do With Three-Wave Panel Data." *Sociological Methods & Research* 46(1), pp. 44-67.

Xie, Yu, Michael Fang, and Kimberlee Shauman, 2015, "STEM Education." *Annual Review of Sociology* 41(1), pp. 331-357.

Xie, Yu, and Kimberly Goyette, 2003, "Social Mobility and the Educational Choices of Asian Americans." *Social Science Research* 32(3), pp. 467-498.

第 14 章

中高生の部活動時間が学習時間に与える影響
—— パネルデータ分析による効果推計

須藤康介

1. 本章の目的

本章の目的は，中高生の部活動時間が学習時間に与える影響を，パネルデータ分析を通して，明らかにすることである。

部活動は，昨今の学校改革の中でも大きく注目されていることの 1 つである。内田（2017）は「ブラック部活動」という言葉を用いて，現在の部活動が教師にとって過大な負担となっていることを論じている。中澤（2017）や長沼（2017）も，部活動の意義を論じつつも，法的には教師も生徒も部活動の参加義務がないにもかかわらず，強制参加がしばしばあることや，活動の肥大化を課題として挙げている。このような部活動をめぐる議論は教育界以外にも波及しており，近年はテレビ番組において，部活動の是非が特集されることも珍しくない。これらの議論を受け，スポーツ庁は 2018 年に「運動部活動の在り方に関する総合的なガイドライン」を策定し，部活動休養日の設定などを学校に求めている。

部活動が教師にとって大きな負担となっている（その負担を自ら望む教師もいるものの）ことは，多くの研究・調査ですでに示されており，ここではこれ以上深入りしない。一方，生徒にとって，部活動に時間を費やすことは，どのような影響をもたらしているのだろうか。より問いを限定すれば，中学生・高校生にとっての「本業」とされることもある学習時間に対して，部活動はどのように影響しているのだろうか。鈴木（2019）は，学校の職員会議において，生徒の下校時刻の設定をめぐって，教師の勤務環境と「部活を頑張りたい生徒のため」という規範の綱引きが，学習面や安全面が引き合いに出され，行われてい

ることを指摘している。生徒の部活動時間が学習時間に与える影響を明らかに
することは，今後の部活動のあり方を考える上で重要な示唆となるはずである。

　藤田（2006），木村（2018）など，これまでの多くの先行研究では，中高生の
部活動と学習時間の関係が，単年度の調査から検証されてきた。そして，部活
動に熱心に取り組んでいる生徒は学習時間も長いという結果が出ており，「部
活は勉強のジャマになっていない」という結論が示されていた。この結論は，
熱血タイプの部活動顧問やコーチには歓迎されるものだろうが，はたしてどこ
まで正しいのだろうか。仮に部活動への熱心さと学習時間の間に正の相関が見
られたとしても，何事にも積極的な性格や向学校的な文化を持っている生徒が
部活動にも学習にも熱心に取り組んでいるために，両者に正の相関が生じてい
るだけで，部活動は実際には学習の妨げになっている，という可能性も考えら
れる。また，「部活を頑張った人は引退後に勉強を頑張る」という言説も，学
校現場などでしばしば聞かれるが，これまで学術的に検証されたことはない。
本章では，同一個人を追跡したパネルデータ（パネルデータについては第1章・
第2章参照）の分析を通して，「部活は勉強のジャマになっていない」「部活を
頑張った人は引退後に勉強を頑張る」という2つの命題の真偽を検証する。

　さらにもう1点，留意しないといけないことがある。それは，中学生と高校
生の違いである。前述の「部活は勉強のジャマになっていない」という先行研
究の知見は，示されている分析結果を詳細に見てみると，主に中学生で当ては
まるもののようにも読み取れる。実際，濱中（2019）は，高校生対象の調査か
ら，部活動に熱心に取り組んでいる生徒は，定期試験期間中こそ，他の生徒と
同等以上に学習に向かっているが，総合的に見れば部活動が学習時間を減少さ
せている可能性を示唆している。中学生と高校生では，部活動が学習時間に与
える影響が異なるのか。この点についても，中学生・高校生に同一サンプリン
グと同一質問で調査を実施している本データから検証することとしたい。

　なお，地域によっては，小学校においても部活動が（時間割としてあるクラ
ブ活動とは別に）行われており，その是非をめぐって，近年議論がなされてい
るところであるが，今回の調査では小学生に部活動に関する質問を行っていな
いということもあり，扱わない。小学生という，生活の中で学習よりも遊びが
重視される年齢段階において，部活動と学習の関係がどうなっているのかは，
今後の重要な研究課題である。

2.　分析に用いるサンプル

本章で分析するサンプルは，2015 → 2016 → 2017 年で中 1 → 2 → 3，高 1 → 2 → 3 と進級した生徒，および 2016 → 2017 → 2018 年度で中 1 → 2 → 3，高 1 → 2 → 3 と進級した生徒であり，2 つのコーホート（世代）を統合して用いる。中学生と高校生の比較を行うため，中 2 →中 3 →高 1 のような学校段階をまたいでいるサンプルは使用しない。また，3 つの年度ともに子ども調査票が回収されているケースに限定する。その結果，サンプルサイズは中学生で 1816 名，高校生で 1589 名となる。なお，調査の実施は各年の 7〜9 月であるため，中学 3 年生または高校 3 年生で部活動引退者と継続者が混在している時期である。

本データに課題があるとしたら，それは，ベネッセ教育総合研究所のモニターが対象であるため，学習にある程度関心がある層に偏っていることである。しかし，それを差し引いても，全国規模で中学生・高校生の 3 年間の変化が捉えられる稀有なデータであることは間違いないだろう。

以下，まずは第 3 節において，中学生・高校生の部活動の状況について，基本情報を確認する。そして，第 4 節において，「部活は勉強のジャマになっていない」という命題の検証，第 5 節において，「部活を頑張った人は引退後に勉強を頑張る」という命題の検証を行う。

3.　部活動状況の確認

まず，部活動加入率の推移を示したものが表 14 - 1 である。なお，部活動加入状況に無回答の生徒は非加入と見なした。部活動を引退した 3 年生が，自分には関係ない質問と判断して，回答を飛ばしている様子が散見されたためである。

表 14 - 1 より，まず，中学生のほうが高校生よりも部活動加入率が高いことがわかる。また，高校 3 年生の 7〜9 月では，部活動に加入している生徒がすでに少数派になっている一方で，中学 3 年生は同時期でも加入している生徒のほうが多数派である。「生徒全員を長期間巻き込んだ部活動」は，高校よりも

表 14 - 1　部活動加入率の推移

	1 年生	2 年生	3 年生	有効度数
中学生	92.8%	89.7%	72.1%	1816
高校生	83.7%	75.6%	43.2%	1589

表 14 - 2　一週間部活時間の推移（加入者のみ）

		1 年生	2 年生	3 年生
中学生	最小値	0.500	0.500	0.500
	最大値	31.500	31.500	31.500
	平均値	13.959	13.833	12.933
	中央値	14.000	14.000	12.000
	標準偏差	6.777	6.994	7.275
	有効度数	1679	1617	1291
高校生	最小値	0.500	0.500	0.500
	最大値	31.500	31.500	31.500
	平均値	13.000	12.824	11.888
	中央値	12.000	12.250	12.000
	標準偏差	7.886	7.877	8.550
	有効度数	1321	1194	672

中学校で顕著である。

　次に，部活動加入者に限定して，一週間部活時間の推移を示したものが表14-2である。なお，本データでは，部活動の活動状況を「1週間に何日くらい参加していますか」（選択肢：「1日」「2日」「3日」「4日」「5日」「6日」「7日」）という質問と，「1日にどれくらいの時間やっていますか。平均してだいたいの時間を教えてください」（選択肢：「30分」「1時間」「1時間30分」「2時間」「2時間30分」「3時間」「3時間30分」「4時間」「4時間より多い」）という質問の2つで尋ねている。後者の「4時間より多い」を4.5時間と見なした上で，活動日数と活動時間をかけ合わせることで，一週間部活時間を算出した。

　表14-2より，部活動加入者の一週間部活時間は，1・2年生では週に13～14時間程度であり，3年生になるとやや減るものの，それでも週に12～13時間は活動していることがわかる。中学校・高校の週あたりの授業時間は約25時間であるので，その学校活動時間を約1.5倍にする形で，生徒たちは部活動

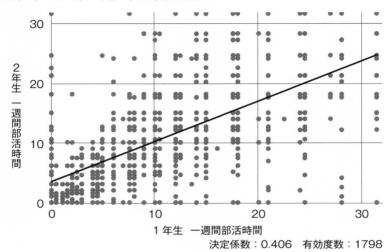

決定係数：0.406　有効度数：1798

図 14-1　中学1年生から2年生にかけての一週間部活時間の変動

に取り組んでいることになる。この傾向は，中学生と高校生で大きな違いは見られない。

　それでは，生徒個人単位で見た場合，一週間部活時間はどれほど変動があるのだろうか。2年生から3年生にかけて引退した生徒で，部活動時間が大きく減少する（0時間になる）のは自明であるが，そうではない時期，すなわち1年生から2年生にかけての増減を確認しておこう。1年生で部活動をほとんどしていなかった生徒が2年生でとても力を入れていたり，逆に1年生で部活動に熱心に取り組んでいた生徒が2年生で活動していなかったりといったことはどの程度あるのだろうか。結果が図14-1，図14-2である。

　図14-1，図14-2より，一週間部活時間は，1年生から2年生にかけても，一定の変動があることがわかる。部活動時間が0時間から31.5時間（最大値）になった生徒も，その逆の生徒も存在する。なお，中学生と高校生を比べると，決定係数が高校生のほうが大きい。これは，高校生は中学生よりも，一週間部活時間の変動が小さいことを意味している。高校生は中学校生活を通して，自身にとっての最適な部活動時間を最初から把握しているためと考えられる。

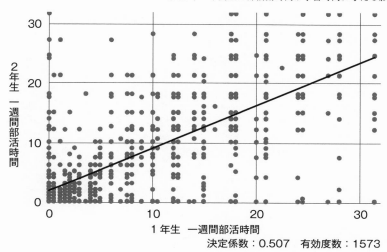

決定係数：0.507　有効度数：1573

図 14 - 2　高校 1 年生から 2 年生にかけての一週間部活時間の変動

4.「部活は勉強のジャマになっていない」説の検証

　ここから，1 つ目の命題「部活は勉強のジャマになっていない」について検証していく。まずは，単純な相関関係として，一週間部活時間と平日学習時間がどのように関連しているのかを見てみよう。本来であれば，一週間部活時間と「一週間」学習時間の関連を示したほうが解釈しやすいが，本データでは，平日の学習時間しか調査されていないため，このような分析とした。結果が表14 - 3 である。なお，平日学習時間は「あなたはふだん（学校がある日），次のことを，1 日にどれくらいの時間やっていますか。学校の中でやる時間は除いてください。日によって違うときは，平均してだいたいの時間を教えてください」（選択肢：「しない」「5 分」「10 分」「15 分」「30 分」「1 時間」「2 時間」「3 時間」「4 時間」「4 時間より多い」）として，「学校の宿題をする」時間と「学校の宿題以外の勉強をする」時間をそれぞれ尋ねている。したがって，「4 時間より多い」を 4.5 時間と見なした上で，両者を合算したものを平日学習時間とした。

　表14 - 3 より，一週間部活時間と平日学習時間は，中学生においてはほぼ無相関，高校生においては負の相関であることがわかる。このことから，中学生

表 14-3　一週間部活時間ごとの平日学習時間

		中学生		高校生	
		平日学習時間平均値	有効度数	平日学習時間平均値	有効度数
1 年生	非加入	1.556	123	1.468	255
	10 時間未満	1.484	422	1.594	446
	10～20 時間未満	1.466	903	1.445	569
	20 時間以上	1.410	333	1.245	284
	分散分析の F 検定	p=0.561		p=0.003	
	相関係数	−0.034		−0.089	
2 年生	非加入	1.268	176	1.322	382
	10 時間未満	1.310	442	1.479	417
	10～20 時間未満	1.288	835	1.408	525
	20 時間以上	1.348	325	1.076	235
	分散分析の F 検定	p=0.796		p=0.000	
	相関係数	0.011		−0.081	
3 年生	非加入	1.689	494	2.466	889
	10 時間未満	1.554	418	2.012	282
	10～20 時間未満	1.579	626	1.902	239
	20 時間以上	1.600	240	1.505	138
	分散分析の F 検定	p=0.356		p=0.000	
	相関係数	−0.028		−0.151	

※相関係数は，一週間部活時間と平日学習時間の相関係数を表す。

では部活動は学習の妨げになっていないようである。しかし，これはあくまで単純な相関関係であり，因果関係とは異なる。部活動に熱心な生徒は何事にも積極的な性格であるため，学習にも熱心に取り組んでおり，部活動が学習時間に与える負の影響が打ち消されている可能性もある。別の言い方をすれば，部活動に熱心な生徒とそうではない生徒には，もともと性格タイプが異なるという「観察されない異質性」が存在する可能性があり，その影響を取り除かなければ，部活動と学習時間の因果関係を論じることは難しい。そこで，そのような因果推論を可能にする分析手法である，パネルデータのハイブリッドモデルを用いて，部活動時間が学習時間に与える効果を検証することとする。

　ハイブリッドモデルの数学的な原理は省略するが，固定効果モデルと並び，パネルデータによる因果推論を行うときに用いられる分析手法の１つである。通常の分析では混在してしまう，「一週間部活時間が長いタイプの生徒である

表 14 - 4　ハイブリッドモデルで使用する変数の記述統計量

			有効度数	最小値	最大値	平均値	標準偏差
中学生	個人レベル	女子ダミー	1781	0.000	1.000	0.517	0.500
		父教育年数	1695	9.000	18.000	14.599	1.982
		母教育年数	1695	9.000	18.000	14.014	1.533
		通塾日数_平均値	1781	0.000	6.670	1.198	1.159
		習い事日数_平均値	1781	0.000	7.000	1.116	1.321
		一週間部活時間_平均値	1781	0.000	31.500	11.551	6.563
	時点レベル	通塾日数_平均偏差	5343	−4.300	4.700	0.000	0.905
		習い事日数_平均偏差	5343	−4.700	4.700	0.000	0.941
		一週間部活時間_平均偏差	5343	−21.000	18.700	0.000	4.763
		平日学習時間	5270	0.000	9.000	1.460	1.113
高校生	個人レベル	女子ダミー	1560	0.000	1.000	0.524	0.500
		父教育年数	1478	9.000	18.000	14.523	1.997
		母教育年数	1478	9.000	18.000	13.951	1.536
		通塾日数_平均値	1560	0.000	7.000	0.908	1.283
		習い事日数_平均値	1560	0.000	7.000	0.418	0.837
		一週間部活時間_平均値	1560	0.000	31.500	8.534	7.279
	時点レベル	通塾日数_平均偏差	4680	−4.700	4.700	0.000	1.148
		習い事日数_平均偏差	4680	−4.700	4.700	0.000	0.744
		一週間部活時間_平均偏差	4680	−21.000	21.000	0.000	5.116
		平日学習時間	4606	0.000	9.000	1.675	1.510

ことの効果」と，「個人が一週間部活時間を増やした／減らしたときの効果」を識別して示せることが特長である。今回関心があるのは後者であるため，以下の分析結果では，該当箇所に太い枠線をつけて示す。回帰係数の意味は通常の重回帰分析とほぼ同じで，独立変数（一週間部活時間）が 1 増加したときに，従属変数（平日学習時間）がどれだけ増減するかを表す。

　分析には，一週間部活時間が 3 年間とも回答されているケースを使用する。また，共変量として，性別・父学歴・母学歴・通塾日数・習い事日数も用い，それらの影響を取り除いた，一週間部活時間が平日学習時間に与える効果を示す[1]。分析に先立ち，使用する変数の記述統計量を示したものが表 14 - 4 であり，ハイブリッドモデルの分析結果が表 14 - 5 である。

　表 14 - 5 より，中学生では，一週間部活時間の増減は平日学習時間に影響しておらず，高校生では，一週間部活時間が長くなるほど，平日学習時間が短くなることがわかる。分析結果は省略するが，ハイブリッドモデルではなく固定効果モデルで分析を行っても，同様の結果が得られる。したがって，中学生では部活動が学習時間に影響せず，高校生では部活動が学習時間を短くするとい

表 14‒5　平日学習時間の規定要因（ハイブリッドモデル）

		中学生		高校生	
		回帰係数	有意確率	回帰係数	有意確率
学年	2年生ダミー	−0.180	***	−0.153	***
	3年生ダミー	0.072	*	0.505	***
個人レベル	女子ダミー	0.164	***	0.067	
	父教育年数	0.002		0.056	***
	母教育年数	0.008		0.076	***
	通塾日数_平均値	0.046	*	0.184	***
	習い事日数_平均値	−0.012		−0.027	
	一週間部活時間_平均値	−0.005		−0.017	***
時点レベル	通塾日数_平均偏差	0.062	***	0.111	***
	習い事日数_平均偏差	0.026	*	0.014	
	一週間部活時間_平均偏差	−0.000		−0.023	***
（定数）		1.283	***	−0.366	
残差分散：個人レベル		0.464		0.834	
残差分散：時点レベル		0.744		1.121	
有効度数：個人レベル		1695		1478	
有効度数：時点レベル		5021		4364	

***$p<0.001$　**$p<0.01$　*$p<0.05$

う因果関係は，おそらく存在すると言えるだろう。「部活は勉強のジャマになっていない」説は，中学生では正しく，高校生では誤りである。中学生は，部活動時間が短くなったとしても，学習時間には転化されない一方で，高校生は，部活動時間が短くなれば，その分を学習時間に転化する生徒が一定数いると考えられる[2]。

　ところで，部活動が学習時間に与える影響はガチ勢とライト勢で異なるかもしれない。すなわち，週に20時間部活動をしている生徒がさらに時間を増やすことの効果と，週に5時間部活動をしている生徒が時間を増やすことの効果は異なる可能性がある。そこで，サンプルを一週間部活時間の3年間平均が10時間以上の層（ガチ勢）と10時間未満の層（ライト勢）に分割して分析を行う。10時間を基準としたのは，中高生を総合した一週間部活時間の平均値が10.1時間（中央値は10時間）だったことによる。分析結果が表14‒6，表14‒7である。

　表14‒6，表14‒7より，ガチ勢とライト勢に分割しても分析しても，全体

表 14 - 6　平日学習時間の規定要因（ハイブリッドモデル）　ガチ勢

		中学生		高校生	
		回帰係数	有意確率	回帰係数	有意確率
学年	2 年生ダミー	−0.191	***	−0.129	*
	3 年生ダミー	0.074		0.493	***
個人 レベル	女子ダミー	0.158	**	0.077	
	父教育年数	−0.009		0.024	
	母教育年数	0.009		0.117	***
	通塾日数_平均値	0.025		0.176	***
	習い事日数_平均値	0.039		−0.020	
	一週間部活時間_平均値	−0.013	*	−0.032	***
時点 レベル	通塾日数_平均偏差	0.066	***	0.098	***
	習い事日数_平均偏差	0.047	**	0.020	
	一週間部活時間_平均偏差	−0.001		−0.020	***
（定数）		1.561	***	−0.251	
残差分散：個人レベル		0.399		0.644	
残差分散：時点レベル		0.765		1.008	
有効度数：個人レベル		1010		579	
有効度数：時点レベル		2989		1708	

***$p<0.001$　**$p<0.01$　*$p<0.05$

表 14 - 7　平日学習時間の規定要因（ハイブリッドモデル）　ライト勢

		中学生		高校生	
		回帰係数	有意確率	回帰係数	有意確率
学年	2 年生ダミー	−0.156	***	−0.179	***
	3 年生ダミー	0.073		0.493	***
個人 レベル	女子ダミー	0.158	*	0.076	
	父教育年数	0.018		0.077	***
	母教育年数	0.010		0.039	
	通塾日数_平均値	0.074	*	0.179	***
	習い事日数_平均値	−0.041		−0.033	
	一週間部活時間_平均値	−0.005		0.041	***
時点 レベル	通塾日数_平均偏差	0.054	*	0.120	***
	習い事日数_平均偏差	−0.003		0.012	
	一週間部活時間_平均偏差	0.004		−0.029	***
（定数）		1.008	**	−0.316	
残差分散：個人レベル		0.548		0.913	
残差分散：時点レベル		0.711		1.191	
有効度数：個人レベル		685		899	
有効度数：時点レベル		2032		2656	

***$p<0.001$　**$p<0.01$　*$p<0.05$

表 14−8　1・2 年生での一週間部活時間ごとの 3 年生平日学習時間

		中学生		高校生	
		3 年生平日学習時間平均値	有効度数	3 年生平日学習時間平均値	有効度数
1 年生	非加入	1.665	89	2.037	225
	10 時間未満	1.579	76	2.401	229
	10〜20 時間未満	1.742	251	2.835	312
	20 時間以上	1.654	78	2.471	118
	分散分析の F 検定	p＝0.799		p＝0.000	
	相関係数	0.036		0.103	
2 年生	非加入	1.524	147	2.089	352
	10 時間未満	1.393	67	2.548	175
	10〜20 時間未満	1.808	195	2.839	273
	20 時間以上	1.950	82	2.643	87
	分散分析の F 検定	p＝0.015		p＝0.000	
	相関係数	0.134		0.144	

※相関係数は，一週間部活時間と 3 年生平日学習時間の相関係数を表す。

での分析と得られる知見はほぼ同じであった。つまり，ガチ勢であろうがライト勢であろうが，中学生にとっては，部活動時間は学習時間に影響せず，高校生にとっては，部活動時間が長くなるほど学習時間が短くなる。

5.「部活を頑張った人は引退後に勉強を頑張る」説の検証

　ここから，2 つ目の命題「部活を頑張った人は引退後に勉強を頑張る」について検証していく。まずは，単純な相関関係として，1・2 年生のときの一週間部活時間と，3 年生のときの平日学習時間がどのように関連しているのかを見てみよう。その際，3 年生の調査時点でまだ部活動に加入している生徒は，引退後に学習に向かうかどうかの検証ができないため，分析から除外する。つまり，1・2 年生のときに部活動をしないで 3 年生になった生徒と，1・2 年生で部活動をしていたが 3 年生現在では引退している生徒を，主に比較する分析となる。3 年生現在で学習に励んでいるのは，どちらなのだろうか。結果が表 14−8 である。

　表 14−8 より，中学生・高校生に共通して，2 年生のときに部活動を長くし

表 14-9　重回帰分析で使用する変数の記述統計量

		有効度数	最小値	最大値	平均値	標準偏差
中学生	1年生学校好きダミー	503	0.000	1.000	0.750	0.434
	1年生勉強好きダミー	505	0.000	1.000	0.480	0.500
	1年生やりとげるダミー	501	0.000	1.000	0.710	0.453
	1年生挑戦したいダミー	501	0.000	1.000	0.530	0.500
	1年生通塾日数	507	0.000	7.000	0.760	1.237
	2年生通塾日数	507	0.000	7.000	0.990	1.310
	1年生習い事日数	507	0.000	7.000	1.370	1.806
	2年生習い事日数	507	0.000	7.000	1.230	1.768
	1年生一週間部活時間	507	0.000	31.500	11.801	7.850
	2年生一週間部活時間	504	0.000	31.500	10.245	8.695
	1年生平日学習時間	497	0.000	5.500	1.363	0.994
	2年生平日学習時間	500	0.000	7.500	1.282	1.066
	3年生平日学習時間	494	0.000	7.000	1.689	1.320
高校生	1年生学校好きダミー	898	0.000	1.000	0.790	0.408
	1年生勉強好きダミー	900	0.000	1.000	0.380	0.486
	1年生やりとげるダミー	892	0.000	1.000	0.690	0.464
	1年生挑戦したいダミー	893	0.000	1.000	0.510	0.500
	1年生通塾日数	902	0.000	7.000	0.590	1.162
	2年生通塾日数	902	0.000	7.000	0.770	1.410
	1年生習い事日数	902	0.000	7.000	0.490	1.144
	2年生習い事日数	902	0.000	7.000	0.430	1.130
	1年生一週間部活時間	897	0.000	31.500	9.317	8.428
	2年生一週間部活時間	900	0.000	31.500	7.509	8.232
	1年生平日学習時間	887	0.000	9.000	1.516	1.249
	2年生平日学習時間	886	0.000	9.000	1.438	1.229
	3年生平日学習時間	889	0.000	9.000	2.466	1.935

ていた生徒ほど，3年生（引退後）での平日学習時間が長いことがわかる。高校生については，1年生のときに部活動を長くしていた生徒も，3年生（引退後）での平日学習時間が長い。しかし，これらはあくまで単純な相関関係であり，因果関係とは異なる。1・2年生で部活動に熱心だった生徒は向学校的な文化を持っている生徒であり，それゆえ引退後にも学習に熱心に取り組んでいるだけで，部活動が引退後の学習を促しているわけではない可能性もある。菊地（2012）は，教育困難校と呼ばれる高校では，生徒が部活動からも学業からも離脱し，アルバイトや校外での交遊に重きを置いていることを論じている。部活動を熱心にしている生徒は，そもそも学校に親和的である可能性がある。

表 14 - 10　3 年生平日学習時間の規定要因（重回帰分析）

	中学生		高校生	
	回帰係数	有意確率	回帰係数	有意確率
1 年生平日学習時間	0.173	**	0.251	***
2 年生平日学習時間	0.530	***	0.628	***
1 年生学校好きダミー	−0.007		0.118	
1 年生勉強好きダミー	0.254	*	0.266	*
1 年生やりとげるダミー	0.059		0.150	
1 年生挑戦したいダミー	−0.031		0.135	
1 年生通塾日数	−0.029		0.092	
2 年生通塾日数	0.051		0.006	
1 年生習い事日数	0.007		0.026	
2 年生習い事日数	−0.033		−0.066	
1 年生一週間部活時間	−0.011		0.002	
2 年生一週間部活時間	0.023	**	0.033	***
（定数）	0.551	***	0.514	**
決定係数	0.290		0.323	
有効度数	468		839	

***$p<0.001$　**$p<0.01$　*$p<0.05$

　そこで，1・2 年生のときの部活動時間が 3 年生（引退後）での学習時間に与える効果を，他の変数を統制した重回帰分析で検証することとする。

　先ほどと同様，3 年生の調査時点でまだ部活動に加入している生徒は，引退後に学習に向かうかどうかの検証ができないため，分析から除外する。そして，共変量として，1 年生のときの学校適応と本人の気質（学校好き・勉強好き・やりとげる・挑戦したい），1・2 年生のときの部活動以外の活動状況（通塾日数・習い事日数）を用い，それらの影響を取り除いた，1・2 年生のときの部活動時間が 3 年生（引退後）での学習時間に与える効果を示す[3]。分析に先立ち，使用する変数の記述統計量を示したものが表 14 - 9 であり，重回帰分析の結果が表 14 - 10 である。本研究で焦点を当てている箇所は，太い枠線で示している。

　表 14 - 10 より，中学生・高校生ともに，2 年生のときの一週間部活時間が，3 年生（引退後）での平日学習時間に正の影響を有していることがわかる。1 年生のときのもともとの学校適応や本人の気質，さらに 1・2 年生のときの部活動以外の活動状況を統制してもこの結果が得られていることから，2 年生のときに部活動に熱心に取り組むことがその後の学習につながるという因果関係

表 14-11　3 年生平日学習時間の規定要因（重回帰分析）
一週間部活時間カテゴリー化

	中学生		高校生	
	回帰係数	有意確率	回帰係数	有意確率
1 年生平日学習時間	0.173	**	0.251	***
2 年生平日学習時間	0.541	***	0.622	***
1 年生学校好きダミー	0.006		0.108	
1 年生勉強好きダミー	0.245	*	0.258	*
1 年生やりとげるダミー	0.050		0.133	
1 年生挑戦したいダミー	−0.010		0.148	
1 年生通塾日数	−0.021		0.093	
2 年生通塾日数	0.042		0.006	
1 年生習い事日数	0.014		0.015	
2 年生習い事日数	−0.043		−0.064	
1 年生部活 10 時間未満ダミー	−0.123		−0.014	
1 年生部活 10〜20 時間未満ダミー	−0.090		0.273	
1 年生部活 20 時間以上ダミー	−0.370		0.061	
2 年生部活 10 時間未満ダミー	−0.171		0.141	
2 年生部活 10〜20 時間未満ダミー	0.281		0.384	*
2 年生部活 20 時間以上ダミー	0.448	*	0.590	*
（定数）	0.601	**	0.506	**
決定係数	0.298		0.324	
有効度数	468		839	

***$p<0.001$　**$p<0.01$　*$p<0.05$

は，おそらく存在すると言えるだろう。したがって，「部活を頑張った人は引退後に勉強を頑張る」説は，「2 年生で」を冒頭に付け加えれば正しい。2 年生のときに部活動に熱心に取り組んでいるということは，多くの場合，1 年生のときから継続して（脱落せずに）部活動に取り組んだということであり，そこで身についた持続力や生活習慣が，引退後に学習に転化されると考えられる。

　ここで前節と同じく，部活動のガチ勢とライト勢を区別した分析を行う。両者で，引退後の学習に向かう姿勢が異なる可能性を検証するためである。具体的には，一週間部活時間を「非加入」「10 時間未満」「10〜20 時間未満」「20時間以上」にカテゴリー化し，非加入を基準として，他の活動状況それぞれが学習時間に与える効果を分析する。前節にならい，「10〜20 時間未満」「20時間以上」をガチ勢と捉える。分析結果が表 14-11 である。

表14-11より，3年生（引退後）での平日学習時間が長くなっているのは，2年生のときの部活動ガチ勢（中学生では週20時間以上，高校生では週10時間以上の生徒）だけで，ライト勢は部活動非加入者と学習時間がほとんど変わらないことがわかる。週に数時間活動をしているだけでは（それでも1年間続ければそれなりの時間であるが），引退後の学習にはつながらない。

6.　結論──中高で異なる部活動の影響

以上，パネルデータの分析を通して，単なる相関関係を乗り越え，中高生の部活動時間と学習時間の因果関係について追究してきた。得られた主な知見は，次の2つである。第1に，「部活は勉強のジャマになっていない」説は，中学生においては正しく，高校生においては誤りである。高校生にとっては，部活動は学習の妨げになっている。第2に，「部活を頑張った人は引退後に勉強を頑張る」説は，2年生のときに部活動に本格的に取り組んでいた生徒については正しい。1年生のときだけ部活動に取り組んでも，あるいは，2年生のときに軽めに部活動に取り組んでも，引退後の学習にはつながらない。

ここから得られるインプリケーション（含意）を述べる。まず，中学生については，部活動時間が学習時間を損なうことはなく，むしろ2年生で部活動に本格的に取り組んだ生徒は引退後に他の生徒以上に学習に取り組む。したがって，中学生が部活動に多くの時間を費やしていても，少なくとも学習時間という側面では，心配する必要はなさそうである。しかし，高校生については，部活動時間が学習時間を短くする。中学生と同様，2年生で部活動に熱心に取り組んだ生徒は引退後に他の生徒以上に学習に取り組む傾向があるものの，部活動時間が学習時間に与える負の効果と正の効果は，トータルすると負の効果が大きいと考えられる。部活動の引退が3年生6月だとして，7月以降に他の生徒以上に学習に取り組んだとしても，1・2年生と3年生6月までに累積した学習時間の不足を取り戻せる可能性は低いからである[4]。したがって，高校段階においては，生徒自身も教師も，部活動がトータルでは学習の妨げになることを認識した上で，どの程度部活動を行うかを判断することが求められる。

中学生と高校生で部活動が学習時間に与える影響が異なった理由としては，両者の学習に対する意識の違いが推測される。多くの中学生にとって，高校受

験直前の一時期を除き，学習は日々の生活の中で優先度が低く，他の時間にかかわらず必要最低限（どこまでを必要最低限と見なすかは個人差があろうが）しか学習を行わない生徒が多いと考えられる。一方で，高校生では，進学校の生徒を中心に，日々の生活の中でも学習を優先すべきであるという意識があり，部活動の時間がなければ，それを学習に向ける生徒が一定数いるのではなかろうか。以上の推測を裏づける分析が今後必要であるが，傍証として，本データでも 1 年生・2 年生・3 年生を通した学習時間の変動が中学生よりも高校生で大きい。これは見方を変えれば，中学生にとって，学習時間は変動しづらい「定数」となっているということである[5]。いずれにせよ，中学校・高校を一括りにして部活動に関する議論を行うことには，再考の余地がある。

　なお，本章では，運動部と文化部を区別した分析は行っていない。その理由は，両者を区別するとサンプルサイズが小さくなり，信頼できる知見が得られないと判断したためである。この点は今後の課題としたい。

注
　1 ）性別は 3 年生のときの本人の回答を用い，無回答の場合は前年の回答を用いた。父学歴と母学歴は教育年数に換算（中学校は 9，高校は 12，短大・専門学校は 14，大学は 16，大学院は 18）し，父母の一方が無回答の場合は，回答されている側に基づく平均値を代入した。通塾日数と習い事日数は週あたりの通塾回数と習い事回数を用い，無回答の場合 0 日と見なした。
　2 ）中学生の部活動時間が学習時間と連動していないことがわかったとき，それでは何の時間と連動しているのかという疑問が生じる。時間が有限であるからには，部活動時間は他の何かの時間と連動しているはずである。そこで，平日テレビ・ゲーム・マンガ時間，平日ケータイ・パソコン時間，平日睡眠時間を従属変数とする同モデルの分析を行ったところ，一週間部活時間は平日睡眠時間に対してのみ負の効果が見られた。つまり，中学生は学習時間ではなく睡眠時間を調整して部活動の時間を捻出している。言い換えれば，部活動時間を短くした場合，中学生はその分を勉強ではなく，睡眠にあてると考えられる。
　3 ）勉強好きは，「あなたは『勉強』がどれくらい好きですか」（選択肢：「とても好き」「まあ好き」「あまり好きではない」「まったく好きではない」）という質問について，前二者を 1，後二者を 0 とするダミー変数である。学校好き・やりとげる・挑戦したいは，「自分の学校が好きだ」「一度決めたことは最後までやりとげる」「難しいことや新しいことにいつも挑戦したい」（選択肢：「とてもあてはまる」「まあまああてはまる」「あまりあてはまらない」「まったくあてはまらない」）という質問について，前二者を 1，後二者を 0 とするダミー変

数である。なお，勉強好きは無回答が多かったため，国語好き・数学好き・英語好きを独立変数，勉強好きを従属変数とするロジスティック回帰分析を行い，その予測値によって無回答を代入した。

4）3年生6月まで週x時間（x≧20）部活動をしていた高校生について，3年間累計の平日学習時間の変化量f(x)を推計する。平日（学校の授業がある日）は年間200日，内訳として4〜6月が60日，7〜3月が140日とする。1・2年生で −0.020×x 時間×200 日×2 年間＝−8.0x，3 年生 4〜6月で −0.020×x 時間×60 日＝−1.2x，3 年生 7〜3月で 0.590×140 日＝82.6 であり，これらを合計すると f(x)＝−9.2x＋82.6 となる。x≧20 より，f(x)は大きく負の値となる。休日の学習時間や受験直前期，受験終了後（大学受験する生徒の場合）の学習時間を考慮すれば推計は変わりうるが，それでも f(x)が正の値となる可能性は低いと考えられる。

5）3年間のパネルデータにおける平日学習時間の分散は，中学生で 1.239，高校生で 2.280 である。また，これを個人間分散と個人内分散に分解すると，中学生では個人間分散 0.460，個人内分散 0.780，高校生では個人間分散 0.895，個人内分散 1.384 であった。つまり，中学生は高校生よりも，生徒による差が小さく，さらに，同一生徒の中での変動も小さいということである。全員が安定してあまり勉強しない，という見方もできる。

参考文献

藤田武志，2006,「勉強や進学希望と部活動」西島央（編）『部活動——その現状とこれからのあり方』学事出版，pp. 84-98.

濱中淳子，2019,「部活動と学習の距離をどうみるか」山村滋・濱中淳子・立脇洋介『大学入試改革は高校生の学習行動を変えるか——首都圏10校パネル調査による実証分析』ミネルヴァ書房，pp. 107-123.

菊地栄治，2012,『希望をつなぐ高校——生徒の現実と向き合う学校改革』岩波書店.

木村治生，2018,「部活動の役割を考える」『データで考える子どもの世界』第1回（http://berd.benesse.jp/special/datachild/comment.php）.

長沼豊，2017,『部活動の不思議を語り合おう』ひつじ書房.

中澤篤史，2017,『そろそろ，部活のこれからを話しませんか——未来のための部活講義』大月書店.

スポーツ庁，2018,「運動部活動の在り方に関する総合的なガイドライン」（http://www.mext.go.jp/sports/b_menu/shingi/013_index/toushin/__icsFiles/afieldfile/2018/03/19/1402624_1.pdf）.

鈴木雅博，2019,「下校時刻は何の問題として語られたか——時間外の仕事に規範を結びつけて解釈すること」『教育社会学研究』105 集，pp. 27-47.

内田良，2017,『ブラック部活動——子どもと先生の苦しみに向き合う』東洋館出版社.

第 15 章

社会経済的地位が教育意識・行動と進路に与える影響
——進学した高校の偏差値を規定する要因の検討をもとに

木村治生

1. 本章の目的

　本章では，社会経済的地位（Socio-economic Status：SES）が親子の教育意識・行動にどのような関連があり，それが子どもの進路といったアウトカムをどう規定しているのかを検討する。SES は個人もしくは家庭が有する経済的資本，文化的資本，社会的資本を統合した概念であり，収入や教育経験，社会参加などの状況により指標化される。保護者の SES によって子どもの学力や獲得される学歴に違いがあることは，これまでも教育社会学における多くの研究によって明らかにされてきた（平沢・古田・藤原，2013）。近年では松岡（2019）が，国内外の研究と複数の調査分析から，SES が学力や学歴に与える影響について学校段階ごとに詳細に論じている。また，両者の関連を実証する調査も多く行われており，それらは，教育格差を是正する方法を検討するうえで重要なエビデンスを供出している[1]。

　本研究もそれら先行研究と同じ系譜にあるが，以下の点において，他にはない意義を持つ。それは第一に，学校段階による差異を明確にすることである。SES が意識・行動に与える影響や，さらにはそれが学業達成や進路，学歴獲得に及ぼす効果は，学校段階によって異なるかもしれない。これまでは，それを複数の異なる調査から類推してきた。しかし，本調査は，同時代の学校段階による違いを一度に比較することができる特徴を持つ。そこで，前半では基礎的な分析として，SES によって教育意識・行動や学習成果などがどのように異なるのかを学校段階別に記述する。

　第二に挙げたいのは，多面的・総合的な検討の実現という点である。これま

での先行調査は，実施上の制約などから分析に必要となる十分な変数が得られ
ないことが多かった。これに対して，本調査は質問の網羅性が高く，子どもの
生活や学習に関する意識・行動や資質・能力にかかわる情報，保護者の意識や
子どもへの働きかけ，SES に関する情報など，分析に組み込める観点が多彩
である。後半では，それらがどのように進路を規定するのかというメカニズム
について，高校進学を取り上げて検討する。

　以上の考察を通して，教育格差の実態を把握し，その改善に寄与する政策的
なインプリケーションを得るのが，本章のねらいである。

2.　本章の構成

　以下の論考は，大きく4つのパートに分けられる。

　まず，このあとの3節では，本章で扱うデータと前半の分析のキー変数とな
る「SES 尺度」について説明する。続けて，4節では，この SES 尺度を用い
て作られた4つの階層区分ごとに，①学業成績・在学高校の偏差値の違いを見
る。そののち，②学校外教育費，③子どもと保護者の進路希望，④学習時間，
⑤学習方略について SES による違いを確認する。ここでは，学校段階による
差異の表れ方に注目して検討する。さらに5節では，中学生の高校進学に焦点
を当て，SES と上記②～⑤の要因がどのように①を規定しているか，そのメ
カニズムを考察する。ここでは，変数間の関係を構造的に捉えるためにパス解
析を行い，最終的に SES が高校の入学難易度の決定にどの程度の影響を持つ
のかを判断したい。そして，6節では，分析結果をまとめるとともに，そこか
ら政策的なインプリケーションを引き出し，研究上の課題と展望を示していく。

3.　扱うデータと SES 尺度

　最初の分析で行うのは，学力の形成や進路の決定に影響を及ぼすと考えられ
る要因が家庭の社会経済的な背景によってどう異なるのかを明らかにすること
である。本調査では，保護者からの回答によって父母の教育歴，職業の状況，
世帯年収，保護者自身の文化的な活動の状況など，豊富な家庭環境に関する情
報が得られている。本来はそれらの一つひとつについて，子どもの学習への影

響を精査していくことが必要である。しかし，関連する変数が多い場合，各変数間の関連をしらみつぶしに吟味することは現実的ではないし，かえって大局をとらえにくくする。ここでは，本章の目的に沿って，大きな傾向をつかむ分析を行う。そのために，家庭の社会経済的な環境を示す複数の変数をもとにして，SES の高低を表す合成尺度を作成する。合成尺度の利用は，いずれの要因が大きな効果をもつかという判定はできないが，SES の影響を総体で捉え，グループ間の比較を容易にする。また，複合効果の把握，モデルの簡素化といったメリットをもつ（垂見，2014a）。

①扱うデータ

　本章の前半で扱うのは，2018 年度調査（Wave 4）の小学 4 年生から高校 3 年生の親子 9,493 組（小 4〜6 生 3,616 組，中学生 2,967 組，高校生 2,910 組）のデータである。子ども本人が回答していない小 1〜3 生のサンプル，および親子がセットではないサンプルは分析から除外した。

②参考とした先行調査

　国立大学法人お茶の水女子大学（2014）の研究グループは，「全国学力・学習状況調査」を用いて国語と算数 / 数学の得点に与える影響要因を分析する際に，SES についての合成尺度を作成している。これは，保護者調査から得られた「世帯収入」「父親学歴」「母親学歴」の 3 つ変数のそれぞれを標準化したうえで，これを合算して平均値を算出したもので，その平均値を四等分にしてHighest SES, Upper middle SES, Lower middle SES, Lowest SES を設定している。3 つの変数のいずれかに無回答などがあった場合でもそのサンプルは除外せず，残った変数から平均値を算出している。本研究でもこれに倣って，合成尺度を作成した。

③ SES 尺度の作成

　しかし，お茶の水女子大学の方式は父母の学歴が両方投入されており，世帯収入といった経済資本よりも文化資本に重きが置かれている。本調査では父母の職業的地位にかかわる情報が得られていることから，「父親職業」を尺度作成の情報に含めて，精度を高めることにした[2]。ただし，これら 4 つの変数は，

281

保護者の年齢によって意味するところが異なる可能性がある。実際に，「世帯収入」や「父親職業」のスコアは，子どもの学年が上がるにつれて上昇する傾向が見られた。そのため，小4から高3までをまとめて標準化すると，学年が高い子どもの保護者ほど高階層が出現してしまう。これを防ぐため，4つの変数それぞれについて子どもの学年ごとに標準化を行った。

　尺度作成のためのステップは，以下の通りである。

　1)「世帯収入」は昨年1年間の世帯収入（10段階）について，「200万円未満」を100万円，「200〜300万円未満」を250万円のように中間値に変換し，「2,000万円以上」を2,250万円とした。「父親学歴」と「母親学歴」は，最終学歴についての回答を「中学校」9年，「高校」12年，「大学」16年のように教育年数に換算した。また，「父親職業」は，「社会階層と社会移動調査（SSM調査）」の職業威信スコア（都築，1998）を用いた。この調査における職業分類の大カテゴリーは，本調査でたずねている父親の職業の職種（「事務・営業職」「販売・サービス職」など）とほぼ一致する。このため，SSM調査の大カテゴリーに含まれる職業の威信スコアの平均値を，本調査でたずねている父親の職種ごとに割り当てた。

　2)　次に，4つの変数のそれぞれを子どもの学年ごとに標準化（Zスコアを算出）し，それを合算したうえで平均値を出して，これをSES尺度の得点とした。このとき，いずれかの変数が欠損であった場合も，残りの変数で計算することにした。これにより，すべての回答に「無回答」や「わからない」と回答した29ケースを除く9,464組に対してSES尺度の得点を割り当てた。

　3)　最後に，得られた得点を学年ごとに4等分し，Lowest SES（L層），Lower middle SES（LM層），Upper middle SES（UM層），Highest SES（H層）に分割してSESの状況を示す指標とした。こうすることにより，各層の比率は，学年ごとに算出しても約25%となる。

　上記の手続きを経て作成したSESの各層がどのような社会経済的背景をもつのかを示したのが，表15-1である。これを見ると，L層からH層にかけて順に世帯収入が増え，父親と母親の学歴は高くなり，父親の職業威信のスコアも上がることが分かる。L層の年収平均は465万円で父親の大卒比率3.7%，母親の大卒比率19.3%，職業威信スコアの平均は46.7である。この層には，そもそも配偶者がいないケースも多い。母親の回答で配偶者が「いない」比率

表15-1　社会経済的背景にかかわる変数の記述統計（SES別）

| SES | 世帯収入 | | 父親学歴 | | 母親学歴 | | 父親職業 |
	平均 （万円）	SD	教育年数 （年）	大卒比率 （%）	教育年数 （年）	大卒比率 （%）	威信スコア
L層	465.1	190.0	12.1	3.7	12.6	19.3	46.7
LM層	628.1	212.2	14.1	40.1	13.7	50.1	49.5
UM層	788.9	279.9	15.3	73.1	14.6	72.7	55.1
H層	1088.0	394.8	16.4	94.0	15.4	88.3	65.3
全体平均	727.9	356.0	14.6	55.5	14.2	58.9	54.4

注1）「大卒比率」には短期大学卒業を含めて計算している。
注2）子どもの学年によって各層の平均値，SD，比率などは異なるが，どの学年でも同じ傾向を示す。

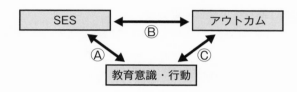

図15-1　3つの要因の関連

は，H層には1.6%しかいないが，L層には12.3%出現する。これに対して，H層は年収平均が1000万円を超え，父母の大卒は9割前後，職業威信スコアの平均は65.3で「専門・技術職」「管理職」といったホワイトカラーが多い。ちなみに，H層の出現比率は，「政令指定都市・東京23区」では30.6%だが「町村」（郡部）では17.3%と低く，都市部ほど多いという特徴がある。

4. SESによる教育意識・行動の違い

本節では，子どもと保護者の「教育意識・行動」が「SES」によってどのように異なっているのかを順に見ていく。図15-1に示した3つの要因の関連のAの部分である。その際に注目したいのは，「アウトカム」（学力や学業成績，進路など）に影響が大きい要因（図のCの部分）である。以下では，その要因と考えられる教育意識・行動について検討するが，その前に本調査に現れている学力格差3)の実態（図のBの部分）を確認しておこう。

表 15-2　学校の成績，在学高校の偏差値（高校生）（SES 別）

SES	小4-6生 4教科成績平均	中学生 5教科成績平均	高校生 5教科成績平均	在学高校の偏差値
L層	3.33	3.08	3.17	50.6
LM層	3.50	3.38	3.26	53.9
UM層	3.77	3.58	3.21	58.3
H層	3.96	3.78	3.39	61.0
全体平均	3.64	3.46	3.26	56.2
有意確率（分散分析）	$p<0.001$	$p<0.001$	$p<0.001$	$p<0.001$
多重比較（Tukey HSD）	L<LM<UM<H	L<LM<UM<H	L<H/UM<H	L<LM<UM<H
SES尺度との相関係数	0.254	0.231	0.082	0.409

①学業成績・在学高校の偏差値の違い

　表 15-2 は，学校の成績について，SES の階層ごとの平均を示している。小学生は国語，算数，社会，理科の 4 教科について，中学生と高校生は英語を加えた 5 教科について，5 段階で自己評価してもらってた結果を用い，「上のほう」を 5，「真ん中より上」を 4，「真ん中くらい」を 3，「真ん中より下」を 2,「下のほう」を 1 として平均を算出した。さらに，高校生については在学する高校の偏差値の平均を算出した。在学高校の偏差値に関する変数は，保護者が回答した高校名と在籍する学科・コースをもとに，高校入試情報を掲載するウェブサイトの情報[4]に基づいて筆者が作成した。

　各層の平均値を算出したのち，その差に意味があるかを一元配置分散分析により判定した。そのうえで，有意だったものについては多重比較（Tukey HSD）でどの層とどの層に差があるのかを確認した。表中の「L<LM<UM<H」という表記は，すべての層の間で有意な差があることを示している。また，「L<H ／ UM<H」という表記は，L 層と H 層，UM 層と H 層に差はあるが，それ以外の差は有意ではなかったことを表す。

　表を見ると，小 4-6 生と中学生は，L 層 <LM 層 <UM 層 <H 層の順に成績が上昇しており，SES の高低による序列がついている。L 層の平均値は 3（真ん中くらい）に近く，H 層の平均値は 4（真ん中より上）に近い。これに対して高校生は，成績に明確な序列がない。H 層の数値が高い傾向はあるが，UM 層よりも LM 層のほうが高く，LM 層と H 層の差が有意ではないなど，結果が不安定である。しかし，在学高校の偏差値に明確な序列があり，SES が高い

表 15 - 3　各要因と学校の成績，在学高校の偏差値との関連（相関係数）

	小 4-6 生 4 教科成績平均	中学生 5 教科成績平均	高校生	
			5 教科成績平均	在学高校の偏差値
学校外教育費	0.241**	0.124**	0.007	0.319**
保護者の進路希望	0.259**	0.325**	0.115**	0.414**
子どもの進路希望	0.278**	0.317**	0.149**	0.418**
学習時間	0.225**	0.133**	0.147**	0.367**
学習方略	0.374**	0.400**	0.360**	0.274**

注 1）Pearson の相関係数，**p<.01。
注 2）学校外教育費，学習時間，学習方略の操作的定義は本節の各項，および表の注を参照。
注 3）保護者の進路希望，子どもの進路希望は，「大卒希望」を 1，それ以外を 0 とした。

家庭の子どものほど偏差値の高い高校に在学している。学校内の差は小さいが，学校間の差が大きく，高校の偏差値によって在学する生徒の出身階層が異なることを示している。偏差値 60 以上の高校に進学している比率は，L 層では 19.8％ にとどまるが，H 層だと 60.0％ だった。

　それでは，保護者の SES が高いとなぜ学業成績が高くなり，入学が難しい進路に進むことができるようになるのだろうか。以下では，その原因を探るため，学業成績や進路形成に影響が大きいと考えられる学校外教育費，子どもと保護者の進路希望，学習時間，学習方略を扱う。学校外教育費や保護者の進路希望は家庭の教育戦略を媒介して子どものアウトカムに影響を与える可能性が高い。また，子どもの希望進路と学習時間，学習方略は子ども自身の教育意識・行動を媒介してアウトカムに影響を与えることが考えられる。表 15 - 3 は，それらの要因と学校の成績や在学する高校の偏差値との相関を示した（図 15 - 1 の C の部分に相当）。次項以降で，これら各要因が SES によってどう異なるのかを確認する。

②学校外教育費の違い

　家庭の経済力によって学校外教育費が異なることは，これまでも多くの研究が示してきた。たとえば都村（2008）は，「社会階層と社会移動調査（SSM 調査）」のデータを用いて，父親の収入と学校外教育費に関連があること，関連の強さが 1985 年から 2005 年にかけて強まっていることを実証している。さらに，卯月（2012）は，文部科学省の「子どもの学習費調査」から，世帯収入が高いほど補助教育費（学習塾や家庭教師など）やその他の学校外活動費（芸術や

表 15 - 4　学校外教育費（月額）（SES 別）

SES	小 4-6 生	中学生	高校生
	学校外教育費(円)	学校外教育費(円)	学校外教育費(円)
L 層	10257.7	13323.6	6944.8
LM 層	13137.9	15815.6	11683.6
UM 層	16944.9	19051.2	14889.1
H 層	22509.2	21180.5	20124.2
全体平均	15716.6	17399.5	13459.5
有意確率（分散分析）	$p<0.001$	$p<0.01$	$p<0.001$
多重比較（Tukey HSD）	L<LM<UM<H	L<LM<UM<H	L<LM<UM<H
SES 尺度との相関係数	0.358	0.210	0.282

注）対象の子ども一人当たりの月額の教育費について，「1000 円未満」を 500 円，「5000〜
10000 円」を 7500 円のように中間値を，「50000 円以上」は 55000 円を割り当てて平均
値を算出した。

スポーツの習い事など）が大きくなることを示している。しかし，学校外教育
費は，家庭の経済的な背景だけが影響するわけではない。片岡（2001）は，学
校外教育への投資が高学歴の親の学歴再生産戦略の一つだと指摘する。また，
耳塚（2013）は，保護者が高学歴で富裕だと，子どもに高い学歴を期待して教
育支出を惜しまない傾向があり，これを「教育投資家族」と名づけている。

　このように SES と学校外教育費の関連を検証する研究は多い。それでは，
本調査ではそれがどのように表れているだろうか。表 15 - 4 は，SES 別の学
校外教育費（対象の子ども 1 人あたりの月額）の平均を示している。この図から
も，両者の関連は明確である。多重比較では，いずれの学校段階にもすべての
層の間で有意な差があった。こうした結果は，先行研究の知見と一致する。

　ただし，L 層と H 層の差を見ると，小 4-6 生は 2.2 倍，中学生は 1.6 倍，
高校生は 2.9 倍と，学校段階により異なる。これは，通塾率とも関連している。
L 層と H 層の通塾率の違いは，小 4-6 生は 22.1% に対して 44.3% と 22.2 ポ
イントの差，中学生では 39.8% に対して 52.9% と 13.1 ポイントの差，高校生
では 14.1% に対して 43.5% と 29.4 ポイントの差で，中学生は小さかった。

　中学受験や大学受験と比べると，高校受験はより多くの生徒が選抜に参加す
る。このため，中学生は L 層でも 4 割が通塾しており，SES による差が小さ
い傾向が見られる。SES 尺度との相関係数も，中学生は 0.210 でもっとも低い。

　なお，学業達成や進路形成に与える保護者の影響は，学校外教育の活用といった外的リソースの利用だけでなく，子どもの学習を促進したり，その価値を伝達したりするといった直接的な関与も想起される。卯月（2004）や垂見（2014b）は，SES の高い保護者が戦略的に子どもにかかわっている可能性を指摘している。本調査でも子どもの学習に対する保護者の関与は SES による違いが見られ，第 8 章では石田が「勉強のおもしろさを教える」ことの効果を論じている。本章では十分な紙幅を割けないが，保護者の養育態度や学習関与なども，今後分析すべき重要なテーマであり，多様な研究が期待される。

③子どもと保護者の進路希望

　次に，教育にかかわる意識について検討する。本項では，子どもと保護者双方にたずねている「進路に対する希望（どの段階までの教育を望むか）」に関するデータを取り上げたい。

　進路希望に類する教育期待に関しては，社会経済的地位が形成される媒介要因を明らかにするために，これまでも多くの研究が蓄積されてきた。その代表的なものは，ウィスコンシン大学の研究者らが地位達成分析によって示したウィスコンシン・モデルである（Sewell et al., 1970 など）。これは，保護者が自らの SES や子どもの認知的能力，学業成績などから子どもに対する教育期待を形成し，それが子どもの教育期待に影響を与え，最終的に学歴獲得を左右するというものである。さらに，Breen ら（1997）は，子どもの教育選択行動の合理的な説明として，相対的リスク回避仮説（Relative Risk Aversion）を提示している。これは，子どもが保護者よりも低い地位に下降移動することを避けるために，保護者と同等かそれ以上の学歴を獲得するように行動するというものである。これらの説に基づくと，子どもと保護者の希望は学歴再生産か上昇移動で一致する可能性が高い。実際に，藤原（2009）が高校生の親子を対象に行った調査でも，親子の希望進路が高い割合で一致し，そのパタンが保護者の学歴によって異なることが示されている。それでは，本調査のデータではどの程度，子どもと保護者の進路希望は一致するのだろうか。また，そのパタンは SES によって異なるのだろうか。それを示したのが，表 15-5 である。

　ここからは，次のことが分かる。第一に，学校段階が上がるにしたがって親子の「不一致」が減る。これは，どちらか一方が「大卒」希望でもう一方が

表 15 - 5　親子の希望進路（SES 別）

(%)

SES	小4-6生			中学生			高校生		
	非大卒 で一致	大卒で 一致	不一致	非大卒 で一致	大卒で 一致	不一致	非大卒 で一致	大卒で 一致	不一致
L 層	18.0	25.2	56.8	21.0	31.9	47.0	25.5	49.6	24.9
LM 層	8.7	37.5	53.8	11.3	49.7	39.0	13.6	69.7	16.7
UM 層	2.9	53.5	43.5	4.5	64.9	30.7	6.8	79.1	14.1
H 層	2.5	59.3	38.2	1.9	73.7	24.4	2.7	86.1	11.2
有意確率(χ^2 検定)	$p<0.001$			$p<0.001$			$p<0.001$		

注）「中学」「高校」「高等専門学校」「専門学校・各種学校」を「非大卒」希望，「短期大学」「大学（四年制・六年制）」「大学院」を「大卒」希望とし，「まだ決めていない」を「未決」とした。そのうえで，親子ともに「非大卒」希望のものを「非大卒で一致」，「大卒」希望のものを「大卒で一致」とし，両者が一致しないケースや「未決」が含まれるケースなどを「不一致」とした。「不一致」にはさまざまなパタンが含まれる。

「非大卒」希望というアンマッチが減るということもあるが，学年が上がると子どもの「未決」が減るためでもある。第二に，いずれの学校段階でも「不一致」は，SES が低い層ほど多い。これは，SES が低い層に「未決」が多いことから起きている。SES が低い層は，親子ともに進路イメージを十分に持っていない可能性が高い。第三に指摘できるのは，SES が低い層ほど「非大卒で一致」が多く，高い層ほど「大卒で一致」が多いという傾向である。小 4-6 生→中学生→高校生の各段階における「大卒で一致」の比率は，L 層では 25.2% → 31.9% → 49.6% であるが，H 層では 59.3% → 73.7% → 86.1% である。H 層では小学生段階から 6 割が親子ともに大卒希望であり，大学に進学することが当たり前の文化が存在することが感じられる。高校生になると，「大卒で一致」はさらに高まり，9 割弱に達する。このように，SES と親子の希望進路は関連している。

　表 15-6 では，SES 尺度と保護者，子どもの進路希望[5]の相関係数を示した。その数値は，親の進路希望で 0.3〜0.4 程度，子の進路希望で 0.3 弱であった。

④学習時間

　以下では，子どもの学力形成や進路選択に大きな影響を及ぼすと考えられる子ども自身の学習行動について検討する。取り上げるのは，学習時間（学習の量的側面）と学習方略（学習の質的側面）である。まずは，SES による学習時間

表 15-6　SES 尺度と進路希望の関連（相関係数）

| | 小 4-6 生 | | 中学生 | | 高校生 | |
	親の進路希望	子の進路希望	親の進路希望	子の進路希望	親の進路希望	子の進路希望
SES 尺度	.399	.250	.311	.285	.322	.284
親の進路希望	1	.413	1	.475	1	.726

注）Pearson の相関係数。数値はいずれも $p<0.01$。

の違いを確認する。

　先行研究では家庭的な背景と子どもの学習時間の関連をテーマにするものは，意外にもあまり多くない。苅谷（2000）は，学習時間を努力の指標と捉え，高校生を対象とした調査データから出身階層による差の存在と，その差が 2 時点で拡大したことを実証している。苅谷はここから，学習意欲の二極化を看取する。同様に，高校生を対象とした分析では，荒牧（2002）が父母の教育年数と子どもの学習時間に関連があることを示している。ただし，その効果はそれほど大きなものではなく，高校偏差値のような変数を投入するとさらに小さくなる。また，小中学生を対象とした分析において小針（2002）は，学校外学習時間と社会階層の間に対応関係は認められないとしている。このように，両者の関連があまり強くないことが，研究の蓄積が少ない理由かもしれない。

　その傾向は，本調査でも表れているのだろうか。表 15-7 は SES 別の学習時間（宿題，家庭学習，学習塾の時間の合計）をまとめたものである。ここには，従来の調査では得にくかった学校段階による違いが明らかになっている。

　まず，小 4-6 生については，SES の変化とともに線形に学習時間が増えているわけではなく，LM 層と UM 層の間で差が表れている。L 層と H 層の差は 24.5 分ある。ところが，中学生になると SES による差は小さくなる。多重比較では，L 層と UM 層，H 層の間の差は有意だが，それ以外は有意ではない。L 層と H 層の差は 14.6 分に縮まる。この状況は，高校生になるとまた一変する。L 層は他のすべての層よりも有意に学習時間が短く，H 層は他のすべての層よりも有意に学習時間が長い。L 層と H 層の差は 62.8 分と拡大する。

　とはいえ，SES と学習時間の関連は，どの学校段階でもそれほど強いものではない。SES 尺度との相関係数は，小 4-6 生が 0.152，中学生が 0.060，高校生が 0.191 である。統計的には有意（いずれも $p<0.01$）だが，中学生はほと

表 15-7　学習時間（SES 別）

（分）

SES	小 4-6 生	中学生	高校生
L 層	75.1	100.2	85.7
LM 層	78.6	110.5	113.0
UM 層	93.6	115.1	124.4
H 層	99.6	114.8	148.5
全体平均	86.6	110.5	118.3
有意確率（分散分析）	$p<0.001$	$p<0.01$	$p<0.001$
多重比較（Tukey HSD）	L, LM<UM, H	L<UM, H	L<LM, UM<H
SES 尺度との相関係数	0.152	0.060	0.191

注1) 学習時間は，「宿題」「（宿題以外の）家庭学習」「学習塾」の時間を合計した。

注2) 「宿題」と「家庭学習」については，平日1日に行っている時間の質問のなかで，「しない」から「4時間より多い」までの10段階の選択肢からあてはまるものを選んでもらった。その回答を「分」（例：「1時間」→60分）に換算し，無回答は除外して，平均値を算出している。

注3) 「学習塾」については，1週間あたりの通塾日数（「行っていない」から「7回以上」の8段階）と1回あたりの通塾時間（「30分」から「4時間より多い」の9段階）から1週間あたりの時間を算出し，これを7で除して1日あたりの時間（分）とした。「行っていない」場合は0分として母数に含め，いずれかに無回答があった場合は除外して，平均値を算出している。

んど SES との関連がないといっていいだろう。こうした結果は，先行調査と部分的に一致している。

⑤学習方略

　続けて，学習行動の質的側面である学習方略の階層差について考察する。学習方略は学習の効果的な進め方にかかわる概念であり，本調査ではピントリッチら（Pintrich & De groot, 1990）の整理に基づいて，学習内容の効率的な習得（認知的方略），学習行動の客観的な調整（メタ認知方略），時間や支援者などの資源管理（リソース管理方略）の3領域について9項目[6]をたずねている（第4章を参照）。こうした学習方略が学力や学業成績に影響を及ぼすことは，これまで教育心理学の領域で多くの研究が行われてきた（たとえば，堀野・市川，1997；佐藤，2002；赤松，2017など）。しかし，家庭的な背景が子どもの学習方略の行使にどれくらい影響しているのかを検討する議論は多くない。須藤（2010）は，学習方略の使用に階層差があることに加えて，方略の効果にも階

表 15‑8　学習方略（得点）（SES 別）

SES	小 4-6 生	中学生	高校生
L 層	2.66	2.62	2.52
LM 層	2.67	2.68	2.60
UM 層	2.79	2.72	2.67
H 層	2.80	2.77	2.76
全体平均	2.73	2.70	2.64
有意確率（分散分析）	$p<0.001$	$p<0.01$	$p<0.001$
多重比較（Tukey HSD）	L, LM<UM, H	L<UM, H/LM<H	L<LM, UM<H
SES 尺度との相関係数	0.102	0.091	0.146

注）学習方略にかかわる 9 つの質問について，「よくある」4,「ときどきある」3,「あまりない」2,「まったくない」1 として平均値を算出した。

　層差があることを明らかにしているが，本来であれば，こうした学習プロセスに対する家庭の影響をもっと検証する必要があるだろう。

　それでは，本調査では SES による学習方略の行使の違いは，どのような形で表れているのだろうか。ここでは 9 項目に対して因子分析（最尤法）を行ったところ，いずれの学校段階でも 1 因子しか抽出されなかった。また 9 項目の信頼性係数（Cronbach のアルファ）は，小 4-6 生で 0.811，中学生で 0.824，高校生で 0.819 と内的整合性があると見なせる結果になった。このことから，ここでは 9 項目すべてを用い，「よくする」を 4,「ときどきする」を 3,「あまりしない」を 2,「まったくしない」を 1 として合算し，その平均値を学習方略の実行程度を示す得点とした。それを SES 別に示したのが，表 15‑8 である。

　これを見ると，どの学校段階でも SES が高いほど得点が高く，学習方略の使用にも階層差があることがわかる。小 4-6 生は LM 層と UM 層の間に乖離があり，中学生になると両者の関連はやや弱まるが，高校生になると再び階層差が明確になる。こうした推移は，前項で扱った学習時間と似ている。また，SES 尺度との相関がそれほどは強くない点も類似している。学習時間も学習方略も，家庭の社会経済的地位が決定的に効果を持つとまでは言えない結果である。

　単純に考えると，SES のような家庭環境が学業達成や進路などのアウトカムに与える影響は，子ども自身の学習に関する意識や行動を媒介すると推察さ

れる。ところが，SES 尺度は，進路希望のような意識とは $r=0.3$ 程度の相関があるものの，学習時間や学習方略とは $r=0.1\sim0.2$ 程度の相関しかない。後者に関しては，とくに中学生で関連が弱まるという特徴が見られる。

5.　進学した高校の偏差値を規定する要因の分析

①課題の設定

　前節では，学力形成や進路決定に影響を及ぼすと考えられる教育意識・行動が，SES によってどう異なるのかを順に検討してきた。扱ったのは，学校外教育費，子どもと保護者の進路希望，学習時間，学習方略の4点である。これらはいずれも，多かれ少なかれ SES による違いがあり，子どもの学業達成や進路選択に影響を与え，SES の再生産に関連している可能性が高い。

　ただし，学校外教育費，学習時間，学習方略については中学生で差が小さいなど，学校段階による違いも見られた。中学生の多くは高校受験をするため，SES が低い世帯も無理をして学校外教育費を支出し，多くの子どもが一定以上の学習をしているものと考えられる。しかし，それでもなお，進学した高校の偏差値には SES による差があり，進路は分化している。

　次の課題は，こうした諸要因が，どのようなメカニズムで学業達成や進路を規定しているかを明らかにすることである。とりわけ相対的に SES の影響が小さい中学生（以下では，公立中学校に在学する中学生を扱う）が，高校受験を通じてどのように進路を決定しているのかに注目する。それは，ある程度の平等性が保たれていると考えられる公立学校でさえ，進路選択において SES の影響から逃れられない実態を明らかにするとともに，そのような環境であれば，格差を乗り越える手立てについて検討できるのではないかと考えるからである。

　また，中学生の高校進学を取り上げる理由としては，高校進学の分化を扱う研究が少ないということもある。SES は，高校進学段階だけでなく，中学受験や大学進学，職業選択など，さまざまな段階で影響していると考えられるが，わが国では高校卒業段階の進路選択（大学進学，就職など）に関心が集中し，学校タイプ（進学校か進路多様校かなど）と関連づけて出身階層の問題が議論されることが多かった。すなわち，出身階層によって進路は異なるが，それが直接的な影響によるものなのか，学校タイプのような教育システムを媒介したも

表 15-9　記述統計量

	最小値	最大値	平均値	標準偏差
SES(尺度)	27.18	65.65	48.72	6.73
学校外教育費(万円)	0.05	5.50	2.18	1.53
親の進路希望(ダミー：1＝大卒希望)	0.00	1.00	0.72	0.45
子の進路希望(ダミー：1＝大卒希望)	0.00	1.00	0.66	0.47
学習時間(分)	0.00	750.00	141.33	99.70
学習方略(得点平均)	1.00	4.00	2.69	0.57
中3の成績(5教科平均)	1.00	5.00	3.49	1.09
高校の偏差値	30.00	76.00	54.73	10.32

のなのかという検討である（たとえば，中西ほか，1997；耳塚，2000；荒牧，2001 など）。さらに，木村（2019）も本調査のデータを用いて，大学進学に経済的要因，文化的要因，社会心理的要因，在学高校の偏差値などのいずれが効果を持つか，総合的な分析を行っている。ところが，これに対して，中学校から高校の移行を論じる研究は少なく，藤原（2015）が見られるくらいである。藤原は，家庭的背景や成績が高校偏差値に与える影響を考察しているが，ただし，この研究でも親子の意識や行動は分析の対象にしていない。そこで，本節では，高校卒業後の進路にも強い影響を持つ高校進学（ここでは進学した高校の偏差値）が，そもそもどのような要因によって決まるのかについて，意識や行動面の要因も含めた多面的・総合的な検討を行う。

②扱うデータ

　本節では，中学3年生から高校1年生にかけての移行に注目する。用いる変数は前節で扱ったものと同様である。独立変数として，SES 尺度，中学3年生時点の学校外教育費，親子の進路希望，学習時間，学習方略，学校での成績を，従属変数として，進学した高校の偏差値を用いることとした。これにより，SES，親子の学習意識・行動，中学校での成績が，どのようなメカニズムで進学する高校の難易度を規定しているのかを明らかにする。ここでは，それぞれの変数間の関連を視覚的にとらえるためにパス解析を行うこととした。データは，2017 年度調査（Wave3）で中3→18 年度調査（Wave4）で高1のサンプルを用いる。上述の変数に欠損値があるサンプルを除外して，608 名の公立中

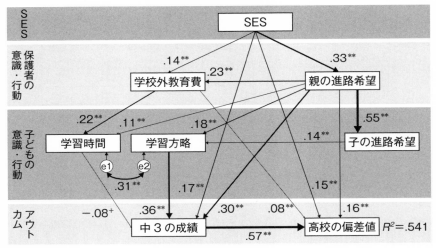

※ χ^2 値：23.341（$df=11$, $p=.016$），GFI $=.990$，CFI $=.990$，RMSEA $=.043$
※パス係数　$**\ p<0.001$, $*\ p<0.01$, $+\ p<0.05$。線の太さは影響の大きさを表す。
※誤差相関を指定していない誤差変数の表記は省略した。

図 15‐2　進学した高校の偏差値を規定する要因の分析（パス解析）

学生を分析の対象とした。各変数の記述統計量は，表 15‐9 の通りである。

③分析結果

　分析に際しては，時間的先行の原則に基づいて SES を起点にし，それが保護者の教育に対する意識・行動（親の進路希望，学校外教育費）に影響を与え，それらが子どもの進路に対する意識（子の進路希望）や学習行動（学習時間，学習方略）を左右するという仮説を立てた。その際に，意識が行動に転化すると仮定して，子の進路希望を学習時間と学習方略の先行要因とした。また，学習時間と学習方略は同じ学習行動として生起すると考え，並列関係にした。さらに，親子双方の意識や行動の結果として学業達成（中 3 の成績）や進路選択（高校の偏差値）などのアウトカムを決定づけるととらえて，図 15‐2 に示したパス図を作成した。

　このモデルの R^2 値は 0.541 であり，進学した高校の偏差値の分散の半分以上をこれらの変数で説明できる。モデルの適合度指標では，GFI が 0.990，CFI が 0.990，RMSEA が 0.043 という数値が得られた。この結果は，モデル

表 15 - 10　進学した高校の偏差値を規定する要因の分析（標準化総合効果）

2)SESが各変数に与える効果の検討

	SES	親の 進路希望	学校外 教育費	子の 進路希望	学習時間	学習方略	中3の 成績
親の進路希望	0.33						
学校外教育費	0.22	0.23					
子の進路希望	0.18	0.56					
学習時間	0.09	0.16	0.22				
学習方略	0.08	0.26		0.14			
中3の成績	0.29	0.39	-0.02	0.05	-0.08	0.36	
高校の偏差値	0.38	0.39	0.07	0.03	-0.04	0.21	0.57

1)SESが高校の偏差値に与える直接効果と間接効果の検討

3)各変数が
高校の偏差値に
与える効果の検討

のあてはまりが十分に良いことを示している。なお，変数間に引かれたパスの数値は標準化係数であり，大きいほど強い効果を持っていることを示す。図に示したパス係数は，いずれも有意である。

　結果を解釈するにあたっては，直接効果だけでなく，間接効果を含めた総合効果があるとわかりやすいため，標準化総合効果を算出して表 15 - 10 に示した。ここからは，内生変数に影響を与える各変数の効果の大きさがわかる。

④結果の解釈

　それでは，これらの結果を解釈していこう。

　最初に，1）SES が高校の偏差値に与える直接効果と間接効果の検討であるが，総合効果 0.38 の内訳は，直接効果 0.15，間接効果 0.23 であった。間接効果のほうが大きく，SES はさまざまな要因を媒介して子どもが進学する高校の偏差値を規定している。しかし，直接効果も有意であり，進学する高校の偏差値は出身家庭に左右されることがわかる。

　次に，2）SES が各変数に与える効果の検討である。文中の括弧内の数値は，総合効果の標準化係数を示す。SES は，親の進路希望（0.33），学校外教育費（0.22）に強い効果を持っている。SES は保護者の社会経済的な状況を示す指標なので，子どもに対する期待や教育費支出に影響することには違和感はない。一方で，子の進路希望（0.18），学習時間（0.09），学習方略（0.08）といった子どもの意識・行動への影響は相対的に弱い。学習時間や学習方略については前節で確認したように中学生で SES との相関が低く，この学校段階の特徴なの

かもしれない。しかし，こうした間接効果と直積効果の蓄積により，SES が中3の成績（0.29）や高校の偏差値（0.38）といったアウトカムに与える影響は，かなり大きなものとなっている。

　最後に，3）各変数が高校の偏差値に与える影響の検討である。高校の偏差値にもっとも強く効果を持っているのは，中3の成績（0.57）である。中学校での内申点によって受験する高校が選択されることなどから，経験的にも妥当な結果である。続いて，親の進路希望（0.39），SES（0.38）などの家庭的な背景が強い効果を持つ。とりわけ，親の進路希望は，子どもの意識・行動やアウトカムなど，さまざまな要因に影響を与えている。注目したいのは，学習方略（0.21）の影響が一定程度存在することである。パス図を見ると，進学した高校の偏差値に対して，学習方略から中3の成績を経由するルートの存在が強く表れている。学習方法の工夫によって学校の成績を高めることが，SES を克服するのに有効と言える結果である。それと比べると，学校外教育費（0.07）の効果や子の進路希望（0.03），学習時間（−0.04）などの効果は小さい。

6.　結論——政策や実践へのインプリケーション

①考察

　本章では，SES によって，学習にかかわる親子の意識・行動や学業達成，進路選択などのアウトカムがどのように異なるのかを分析してきた。前半では，幅広い学年を対象としていることを生かして学校段階別にデータを示し，SES が学校外教育費，子どもと保護者の進路希望，学習時間，学習方略と関連していること，関連は小学生と高校生で相対的に強いことを確認した。

　さらに，後半では多様な情報を取得している本調査の特徴を利用して，公立中学生の高校進学をテーマに多面的・総合的な検討を行った。ここでは，教育に関する意識や行動の階層差が小さい中学生でも，SES が進学する高校の偏差値に与える影響は大きいこと，しかしながら，直接効果としては SES よりも中3の成績のほうが強く，子ども自身の学習行動（ここでは学習方略）から中3の成績を経由するルートが存在することが明らかになった。

　こうした結果は，教育政策や実践に対してどのような示唆をもたらすだろうか。第一に言えるのは，SES が学業成績や進路選択に与える影響は直接，間

接を含めて複雑で，多くの要因が媒介しているという点である。このことを踏まえると，高校授業料の無償化のような経済的支援は，一定の効果を持つかもしれないがそれだけでは十分とは言えない。むしろ，SES が高い層ほど，教育の情報を多く保有し，安価で大学進学に有利な高校に進学する確率が高まる可能性もある。文部科学省は 2020 年から私立高校の就学支援を充実させるが，それが格差是正にどれほどの効果があるかを本調査でも検証する必要がある。

　それでは，どのような介入の効果が期待できそうか。第二に挙げたいのは，子どもの学習行動への働きかけが有効そうだという点である。学習方略は，もともと SES の影響が弱く，学業成績には強い効果を持つ。SES は教員や子ども自身には如何ともしがたいが，子どもの学習行動を変えることは教育的な働きかけで可能であり，公教育において学習成果が高まる学習法をしっかりと伝えていくことが重要である。また，今回の分析からは，学習時間を増やすような働きかけよりも，学習方法の工夫によって学習の質を高めることのほうが，効果が期待できそうなことも明らかになった。学習指導において，学習量を増やすアプローチだけでなく，もっと学習の質的側面の改善に目を向ける必要を感じる。

　第三に，できるだけ早期の介入が重要である点を指摘したい。本章では SES による違いについて小学 4 年生以上のデータを扱い，各段階で格差が存在することを明らかにした。しかし，その差はもっと前から存在しており，成長につれて影響は蓄積されると考えられる。高校生の段階では SES と進学した高校の偏差値の相関は 0.4 を超え，偏差値 60 以上の高校の在学者は L 層の 19.8% に対して H 層は 60.0% と 3 倍以上の開きが生じる。従来のトラッキングの研究から明らかなように，在学する高校のタイプと大学進学との関連は強く，高校からの挽回は困難度が高い。子どもが幼いうちからの働きかけが求められると言えよう。

②今後の課題

　小学生から高校生までの各段階において，さまざまな意識や行動に SES による格差がある。本章では，そのうちの数点について学校段階による違いを明らかにし，中学生に関しては進学する高校を決定づける要因の関連を確認できた。各学校段階で何が効果を持つのか，多くの変数のなかで進路の分化がどの

ようなメカニズムで起こるのかを明らかにできたのは，一定の成果だと考える。

　その一方で，大局について明らかにすることを目的にしたため，各変数の効果を詳細には分析していない。学校外教育費も進路に対する希望も，学習時間や学習方略も，一つ一つが重要なテーマであり，詳細な検討が求められる。また，各要因間の構造は中学生を取り上げたが，同様のモデルが他の学校段階にも当てはまるのかを検討する必要がある。さらに，要因間の関連は明示したが，先行要因がアウトカムに与える影響について時間軸を考慮した分析を行うことができていない。これらの点については，今後の課題としたい。

注

1）たとえば，東京大学大学院教育学研究科大学経営・政策研究センター（2007）は，世帯年収によって高校卒業後の進路が異なることを示している。また，国立大学法人お茶の水女子大学（垂見 2014b）の研究グループは，「全国学力・学習状況調査」の小学6年生と中学3年生のデータを用いて，SESが高い家庭の子どもほど国語と算数／数学の学力が高いことを明らかにした。このほかにも，慶應大学パネルデータ設計・解析センターの「日本子どもパネル調査（JCPS）」（赤林・直井・敷島，2016）やお茶の水女子大学の「青少年から成人期への移行についての追跡調査（JELS）」（耳塚，2007；中西，2017）なども，学力形成に与える家庭環境要因を分析している。

2）サンプルの9割以上が父親の職業の職種に回答しているが，「父親がいない」等の理由から回答がない409ケースは欠損扱いとした。また，回答がある場合も，「その他」「わからない」を選択したケースは同様に欠損として扱っている。

3）2000年以降，学力の形成に対して子どもの社会階層がどのような影響を及ぼしているのかについて，さまざまな検討が行われてきた（苅谷・志水，2004；耳塚，2007；赤林・直井・敷島，2016；中西，2017など）。それらは，実際に学力調査を行い，その得点を従属変数にした分析を行っている。本調査ではそうした学力調査に代わり「語彙力・読解力調査」を行っているが，学校で学ぶ学力を問う内容ではないため，ここでは学習の成果を示す指標として子ども自身が回答している学校の成績を扱った。

4）高校の偏差値情報については，（株）イトクロが運営する学校情報ポータルサイト「みんなの高校情報」の数値を主に用い，ここに掲載がない高校は任意団体である高校偏差値.net運営事務局が運営する「高校偏差値.net」の情報を用いた。偏差値の確定は，以下のプロセスで行った。1）同名の高校があるケースは，居住する都道府県から学校を特定した。2）1校につき1つの偏差値が掲載されているケースは，その偏差値を用いた。3）学科やコースなどで偏

差値が異なるケースは，学科について質問に対する回答と自由記述から特定した。4）学科・コースが特定しきれないケースは，その高校で一般的と思われる学科・コース（特別進学コースなど定員が少ないと思われる学科・コースではないもの）の偏差値を用いた。5）通信制や定時制は，選抜がないと考えられるので欠損扱いとした。こうして，高校生 2,910 ケースのうち，2,642 ケースに偏差値を割り当てた。なお，それぞれのウェブサイトの情報は，いずれも独自に調査したものであることが記載されているが，筆者の実感と一致しており，学校関係者にもよく閲覧されているであろうことから，一定の信頼がおけるものと判断した。ちなみに，高校の難易度については本調査でも子どもにたずねているが，「国公立大学や難関私立大学への進学者が多い」を 4，「中堅レベルの大学への進学者が多い」を 3，「専修・専門学校への進学者が多い」を 2，「就職や就職希望者が多い」を 1 として相関を見たところ，Pearson の相関係数は 0.65（$p<0.001$）と高い値を示した。

5）進路希望は，「大卒」希望を 1，「非大卒」希望と「未決」を合わせて 0 のダミー変数とした。

6）学習方略の 9 項目は，以下の通りである。1）認知方略…「繰り返し書いて覚える」「テストで間違えた問題をやり直す」「問題を解いた後，他の解き方がないかを考える」，2）メタ認知方略…「計画を立てて勉強する」「何が分かっていないか確かめながら勉強する」「自分に合った勉強のやり方を工夫する」，3）リソース管理方略…「考えてもわからないことは親や先生に聞く」「友だちと勉強を教えあう」「遊ぶときは遊び，勉強するときは集中して勉強する」。

参考文献

赤林英夫・直井道生・敷島千鶴，2016，『学力・心理・家庭環境の経済分析――全国小中学生の追跡調査から見えてきたもの』有斐閣.

赤松大輔，2017，「高校生の英語の学習観と学習方略，学業成績との関連――学習観内，学習方略内の規定関係に着目して」『教育心理学研究』65 巻 2 号，pp. 265-280.

荒牧草平，2001，「学校生活と進路選択――高校生活の変化と大学・短大進学」，尾嶋史章編著『現代高校生の計量社会学――進路・生活・世代』ミネルヴァ書房，pp. 63-80.

荒牧草平，2002，「現代高校生の学習意欲と進路希望の形成――出身階層と価値志向の効果に注目して」『教育社会学研究』71 集，pp. 5-22.

Breen, R. & Goldthorpe, J. H., 1997, Explaining Education Differentials : Towards a Formal Rational Action Theory, *Rationality and Society*, Vol. 9, No. 3, pp. 275-305.

藤原翔，2009，「現代高校生と母親の教育期待――相互依存モデルを用いた親子同時分析」『理論と方法』24 巻 2 号，pp. 283-299.

藤原翔，2015，「進学率の上昇は進路希望の社会経済的格差を縮小させたのか

　　　──2002 年と 2012 年の比較分析」，中澤渉・藤原翔編著『格差社会の中の
　　　高校生』勁草書房，pp. 21-36.

平沢和司・古田和久・藤原翔，2013，「社会階層と教育研究の動向と課題──高
　　　学歴化社会における格差の構造」『教育社会学研究』93 集，pp. 151-191.

堀野緑・市川伸一，1997，「高校生の英語学習における学習動機と学習方略」『教
　　　育心理学研究』45 巻 2 号，pp. 140-147.

苅谷剛彦，2000，「学習時間の研究：努力の不平等とメリトクラシー」『教育社会
　　　学研究』66 集，pp. 213-230.

苅谷剛彦・志水宏吉（編著），2004，『学力の社会学──調査が示す学力の変化と
　　　学習の課題』岩波書店.

片岡栄美，2001，「教育達成過程における家族の教育戦略──文化資本効果と学
　　　校外教育投資効果のジェンダー差を中心に」『教育学研究』68 巻 3 号，pp.
　　　259-273.

木村治生，2019，「低所得世帯の高校生の進路選択──パネルデータを用いた
　　　『貧困の連鎖』に関する検討」，日本子ども学会『チャイルド・サイエンス』
　　　18 号，pp. 15-20.

小針誠，2002，「小・中学生の学業成績と学校外学習時間に関する一考察──社
　　　会階層を媒体として」『子ども社会研究』8 号，pp. 79-91.

松岡亮二，2019，『教育格差──階層・地域・学歴』筑摩書房.

耳塚寛明，2000，「進路選択の構造と変容」，樋田大二郎・耳塚寛明・岩木秀夫・
　　　苅谷剛彦編著『高校生文化と進路形成の変容』学事出版，pp. 65-82.

耳塚寛明，2007，「小学校学力格差に挑む──だれが学力を獲得するのか」『教育
　　　社会学研究』80 集，pp. 23-39.

耳塚寛明，2013，「学力格差と教育投資家族」，耳塚寛明編『学力格差に挑む』金
　　　子書房，pp. 1-11.

中西啓喜，2017，『学力格差拡大の社会学的研究──小中学生への追跡的学力調
　　　査結果が示すもの』東信堂.

中西祐子・中村高康・大内裕和，1997，「戦後日本の高校間格差成立過程と社会
　　　階層──1985 年 SSM 調査データの分析を通じて」『教育社会学研究』60 集，
　　　pp. 61-82.

Pintrich, P.R., & De groot, E.V., 1990, Motivational and self-regulated learning
　　　components of classroom academic performance. *Journal of Educational
　　　Psychology*, 82, pp. 33-40.

Sewell W.H., Haller A.O., & Ohlendorf G.W., 1970, The Educational and Early
　　　Occupational Status Attainment Process: Replication and Revision. *Ameri-
　　　can Sociological Review*, Vol. 35, No. 6, pp. 1014-1027.

須藤康介，2010，「学習方略が PISA 型学力に与える影響──階層による方略の
　　　違いに着目して」『教育社会学研究』86 集，pp. 139-158.

佐藤純，2002，「小学生における学習方略使用と学業成績の関係」『筑波大学発達

臨床心理学研究』14 巻，pp. 61-67.

垂見裕子，2014a，「家庭の社会経済的背景（SES）の尺度構成」，国立大学法人
　　お茶の水女子大学『平成 25 年度全国学力・学習状況調査（きめ細かい調
　　査）の結果を活用した学力に影響を与える要因分析に関する調査研究』
　　pp. 13-15.

垂見裕子，2014b，「家庭環境と子どもの学力（2）──保護者の関与・家庭の社
　　会経済的背景・子どもの学力」，国立大学法人お茶の水女子大学『平成 25 年
　　度全国学力・学習状況調査（きめ細かい調査）の結果を活用した学力に影響
　　を与える要因分析に関する調査研究』pp. 42-56.

東京大学大学院教育学研究科大学経営・政策研究センター，2007，『高校生の進
　　路追跡調査　第 1 次報告書』

都村聞人，2008，「家計の学校外教育費に影響を及ぼす要因の変化──SSM-
　　1985・SSM-2005 データによる分析」2005 年 SSM 調査シリーズ 6『階層社
　　会の中の教育現象』pp. 109-126.

都築一治（編），1998，『職業評価の構造と職業威信スコア』（1995 年 SSM 調査
　　シリーズ 5）.

卯月由佳，2004，「小中学生の努力と目標──社会的選抜以前の親の影響力」，本
　　田由紀（編）『女性の就業と親子関係──母親たちの階層戦略』勁草書房，
　　pp. 114-132.

卯月由佳，2012，「小中学生の学校外活動費の支出と世帯収入の関連」『平成 22
　　年度「子どもの学習費調査」報告書』文部科学省，pp. 96-112.

索　引

執筆者紹介（執筆順）

石田　浩（いしだ　ひろし）[はしがき，第8章]
ハーバード大学大学院博士課程修了．Ph.D.（社会学）.
現在：東京大学社会科学研究所　特別教授
主著：『格差の連鎖と若者1　教育とキャリア』（編著，勁草書房，2017）
　　　『人生の歩みを追跡する――東大社研パネル調査でみる現代日本社会』（共編著，勁草書房，2020）

木村治生（きむら　はるお）[第1章，第3章，第4章，第15章]
上智大学大学院文学研究科博士前期課程修了
現在：ベネッセ教育総合研究所　主席研究員
主著：「思春期の子どもの時間の使い方と時間感覚――『放課後の生活時間調査』を手がかりにして」『思春期学』第34巻第2号，pp.217-224（日本思春期学会，2016）
　　　「低所得世帯の高校生の進路選択――パネルデータを用いた『貧困の連鎖』に関する検討」『チャイルド・サイエンス』第18巻，pp.15-20（日本子ども学会，2018）

岡部悟志（おかべ　さとし）[第2章，第7章]
東京工業大学大学院社会理工学研究科博士課程修了．博士（学術）
現在：ベネッセ教育総合研究所　主任研究員
主著・主論文：「家庭環境と能力形成の過程」『社会学評論』59巻3号，pp.514-531（日本社会学会，2008）
　　　「高校生の大学進学希望と親の教育期待」樋田大二郎ほか編著『現代高校生の学習と進路――高校の「常識」はどう変わってきたか？』（学事出版，2014）

邵　勤風（しょう　きんふう）[第5章]
福島大学大学院教育学研究科修士課程修了
現在：ベネッセ教育総合研究所　主任研究員
主論文・発表：「小中高校生の親のかかわりとそれに影響を与える要因――JLSCP2015調査を用いて」（日本家族社会学会第27回大会報告，2017）
　　　「学習方略が学習成果に与える影響――JLSCPの分析から」（日本教育社会学会第71回大会報告，2019）

野﨑友花（のざき　ゆか）[第6章]
大阪大学大学院人間科学研究科博士課程単位取得満期退学
現在：ベネッセ教育総合研究所　研究員
主著・主論文：『学力を支える家族と子育て戦略』（分担執筆，明石書店，2019）
　　　「中学生女性教師のストラテジー」『女性学年報』37巻，pp.33-58（日本女性学研究会，2016）

加藤健太郎（かとう　けんたろう）[解説①]
ミネソタ大学教育心理学科博士課程修了．Ph.D.（教育心理学）
現在：ベネッセ教育総合研究所　主席研究員

主著・主論文：『R による項目反応理論』（共著，オーム社，2014）
Measurement issues in large-scale educational assessment. *The Annual Report of Educational Psychology in Japan*, 55, pp. 148-164 （2016）
『文化情報学事典』（分担執筆，勉誠出版，2019）

堂下雄輝（どうか　ゆうき）［解説②］
同志社大学文学部卒業
現在：ベネッセ教育総合研究所 研究員
発表・主論文：「短答式問題の採点に関する研究」（村田維沙，野澤雄樹との共同発表，日本テスト学会第 15 回大会，2017）
「論述力を測定する混合フォーマットテスト開発の試み」（野澤雄樹ほかとの共同発表，日本テスト学会第 14 回大会，2016）
「論述採点の正確さと所要時間に関する研究」（野澤雄樹，島田研児との共同発表，日本テスト学会第 13 回大会，2015）

耳塚寛明（みみづか　ひろあき）［コラム①］
東京大学大学院教育学研究科博士課程単位取得退学
現在：青山学院大学コミュニティ人間科学部 学部特任教授
主著：『教育格差の社会学』（編著，有斐閣アルマ，2014）
『平等の教育社会学』（共編著，勁草書房，2019）

秋田喜代美（あきた　きよみ）［コラム②］
東京大学大学院教育学研究科博士課程単位取得退学．博士（教育学）
現在：東京大学大学院教育学研究科 教授
主著：『学びの心理学：授業をデザインする』（左右社，2012）
『学校教育と学習の心理学』（共著，岩波書店，2015）

松下佳代（まつした　かよ）［コラム③］
京都大学大学院教育学研究科博士後期課程修了認定退学．京都大学博士（教育学）
現在：京都大学高等教育研究開発推進センター 教授
主著：『〈新しい能力〉は教育を変えるか？──学力・リテラシー・コンピテンシー』（編著，ミネルヴァ書房，2010）
Deep active learning: Toward greater depth in university education（編著，Springer, 2017）

大﨑裕子（おおさき　ひろこ）［第 9 章］
東京工業大学大学院社会理工学研究科博士課程修了．博士（学術）
現在：東京大学社会科学研究所 特任助教
主著：「一般的信頼のマルチレベル規定構造の変化──社会の工業化，ポスト工業化による価値変化の影響」『理論と方法』31 巻 1 号，（共著，2016）
『ソーシャル・キャピタルと格差社会：幸福の計量社会学』（共著，東京大学出版会，2014）

執筆者紹介

香川めい（かがわ　めい）［第 10 章］
東京大学大学院教育学研究科博士課程単位取得済退学
現在：大東文化大学社会学部 専任講師
主著：『文系大学教育は仕事の役に立つのか——職業的レリバンスの検討』（分担執筆，ナカニシヤ出版，2018）
　　　『ソーシャル・キャピタルと社会——社会学における研究のフロンティア』（分担執筆，ミネルヴァ書房，2018）

佐藤　香（さとう　かおる）［第 11 章］
東京工業大学大学院社会理工学研究科博士課程修了．博士（工学）．
現在：東京大学社会科学研究所 教授
主著：『社会移動の歴史社会学』（東洋館出版社，2004）
　　　『現代の階層社会 1　格差と多様性』（分担執筆，東京大学出版会，2011）
　　　『公共社会学 2　少子高齢社会の公共性』（分担執筆，東京大学出版会，2012）

山口泰史（やまぐち　やすふみ）［第 11 章］
東京大学大学院教育学研究科博士課程単位取得満期退学
現在：東京大学社会科学研究所 特任研究員
主著：『格差の連鎖と若者 3　ライフデザインと希望』（分担執筆，勁草書房，2017）
　　　「高校在学時を起点とするパネル調査における初期標本脱落とバイアスの補正——『東大社研・高卒パネル調査』を事例として」『社会と調査　第 23 号』（社会調査協会，2019）

小野田亮介（おのだ　りょうすけ）［第 12 章］
東京大学大学院教育学研究科博士課程修了．博士（教育学）
現在：山梨大学大学院総合研究部 准教授
主著：『意見文産出におけるマイサイドバイアスの生起メカニズム』（風間書房，2018）
　　　『教師のための説明実践の心理学』（分担執筆，ナカニシヤ出版，2019）

藤原　翔（ふじはら　しょう）［第 13 章］
大阪大学大学院人間科学研究科博士後期課程修了．博士（人間科学）
現在：東京大学社会科学研究所 准教授
主著：『格差社会の中の高校生——家族・学校・進路選択』（共編著，勁草書房，2015）
　　　『人生の歩みを追跡する——東大社研パネル調査でみる現代日本社会』（共編著，勁草書房，2020）

須藤康介（すどう　こうすけ）［第 14 章］
東京大学大学院教育学研究科博士課程修了．博士（教育学）
現在：明星大学教育学部 准教授
主著：『学校の教育効果と階層——中学生の理数系学力の計量分析』（東洋館出版社，2013）
　　　『教育問題の「常識」を問い直す——いじめ・不登校から家族・学歴まで 第 2 版』（明星大学出版部，2019）
　　　『学習と生徒文化の社会学——質問紙調査から見る教室の世界』（みらい，2020）

子どもの学びと成長を追う
2万組の親子パネル調査から

2020 年 9 月 20 日　第 1 版第 1 刷発行

編　者　東京大学社会科学研究所
　　　　ベネッセ教育総合研究所

発行者　井　村　寿　人

発行所　株式会社　勁草書房

112-0005 東京都文京区水道 2-1-1　振替 00150-2-175253
（編集）電話 03-3815-5277／FAX 03-3814-6968
（営業）電話 03-3814-6861／FAX 03-3814-6854
三秀舎・松岳社

© Institute of Social Science, The University of Tokyo,
Benesse Educational Research and Development
Institute　2020

ISBN978-4-326-25145-2　　Printed in Japan

＊表示価格は2020年9月現在。消費税は含まれておりません。